U0030213

克勞德・史坦納 —— 著

CLAUDE
STEINER

譯 —— 洪夏天

SCRIPTS PEOPLE LIVE

Transactional Analysis of Life Scripts

人生劇本

心理學大師的人際溝通分析學

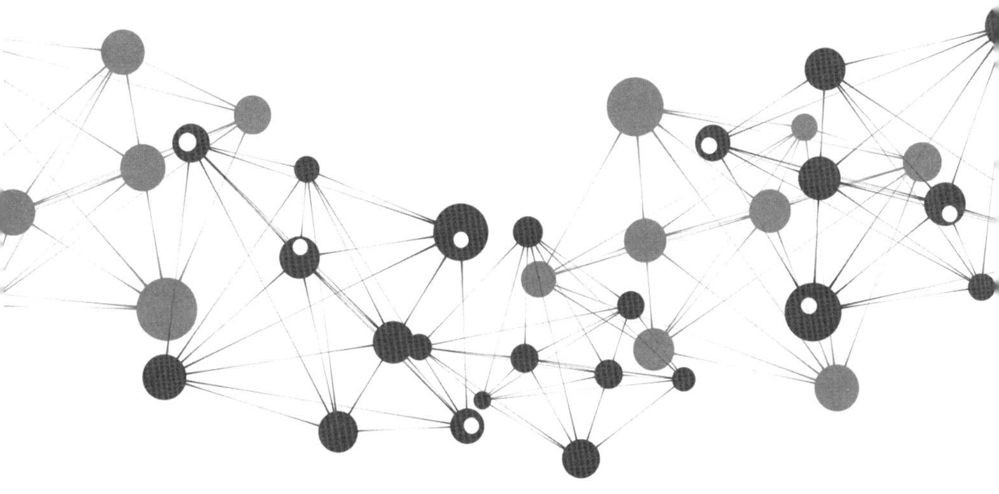

〔推薦文〕

活在當下，免於劇本的干擾

——張娟鳳｜臺灣師範大學教育心理與輔導系博士、
高雄醫學大學心理學系助理教授

我很榮幸為讀者介紹這本溝通分析的書籍，因為我與此學派結緣頗深；初期跟著北歐老師（來自挪威與瑞典）學習兩年多的課程，後期嘗試在高雄醫學大學心理系教導「溝通分析的理論與實務」達二十次以上，期間我也習慣應用這些理論思考自己的「人生劇本」與「人際溝通」，覺得獲益良多。

溝通分析學派是由精神科醫師艾瑞克．伯恩於舊金山創立，1970年代在美國形成風潮，伯恩的著作《人間遊戲》在暢銷書排行榜上久久不散，由此可看出人們多麼渴望瞭解自己的「隱藏式溝通」。本書作者克勞德．史坦納是臨床心理學博士，追隨艾瑞克．伯恩，也成為溝通分析學派的創始會員，他主要的貢獻在於劇本分析。「人生劇本」是此學派的核心內容，它像是一把大傘，撐開來包含所有的溝通分析概念，讀者可藉著閱讀本書一覽無餘。

「人生劇本」的意義與佛洛伊德「六歲定終生」的概念類似；意即我們在學前就已經為自己想好整個人生的劇本，包括：我自己是怎樣的一個人？外在世界是何情況？我這一生可能會如何度過？問題是童年的主觀印象受到周遭環境與重要人物的影響很大，並非理智且合乎實際的。但我們把這個劇本藏在心靈深處，干擾了我們的內在思維與人際關係，嚴重的誤解可能帶來阻礙、限制甚至病態。絕大多數人隨著智慧增長與經驗累積，有能力修改劇本的某些偏誤，但深層隱晦的角落，仍須更敏感地體會與覺察，或藉著諮商與心理治療的過程加以修復。因此，認識劇本的內容與影響是刻不容緩的，它會幫助我們人生更加自主、活在當下，免於劇本的干擾。

我相信讀者閱讀本書除了瞭解「人生劇本」外，也能覺察自己的人際風格，改善溝通技巧，並提升同理心的深度。

再版序

本書寫於1960年代，當時的時代背景與現今大不相同。美國曾經廣大而空曠，充滿各種機會與成長空間，如今，中產階級的美國年輕人在決定人生方向時，面對的是競爭激烈的強硬世界，比過去更少轉圜與犯錯的空間，本書探討的是人們所做的決定與背後成因。正如我提筆的當時，本書探索世人做下的長期抉擇，幫助人們做出有智慧的選擇。

五、六〇年代的美國懷抱無邊無際的樂觀精神，現今的美國卻淪為膽顫心驚、各自追求個人利益的日常競賽。五〇年代，踏入職場的人知道自己的淨所得會在接下來的幾年內翻倍，然而1973～1987年間的家戶所得中位數，若換算為1987年的美金價值，足足降低了一千美金。儘管如此，集體潛意識仍擺脫不了資源無限的想像，與此同時，失望與憤世嫉俗的態度漸漸滲入人們的日常生活中。

我們的社會漸漸分裂成兩大派，那些在競賽中得勝的贏家獲得無止盡的消費商品，得以避開那些「失敗者」必須面對的惡劣處境。而對其他人來說，安全網一步步崩潰，只留下令人害怕的空虛。夫妻年紀都低於三十歲且有子女的家庭中，有35%是貧戶。在貧困的絕望街區，遊民、毒癮、瘋狂和絕望徘徊不去。

有時候會出現一些家境清寒甚至在駭人的環境中長大的孩子，他們正常而快樂地長大，成為社會的一分子；與此同時，有些在富裕安逸環境中長大的孩子，卻無法應付人生，最終在頹喪中死去。這種實例令人大惑不解，我們都在報紙上讀過同樣的故事，某個曾經無家可歸的女孩成功地以優等生從史丹佛大學畢業，而街邊死去的遊民居然出身於舊金山的某個富裕家庭。這些真實的人生故事一方面讓人充滿希望，一方面又讓人憤世嫉俗，人們藉此宣稱一個人不管是來自貧民窟還是上流階層，其成長環境都不會影響一個人的命運。

人生處境無庸置疑地限制了我們的選擇。有些人出生在闊綽家庭，有些人出生在貧困家庭；有些人的家人眾多，樂於付出關愛；有些人與滿心恐懼且寂寞的母親生活；有些人的父母值得信賴，不會酗酒；有些人的照顧者不但幼稚且染上毒癮；有些人從未經歷過暴力、死亡與虐待，有些人每天都得面對這一切；有些人的父母嚴厲且重紀律，有些人的父母則讓孩子自由發展。但是每個人都得做出決定，看是要隨波逐流，還是把命運握在手中。

每個人都具備不受環境干擾的精神核心，這就是一個人命運走向的關鍵。這個精神核心具備忍受滄桑折磨、對抗逆境的能力，能夠做出極為明智的決定，也能做出難以解釋的奉獻，激勵並支持它的主人撐過最艱困的時期。本書任務在於解開人類命運的謎題，揭露人們如何背負人生劇本；包括人生劇本如何決定，其構成元素為何，每個人的心靈與生活環境如何導致其人生的最終走向。

在本書問世二十年後，《人生劇本》再版的讀者將是誕生於世紀末艱困現實環境的新一代。本書探討的是我們都必須在人生歷程中面對的壓力，以及由我們的祖先代代傳下來的應對機制。書中宣稱我們背負的人生劇本，也就是人生道路，多半早在生命初期就已決定，自此就緊緊追隨這個方向，除非我們啟動重新決定的機制，不然無法改變。人們早在童年時期就決定自己要當個快樂、絕望、樂觀或悲慘的人，要當贏家、敗家子還是失敗者，要過健康還是酗酒的生活，要當律師、模特兒還是藍領勞工，要失業還是過度工作，要活得長命還是病痛纏身，或者試圖自殺；一旦決定就會想辦法實現這個目標，除非他們有意識且主動決定改變自己的人生，不然他們會循選定的人生劇本過日子，直到與世長辭的那一刻。

本書探討的心理治療可以幫助我們擺脫人生劇本，根據當下的現實情況，重新規畫一個有生產力、自主與樂觀的人生。自本書問世以來，已幫助數百萬人瞭解自己的人生。現在時代已經改變，但人生的基礎仍與往日相同；我相信《人生劇本》一書會幫助你做出對人生最有益的選擇。

——克勞德・史坦納
寫於1990年

原序與致謝辭

當初提筆時，我原打算修改上一本著作《酗酒者的心理遊戲》（*Games Alcoholics Play*），更新酗酒者治療過程並擴展人生劇本理論。但在寫作過程中，我很快就偏離了原本的方向，寫了一本以人生劇本溝通分析為主軸的全新著作。本書納入《酗酒者的心理遊戲》的幾個段落，但絕大部分還是以深入又簡潔的方式介紹人生劇本理論近期的發展。至於引用自《酗酒者的心理遊戲》的段落，我小心刪去兩個我認為不再需要的用詞。我刪掉的是「醫治」和「病患」，這兩個詞在上一本書中出現了數百次，我認為它們是醫療界用詞，與心理治療毫無關係，我在本書後面詳加解釋這一點。有些人以為醫學與心理治療在某方面理應緊密相關，這兩個詞只是加深這種看法，但事實並非如此。

喬依・馬可斯（Joy Marcus）認為「診斷」一詞也該和「醫治」與「病患」一起消失，但我仍保留它，因為我覺得「診斷」不是醫學專屬用詞，我希望用「診斷」來描述判斷及治療人生劇本。

我希望本書明確的告訴讀者，艾瑞克・伯恩（Eric Berne）是本書的靈感泉源，他創立人生劇本分析的主要概念，沒有他的鼓勵與支持，我絕不可能寫下本書。我也萬分感謝荷姬・維克夫（Hogie Wyckoff）的貢獻，她讓我注意到政治背景，這對性別角色劇本的影響特別顯著。她對男女人生劇本的見解，揭開了平庸人生劇本的研究，而平庸人生劇本引導我進一步發掘權力、競爭與合作等概念。

我非常感謝卡曼・科爾（Carmen Kerr）讀了介紹艾瑞克・伯恩的第一部並提出珍貴建議。

我也想感謝喬依・馬可斯（Joy Marcus）仔細地讀了第三部並提出許多建議。

我想進一步感謝參與研究無樂劇本與相關療法的「身體團體」成員，雖然進度緩慢但我們一步步往前邁進。懷厄明（Wyoming）、蘿菈（Laura）、瑞克（Rick）、奧莉薇亞（Olivia）和荷姬（Hogie）敞開胸懷，赤裸裸地揭露自己，也大方地接納我，幫助我瞭解讓世人無法全心享受與控制身體的平庸人生劇本。

我也想感謝眾多在1969～1972年間在激進精神醫學中心（Radical Psychiatry Center）與我合作的人們，我們一起掙扎，認識權力與濫用權力，在他們的幫助下我發展了合作概念。

感謝瑪麗昂・維斯柏格（Marion Weisberg）對本書書名的建議。

我非常感謝蘇珊・泰頓（Susan Tatum），她的貢獻難以計量。按照刻板印象，人們可能會說她負責將這本書數個章節的手稿打成文稿。她的確把我的原稿打了一遍又一遍，但若說她的貢獻僅止於此，絕對是錯的，不符真相；本書處處可見她的思緒，她的理解力，她的付出難以完整列明與評估。我也要感謝凱倫・派列特（Karen Parlette）幫忙打字並重整最後階段的手稿。

我非常感謝既仁慈又溫柔的弗萊德・喬登（Fred Jordan），他總是在恰好的時機給我信心與支持，讓寫作的煩躁任務容易些；他在最後階段仔細地閱讀本書，讓本書得以呈現如今的面貌。

——克勞德・史坦納

寫於1974年

Content 目錄

Content 目錄

Content 目錄

導論

溝通分析的基本前提

艾瑞克・伯恩的著名著作《人間遊戲》(*Games People Play*)吸引了數百萬名讀者，但大多數人對他人生中最重要的成就一無所知。我認為他最大的成就是成為精神病學領域的激進科學家，是一名影響深遠的先鋒者。

我認為伯恩是激進的科學家，因為他重新審視精神病學的基本前提，在進行各種研究後，他提出與當時被視為事實的見解恰恰相反的理念。受過專業訓練，特別是受過精神分析訓練的人士，必須徹底拋棄過去所學的根本信念，包括人們受到的刺激是什麼，讓人們不快樂或失常的原因是什麼，而可以改變人們的又是什麼等等，不然就無法接受他的思想，這也是為什麼我用激進形容他的原因。

在深入解析細節前，我想先簡要地列出三個概念，它們正是讓溝通分析有別於當今主流精神病學的根本：

1. **人生來都很好**(People are born O.K.)。溝通分析抱持的立場是：「我很好，你很好」，這是良好精神病學的最低要求，也是確保長期情感與社交健康的基礎。

2. **出現情緒困擾的人，仍是完整且智能健全的人類**。他們具備健全的理解力，可以理解自己遇到的難題，也能明白解放自我的治療過程。如果他們想解決自身的問題，就得主動參與治療過程。

3. **只要具備正確的知識，採取合宜的手段，所有的情緒困擾都治得好**。精神科醫師對所謂的思覺失調症（schizophrenia）、酗酒、抑鬱症及其他精神病症感到相當棘手，但這都是因為對精神病無知或能力不足造成的，並不代表這些病症無藥可救。

所有人都很好

「人們出生時都是王子和公主，直到父母把他們變成了青蛙。」這是艾瑞克．伯恩向精神病學介紹的第一個、也是最重要的概念。我認為只要透過伯恩的這句名言，就可以明白「所有人都很好」這個意涵。

伯恩經常透過格言的形式表達極為激進的思想，含蓄地潤飾其中真義，緩和聽眾所受到的衝擊。他暗示人們生來都很好，並不是生來就受情緒障礙、痛苦與瘋狂所苦，而是他們的父母種下這些種子。這句話的真正意義會讓有些人感到太過刺耳，伯恩透過迂迴的方式讓人們比較願意接受事實。伯恩以「相信人性」為本，堅信人的本性是良善的，人在出生當下是健全的，依此發展出存在立場（existential positions）的概念。

近年來，艾美．哈利斯（Amy Harris）及湯瑪斯．哈利斯的著作將存在立場的概念普及化[1]。存在立場指的是人看待自己和他人的態度。

最初的存在立場是「**我很好，你很好**。」當人們因種種生活情境，放棄了這個立場，轉向另外三個立場（也就是「**我很好，你不好**」、「**我不好，你很好**」和「**我不好，你不好**」），就會

1. 原注： Harris, Thomas A. *I'm OK—You're OK*. New York: Harper & Row, 1969.

出現愈來愈嚴重的失調、不安和痛苦，難以在社會團體中正常生活。

人們必須抱持「我很好，你很好」的人生態度，才能全面發揮潛能，但這並非宣揚人可以做任何事。「我很好，你很好」的存在立場是排除行為和權力，把人當個體看待的觀點。在親密的人際關係中，必須抱持這樣的態度，才能確保健全的身心，建立良好的互動關係。伯恩指出，這不只是一個好觀點而已，同時也是符合事實的觀點。

精神病學家只要從這個角度看待世人（我很好，你很好——同樣的，你的母親、你的父親、你的姐妹、你的兄弟和你的鄰居都很好），立刻就跳脫了大部分精神病學家的觀點和過去所受的訓練，不再往「病人」內在尋找神經性衝突、精神病、性格障礙或其他精神病理學的診斷項目。對伯恩來說，這些稱呼都是侮辱。取而代之的是，他會探索這個人的人生經歷，從社會互動與壓力中找出其行為與感受背後的原因。伯恩不會再把尋求精神治療的人都視為「他不好」，不管他們的精神困擾多麼嚴重。他想的會是：「因為上帝的恩典，我才得以倖免於難。」這句話暗示的是，讓人變成所謂「精神病患」的，不是內在缺陷，而是外在環境。這種觀點在精神病學界並非新概念，威廉・賴希（Wilhelm Reich）和卡爾・羅傑斯（Carl Rogers）都曾提過，這也是羅納德・連恩（Ronald Laing）採取的作法，不過精神病學界有非常多人抨擊和拒絕這種看法。在精神病學界，「我很好，你很好」是種令人震撼的態度，因為絕大多數的精神病醫師都遵循身體疾病的醫學模型，面對病人的第一件事就是藉由觀察病人、與病人對話、檢查病人本身，找出他或她身上的毛病——「**你不好**，我們現在只要找出你怎麼了。」

伯恩堅信人本身是健全的，溝通分析改變了精神治療的重點，從關注人們內在發生了什麼事，轉而把注意力聚焦於人與人之間的互動，而這些互動往往不好，也就是說會造成傷害或壓迫。

讓我用自己的方式重新詮釋溝通分析的三個基本前提，如下：

首先，人類生來就能與自己、他人和自然和平共處，這是人類本性與傾向。只要在不受影響的情況下（且獲得足夠的營養），人們自然而然會選擇生存，照顧自己，做個健康快樂的人，樂於學習如何與他人好好相處，也尊重其他形式的生命。

如果人們不健康、不快樂、對學習沒有興趣、不合作、自私或不尊重生命，這都是外在壓迫造成的結果，外在的影響力壓制了人們內在與生俱來的正面傾向。儘管如此，它一直處於休眠狀態，一旦壓迫的力量消失，正面傾向就會重現。即使一個人未能在他的人生旅程展現這種人類傾向，它還是會傳給一代又一代的新生兒。

溝通與契約

伯恩提出的第二個激進觀點是：他與服務對象的關係。談到這一點時，伯恩不用格言或玩笑來粉飾，他很積極地與客戶[2]建立關係，把客戶視為平起平坐的個體，負有相等的責任（但有時負

2. 譯注：「客戶」（client）是作者與伯恩偏好的用詞。作者在序提及反對用「病患」稱呼求助者，但本書中有些段落仍會出現病患一詞。

責不同任務），雙方具備相等的智能和潛力，對心理治療抱持同樣的目標，一起攜手前進。

當伯恩介紹他的作法時，他使用的語言和溝通模式非常特別且違反常規，因此幾乎立刻與同領域的其他專家出現衝突。具體說來，伯恩認為病患可以理解他對病患的看法，他不需要用**上對下**的方式與他們對話。一般而言，精神科醫師面對一般人和同行時會採取截然不同的說話方式，但伯恩對這一點非常不認同。隨著伯恩持續發展新理念，他不管在任何情況都採用絕大多數人能立刻瞭解的用詞。比方說，當他注意到人們的行為分成三種非常顯著的自我模式，他把這三種模式稱為**家長自我**（Parent），**成人自我**（Adult）和**兒童自我**（Child）[3]，沒有套上聽起來更「科學」的名稱，比如外在精神（exteropsyche）、現今精神（neopsyche）和早期精神（archaeopsyche）。當他提到人與人的溝通與認同，沒有把這樣的互動稱為「人際溝通單位」，而是稱為撫慰（stroke）。伯恩把人與人之間一再出現的困擾，稱為心理遊戲（games），而不是社交失能模式。當他提及人們按照人生初期的決定度過一生，他稱之為人生劇本（script），而不是說「終身重複性強迫行為」。

這麼一來，伯恩做了明快的選擇，不去迎合那些討厭他的新用詞與新概念的同行人士，而是為他的服務對象著想，提供

3. 譯注：原文 Parent、Adult、Child 字母開頭是大寫時，就是指這三種模式。此書中文譯為家長自我、成人自我、兒童自我。其中 Parent 譯作家長自我，不用父母，是因作者後文有解釋家長是來自我們模仿父母或父母身分的人的行為，長大後也會模仿權威或重要人物的行為。原文 parent、adult、child 字母開頭是小寫時，就是指生活中真正的父母、成人和兒童。

一個雙方合作的順暢溝通管道。他的觀點來自於一個信念：每個人[4]——包括所謂的「病患」——都具備健全的**成人**自我狀態，只是需要激活和鼓勵。基於這種觀點，當伯恩出席討論會或研討會與其他專業人士討論客戶（病患）的案例時，相當樂意邀請患者一起參加。他讓精神病院的住院病人觀察醫院工作人員和實習生，並在團體治療會談時討論，這是令人耳目一新的作法。[5]在團體討論中，病患仔細觀察工作人員，就像工作人員也仔細觀察病人一樣。這種作法出於伯恩的另一句名言：「任何毋須在病人面前提起的事，就根本沒有必要說出來。」

想當然爾，這種「魚缸」式待遇惹惱了許多精神科工作人員。伯恩的作法迫使他們必須面對一個現實，那就是理論上他們應為病患服務，但他們在工作會報時，總以高高在上的態度發表既虛偽又令人困惑的言論。

再將這種作法進一步延伸，就是建立治療契約（請見第20章），建立契約是極為重要的一件事。治療契約是當事人與他或她的治療師，簽訂雙方都肩負療程責任的契約；尋求幫助的客戶同意整個療程並表達與治療師合作的意願，而治療師的責任則是在契約的規範下，幫助客戶實現渴望的改變。

根據溝通分析，沒有這份契約就無法順利進行心理治療。這份契約屏除心理治療領域中那些根本算是監控的行為，具體地說，就是精神醫師和身心工作者在當事人沒有准許下，強迫所謂

4. 原注：為了避免男性第三人稱的性別涵義，我在本書除了用「他」，也會用「她」來稱呼。

5. 原注：Berne, Eric. "Staff-Patient Staff Conferences." *American Journal of Psychiatry* 125 (1968): 286-293.

的「病患」每週或每天都得接受洗腦或剝奪個人感受的活動，當事人只是單方面的承受而沒有實際參與。

同樣地，溝通分析的療程也排除了許多形式模糊的「治療」活動，在那些活動中，沒人提供任何東西，也沒人期待任何目標——至少就客戶面對的困難而言，無法提供任何實際療法或解方。不只如此，溝通分析的作法暗示了精神病學不同於醫學專業，後者被視為太過複雜、超越外行人的理解範圍（這句話可說既正確又不正確），但精神病學可以、也應該讓所有相關人士理解並加以利用。

治癒的可能

伯恩相信出現精神困擾的人都可以被治癒。這不只包括只有輕微神經質的人，也包括毒癮者、重度憂鬱症和所謂「思覺失調」的人，所有的精神異常（也就是說，身體沒有任何可辨認的疾病，也沒有偵測到任何化學物質失衡）都治得好。所謂的治好病人，伯恩指的不是他常說的：「把思覺失調症患者變成勇敢的思覺失調症患者」，也不是把酗酒者變成被逮捕的酗酒者，而是幫助他們，就像他常說的：「讓他們重獲被歸為人類的會員資格。」

精神科醫生其實「治得好」合作對象的重度情緒障礙，這可說是精神病學最激進、最震撼人心的概念。儘管如此，伯恩的信心十足。他訓練溝通分析師時，會列出下列規則：「從第一次會談開始，溝通分析師就會試圖治好病人。如果沒有成功，他會在接下來的一個禮拜好好思考，努力在第二次會談時治好病人；如此一直下去，直到成功或他承認失敗為止。」

精神科醫師對酗酒、思覺失調、憂鬱等症狀往往束手無策，傾向認為這些症狀治不好，但伯恩並不這麼想；他認為這只是代表精神病學還沒發展出對症下藥的治療方法。伯恩無法接受精神科醫師認為自己幫不了這些人，就舉白旗投降的作法（也就是把他們歸為無藥可救或欠缺動力的病患）。

我在此引用伯恩的最後一場公開發言：[6]

我們（心理治療師）常用整個人格當作逃避藉口。（我們問道：）「既然這牽涉到整個人格，你怎能期待不到五年就能治好一個人？」好，讓我告訴你們該怎麼做。有個人踩到木頭碎片，腳趾頭受到感染，他走路時開始一跛一跛，繃緊了腿部肌肉。為了補償緊繃的腿部，他也得拉扯背部肌肉，接著是他的頸部肌肉、他的頭部肌肉，很快地，他的頭就痛了起來；腳趾頭的感染讓他發燒，他的脈搏加快。換句話說，他全身，他的整個人格都受到影響，連頭都痛了。他很生氣地上怎會出現碎木屑，氣憤怎會有人把碎木片倒在地上，他花了很多時間與律師商談。他的整個人格都被捲入其中。他拜訪外科醫生。醫生走進來，瞧瞧這個人，說：「你的情況很嚴重。你瞧，這跟你整個人格都有關。你的全身都受到影響，你發燒、呼吸急促、脈搏加速，你全身都很緊繃，我想這得花三到四年（但我無

6. 原注：伯恩過世前三週，1970 年 6 月 20 日發表了題為「告別人際互動或非口語參與的影響」（Away from the Impact of Interpersonal Interaction or Non-Verbal Participation）的演說，全文可參考《溝通分析期刊》（*Transactional Analysis Journal*）1971 年 1 月號（pp. 6-13）的《艾瑞克．伯恩紀念特輯》，可向國際溝通分析協會（International Transactional Analysis Association）借閱，地址為：3155 College Avenue, Berkeley, Ca. 94705。

法向你保證結果，我們這一行不會做任何保證），當然病程發展端看你怎麼做），那麼我們可以治好這個症狀。」

病人說，「嗯，呃，好吧。我明天再告訴你，我的決定。」

然後他去找另一個醫生。這個醫生說，「喔，你的腳趾因為碎木屑而受到感染。」接著他拿起一只鑷子取出碎木屑，於是病人不再發燒，脈搏穩定了，頭部肌肉放鬆了，背部肌肉也不再緊繃，最後他的腳也舒服了。只要四十八小時，甚至更短，這個人就恢復正常。

這就是心理治療該做的事，你找到碎木屑，就把它拉出來。這會讓很多人抓狂，他們會想辦法證明病人沒有受到全方位的分析。但我們若說：「好啦，醫生，那你到底對多少病人做過全方位的分析？」這也是不公平的。因為這句話的答案會是：「你知道你現在的敵意多強嗎？」所以每個人都在寫論文。但我們要寫的只有一篇論文，題目就是「如何治好病人」——如果你真想做好你的工作，這是唯一一篇值得寫的論文。

伯恩在這番論述中，再次透過他常用的曖昧口吻做出最令人震憾的比喻。他的意思真是精神病學就像夾出碎木屑那麼單純，只要我們用理解感染的方式去理解情緒困擾？他指的真是與「整個人格」相關的障礙有快速療法？他是不是暗示精神醫師刻意迷惑病人，逃避自己的責任？

我相信他的意思真是如此，而他對這個觀點的信念，促使我寫下本書。

上述所提的三項基本原則深植於溝通分析的紋理之中。我特地強調是因為它們對我來說，正是此理論最基本的三個面向。當然，溝通分析除了我前面提及的部分外還有很多內容，我會在本書提到大部分。但就我而言，上面三項重點是溝通分析的原則，缺一不可，不然溝通分析就失了根，只剩空殼。

我很好，你很好。你的心理遊戲是什麼？給我撫慰，恰恰恰[7]

溝通分析一開始是精神病學的一種理論與實務技巧，但由於它的特質廣受大眾歡迎，我很擔心它漸漸被塑膠化、商品化，成了隨處販賣的消費產物，愈來愈迎合廣大消費者的喜好。隨著溝通分析最基礎、最與眾不同的特色逐漸消失，它恐怕又會變回多數人接受的論述，也就是人們生來就存在人格缺陷。精神病醫師把人看作病患，那些受情緒困擾所苦的人都生了病，無藥可救。

就我的觀察，溝通分析正處於同質化、再詮釋的過程中，大眾市場藉此催毀它的本質，用它謀取最大利益，忽略它的科學性質。雖然有點好笑，但我想很快就會在全國各地看到溝通分析式健身房、教堂和漢堡攤，就像現在已有「溝通分析自己來」的家用心理治療套裝組合、錄音組合和夏威夷觀光團，還有增加企業生產力的速成工作坊。這並不是說健身房、漢堡攤或自己套裝組多可惡；但在我眼中，它們的目的是賺筆快錢，增加國家生產毛額，而不是真心推廣艾瑞克．伯恩的溝通分析。

艾美與湯瑪斯．哈利斯就是改變溝通分析的一個實例，他們對於「我很好——你很好」的存在做了一個不同於溝通分析本質的細微調整，主張「所有人」一開始都懷抱不健康的「我不好，

---

7. 原文：I’m O.K. You’re O.K. what’s your game give me a stroke Cha Cha Cha

你很好」人生態度，而且所有人都得想辦法擺脫它。哈利斯冷靜地忽略伯恩的觀點，翻轉了他堅持人們生來都很好的基本信念，重回人們生來都不好、得想辦法掙脫原罪的看法。

1971年11月22日《紐約時報雜誌》（*New York Times Magazine*）的一場訪談報導清楚提到這個差異，記者寫道：「即使受到眾多批評，哈利斯仍堅持孩童的初始立場是：我不好，你很好，放諸四海皆準。在一個由高大、乾淨、手巧的成人所控制的世界中，孩子是渺小、骯髒和笨拙的。（至少孩子心中這麼認為）這就是哈利斯與艾瑞克·伯恩之間最重要的理論差異；就像哈利斯對我說的，伯恩認為我們生來都是王子，是文明教化過程把我們變成青蛙，而哈利斯則認為我們生來就是青蛙。」

不管哈利斯有心還是無意，他再次退回陳腐的貶抑論述，認為人生來就有污點，因此要是沒有許多權威性的教化「幫助」，人就無法好好過生活。

銀行、航空公司和賽車場把溝通分析當成一種應對客戶的工具，教育員工。如果他們教的真是溝通分析，倒也沒什麼壞處，但實情並非如此。事實上他們誤解了溝通分析，把它變成滿足銀行、航空公司和賽車場需求的技巧，他們除了用上微妙的手段，也不惜以最粗魯的方式剝除它的基本原則。

比方說，《紐約時報》（*The New York Times*）在1973年3月21日刊登了另一篇題為「場外下注公司以三種自我安撫輸家」（*OTB Placating Losers with an EGO Triple*）的文章：

場外下注公司（Off-Track Betting）向美國航空公司（American Airlines）買下溝通分析客戶應對系統（Transactional Analysis for

Customer Treatment，簡稱T.A.C.T），這套系統是根據《我好，你也好》（*I'm OK—You're OK*）一書的理論發展而成。根據作者湯瑪斯．A．哈利斯醫師，每個人的人格都分成三種自我狀態：**家長**、**成人**和**兒童**。

場外下注公司在員工培訓課程中，教賣家和出納員如何辨認賭客的自我狀態，以及該用何種自我狀態應對賭客。

舉例來說，如果一名客人大吼大叫、威脅要揍員工或把手伸進櫃台窗口，那麼他處於**兒童**自我狀態。處於**家長**自我狀態的客人會露出高高在上、頤指氣指的樣子，喜歡發表以一概之的言論。處於做決定的**成人**自我狀態時，客人則會表現的冷靜而理性。

場外下注公司的培訓總監艾瑞卡．馮．艾克（Erika Van Acker）說：「我們試圖讓客人回到成人層次 。但有時你得扮演不同角色。如果一名憤怒的顧客處於深度兒童自我狀態，店員可能就得進入強烈的家長自我狀態。」

「他可能得說：『我們這兒不容許這種行為。』」

在客戶應對溝通分析中，「撫慰」和「正在撫慰」是相當重要的用詞。馮．艾克小姐表示：「通常一名發脾氣的客戶只是想得到撫慰。對他們客氣些，他們就會冷靜下來。」

讀者也許會問，上面的溝通分析應用出了什麼錯？簡而言之，溝通分析是一種契約性的心理治療技巧。伯恩不認同，而且相當反對在一方握有所有好牌的情況下使用溝通分析。也許這就是他喜歡打撲克牌的原因，因為每個玩家一開始的機會都相等。不管如何，溝通分析的宗旨是：一起建立契約、雙向合作的治療過程。把它當作由一方主導的行為控制工具，是濫用溝通分析的功能；就像在客人的可樂裡下鎮靜劑，好說服他買二手車一樣可惡。

我很擔心這種濫用會讓溝通分析在五年內聲名掃地，讓嚴肅的人因此忽略它的真正價值。我的目標之一是以清晰、嚴謹又易於理解的方式呈現溝通分析，忠實艾瑞克・伯恩提出的原則[8]也就是溝通分析中被人剔除的那些深刻而激進的概念。我想透過本書，將這些概念重新納入溝通分析。

艾瑞克・伯恩

艾瑞克・伯恩身為醫師與精神科醫師，在花了十五年追求心理分析師的資格後，終究在四十六歲那年放棄心理分析訓練。舊金山心理分析學會（San Francisco Psychoanalytic Institute）在1956年拒絕他的申請，據他所說，他與學會「好聚好散」。申請被拒可能讓他感到苦澀，但這進一步強化了他長期以來創新心理分析理論的野心。

伯恩從沒提起自己為何被拒，也許他對此憤憤不平。我猜他不夠服從心理分析概念（當我在兩年後認識他時，他顯然抱持這種態度）。當時，他對心理分析的主要論點架構是：一位稱職的治療師應該更加主動的治好病患。但心理分析師不被允許這麼做。

伯恩花了將近十年研究直覺。那時他在軍隊中擔任精神科醫生，每天都得同意數千名軍士退役。他開始玩個小遊戲解悶，這也是他對直覺出現興趣的起點。他會先問準備退役的軍人兩個問

8. 原注：我認為國際溝通分析協會沒有好好維護溝通分析的教育與科學價值，對其成員為了私利而濫用溝通分析的情況採取完全放任的態度。請見：Steiner, Claude M. "Inside TA." *Issues in Radical Therapy* 1,2 (1973): 3-4.

題：「你緊張嗎？你看過精神醫生嗎？」再從對方的答案猜測他入伍前的職業。

他發現自己猜中的機率很高，特別是當對方原本是技工或農夫的時候。這些發現讓他寫了一系列以「直覺」為主題的文章（請見杜賽對這些文章的評論[9]），並進一步發展為溝通分析。

伯恩身為醫師，他受過診斷「精神病理學」的訓練，習於用精神科的角度分析病患的情況，也會隨意決定病患「應該」怎麼做。因此對他來說，保持「開闊心胸」、發揮直覺感知資訊並不加批判地利用，是個相當新鮮的體驗。

他常說，就是在這個時候，他把過去所學的「陳腔濫調」全都拋到腦後，「開始傾聽病人說了什麼」。於是，伯恩進行心理治療時，開始實際應用自己對直覺的發現。他不再遵循往日在精神科訓練學到的論述和類別，不再判斷一個人是「潛在強烈同性戀」還是「妄想型思覺失調」，他「調到對方的頻率」，藉由直覺收集資訊。

舉個例子，面對一個他可能會診斷為「潛在強烈同性戀」的人，他直覺看到的是這個男人覺得「自己就像個渾身赤裸、感到性興奮的幼童，但眼前卻圍著一群長輩，他臉紅得不得了，因無法承受的羞恥感而全身扭動」。伯恩把這段描述稱為一個人的「自我影像」；這是治療師對一個人浮現的直覺畫面，且它多少描述了對方的自我。[10]值得注意的是，自我影像與「潛在強烈同

9. 原注：Dusay, John M. "Eric Berne's Studies in Intuition." *Transactional Analysis Journal* 1,1 (1971): 34-45.

10. 原注：Berne, Eric. *Intuition v. the Ego Image*. Reprinted from the *Psychiatric Quarterly*, Vol. 31, October 1957, pp. 611-27. Utica, New York: State Hospitals Press.

性戀」診斷的關鍵差異在於，前者多半來自伯恩客戶本身流露的資訊，而「潛在同性戀」的診斷資訊則多半來自伯恩和那些心理分析老師的教導。

伯恩繼續在進行治療時運用自我影像，發現透過直覺感知的感受和經驗更能有效地幫助客戶，反而身為精神科醫師所做的診斷沒什麼效用。他開始從每個病人身上看到對方童年時期的自我影像，於是他漸漸在個案資料中納入從每次訪談中得知的童年感受。一位女士的童年自我影像是：「一個金髮小女孩站在開滿雛菊、用圍欄圍住的花園裡」；另一人的自我影像則是：「憤怒的父親以最快的速度行駛，而心驚膽顫的小男孩就坐在他的旁邊。」

伯恩發現每個人都有童年自我影像，他把這稱為「自我狀態」。他注意到**兒童**（Child）自我狀態和另一個「大人」自我狀態有很明顯的差異，人們用大人的狀態面對世界，這也是別人可清楚看到的狀態。後來他發現人們有兩個「大人」自我狀態，一個是理性的，他稱這為「**成人**」（Adult），並把另一個不一定理性的自我狀態稱為「**家長**」（Parent），因為這個狀態似乎來自模仿當事人的父母。

伯恩繼續觀察他的病人，把過去培訓學到的知識都拋在腦後。他發現「撫慰」的重要性與「時間建構」[11]的概念。他觀察到人際交流（transactions），心理遊戲（games）、消遣（pastimes），最後是人生劇本（scripts）。到了六〇年代末，他已幾乎發展了整套理論。他最終放棄精神科的診斷方式。他常提起精神科診斷

11. time structuring：溝通分析的特殊名詞，指的是人們度過時間的相處方式。共分六種：獨處、儀式、消遣、活動、心理遊戲、親密。每種方式會帶來不同程度的撫慰。

病人的笑話：比治療師更被動的人會被稱為被動-依賴型，比治療師更主動的人則被稱為社會病態。他一直與心理分析維持理論上的關聯性，但多年下來，他愈來愈不在乎心理分析，而在他的團體工作坊，心理分析可說近乎消聲匿跡。

他一開始主張溝通分析有助於帶來「社會控制」，指運用社會力量控制人類的行為或加以制約，也就是說，當心理分析真的治療人心時就能控制人們的「反社會宣洩行為」[12]。但他慢慢在「治療」過程中發現，溝通分析的「療癒」效果比較顯著，心理分析技巧多用於複雜的人生劇本分析。後來，就連人生劇本分析他也不再使用心理分析技巧，只會在介紹個案時用到心理分析的思維。[13]

人生劇本

創立溝通分析的頭幾年，就診療方法而言，艾瑞克・伯恩仍是名心理分析師，也就是說，他仍與患者進行一對一的會談，讓病人躺在沙發上，他會徹底分析並反覆檢視患者的人格。他在這些個別會談中加入了人生劇本分析。人生劇本理論從一開始就屬於溝通分析理論的一環。伯恩在他的第一本溝通分析專書中提到：[14]

---

12. acting out：此為心理學用詞，指人們做出傷害自己或他人的反社會行為。或譯為「傷害性宣洩行為」/「破壞性宣洩行為」。
13. 原注：我整理了伯恩在每週研討會的個案介紹，製作成八小時長的錄音帶，題為：《艾瑞克．伯恩：晚年精選》（*Eric Berne: Out of His Later Years*）。若想聆聽可聯絡：TA/Simple, 2901 Piedmont, Berkeley, Ca. 94705。
14. 原注：Berne, Eric. *Transactional Analysis in Psychotherapy*. New York: Grove Press, 1961.

心理遊戲屬於一系列更大型、更複雜的人際交流互動的一部分，這些一系列的大型溝通交流就稱作人生劇本……人生劇本是一連串複雜的人際溝通，雖然具備重複的本質，然而一場完整演出可能需要一整個人生，所已不一定會真的重複……人生劇本分析的目標是「讓這齣戲落幕，上演更好的劇目」。

伯恩認為，一再重複的一種衝動形塑了人生劇本。這是心理分析的概念之一，主張人們有重複童年痛苦事件的傾向，伯恩認為人生劇本分析會讓人們掙脫再次體驗過去痛苦事件的衝動，得以踏上嶄新的道路。他認為團體治療有助於挖掘人生劇本的資訊，我們能從數週的團體治療獲得比數月的沙發會談更豐富的資訊。然而，他認為「由於人生劇本非常複雜且各有獨到的特質，因此不可能單單透過團體治療就達成真正的人生劇本分析」，個別會談有機會進一步闡釋從團體治療中獲得的資訊。

因此，伯恩從發展溝通分析開始就進行人生劇本分析，只是他多半在個別會談中進行。經過數年，他愈來愈少進行心理分析，但仍與個案維持每週或每兩週一次的個別沙發會談，這時他會與個案進行人生劇本分析。

伯恩有時會發表正在進行的人生劇本，分析中某個片段；這些個案主角可分為兩種：一種人一再重複某些長期模式，另一種人則似乎握有一個壽命有限的劇本。

艾瑞克．伯恩的人生劇本

我第一次見到艾瑞克．伯恩，是1958年一個星期二傍晚，我去了他位於舊金山華盛頓街的住家兼辦公室。我已忘了當晚討論的主題，但我清楚記得討論會結束後，我喝著七喜（後來這成了慣例）而他走上前來對我說：「你講得很好。我希望你還會回來。」

我的確繼續參加討論會。我與伯恩在接下來的數年間變得非常親密。我們兩人的關係進展得相當緩慢，花了數年才漸漸熟稔，這過程中雖有些不愉快的回憶，我曾以為自己會就此離開，但也有非常多美好的時刻。在他人生的最後幾年，我們的關係非常穩固，在他去世前，我們非常明瞭對彼此都懷抱著深刻的愛，這令我滿懷感激。

自1967年起，伯恩與一群對他的理論有興趣的人，在每個星期二晚上的八點半到十點間舉辦聚會，參加成員多半都是與身心健康相關的專業人士，討論結束後大家會聚在一起喝點飲料閒聊。如果你在八點二十分前按他的門鈴，他絕不會應門；但晚間聚會結束後，大夥兒（當然不包括伯恩）有時到了凌晨一、兩點才告辭回家。

伯恩總在那兒，除非他正在巡迴演講、放假或生了病（這相當罕見），研討會由他主持，常常會錄音。大家會事先訂下每週的主題，每一回的發表人都會問大家一個問題。沒人發表的時候，伯恩就會替補上台。如果發表會進行得不太順利，他也會縮短發表時間。有時他會朗誦即將出版的新書，聽取我們的回饋並加以運用，有時他會引介我們認識他的治療團體中某位成員，或某個正在進行治療的「個案」。

不管是在討論會中還是平時，整體而言，伯恩都不容許參加者故弄玄虛，也不允許階級制或展現傲慢的專業態度——他把這巧妙地稱為「虛浮廢話」。如果有人刻意說了晦澀難解的言論，他會耐心傾聽；接著他會抽著煙斗，挑起眉毛，說：「你說的全都好極了，但我只知道，病人並沒有被治好」之類的話。

伯恩堅持使用簡樸的字詞，簡短的句子，簡短的論文，簡潔的討論與發表過程，藉此剷除專業領域中那些把事情弄得神祕晦澀的行為。他不鼓勵人們使用被動（passive）、有敵意（hostile）、依賴（dependent）等詞彙，鼓勵大家用動詞來形容。他認為英文中許多以ic結尾的形容詞特別侮辱人，比如酗酒的（alcoholic）、思覺失調的（schizophrenic）、瘋狂的（manic）。

伯恩傾盡全力確保科學討論會進行時，他和每個人的**成人**都保持在絕對警覺和最適任的狀態，稱職地達成任務。在團體治療中，他不鼓勵治療師做出肢體撫慰。而在討論會中，他不鼓勵喝咖啡或酒精飲料，也不允許（顯然以吸引注意力為目的的）「聰明點子」干擾討論過程。他在科學討論會中禁止（透過道歉）逃避，（用華麗辭藻）粉飾，（以聰明點子和假設的例子）分散注意力，也禁止大家喝飲料時發出聲音。

伯恩每個星期二和三都在舊金山，他在這兒有間私人診所，進行一、兩個諮商工作，接著就飛回喀美爾（Carmel），在那兒寫文章和經營第二家診所。他的週末都在喀美爾度過，一有機會就去沙灘。看起來，他的主要工作是寫作。我認為他把寫作視為人生最重要的事。他是個謹守原則的人；在他的著作《心理治療的溝通分析》（*Transactional Analysis in Psychotherapy*）中，他的獻詞是：「*紀念　我的父親大衛 醫學士、外科醫師與貧窮的內科醫師*」。

伯恩對父親的描述，在我看來正反映了艾瑞克的人生原則。他的目標一直都是「治好病人」。基於這個目標，他很厭惡工作會報和某種形式的文章，認為工作會報和那些文章都只是為了未能善盡本分而編織藉口和解釋，全是馬後炮。

伯恩在鄉下行醫的父親雖然貧窮，但保有尊嚴，他對此非常驕傲。他不信任那些很容易被金錢引誘的人，當他發現某人探索溝通分析時懷抱的主要目標是賺錢，他就會毫不猶豫地責備批評他們。在舊金山，他常藉由公開徵求無酬助理講師的消息，仔細留意誰接受或拒絕了這些機會。他自知賺得不多因此格外節省，直到會計師告訴他，要是他再不花點錢在自己身上，美國政府就會花他的錢，他才不再計較小錢（比如說，在喀美爾高地旅社得多付25分錢才有洛克福乳酪醬，或者買件上好襯衫）。看起來，過著貧窮而有尊嚴的生活是他的渴望。尊嚴是最重要的事，因此儘管他很節儉，但那些便宜的賤賣商品無法引起他的興趣，他也不會「以批發價大量買進」。

伯恩對醫生同袍懷抱強烈的情誼，一直希望與傳統模式保持友誼，因此他不會對整個醫學或精神病學界做出**家長式**批評，但他的**兒童**則非常自在地愚弄某些學派的成員，或開他們的玩笑。

另一方面，他是個帶點邪惡、機智又頑皮的人。他的文章經常以曖昧的方式呈現最真實的想法，充滿了無法壓制的幽默感，「誰是保險套？」（是的，就是避孕用的保險套）一文[15]就是絕妙例子。

他個性羞怯，卻又對其他人喜愛嬉鬧、宛如孩童般的內心世界（也就是**兒童**自我狀態）特別有興趣。他的理論根基正是他本身發揮直覺的**兒童**自我狀態（請見第1章）。他既喜歡又欣賞孩

15. 原注：Bernstein, E. Lennard. “Who Was Condom?” *Human Fertility* 5,6 (1940): 172-76.

子及人們心中的**兒童**，但羞怯的他不敢展現或顯露自己的**兒童**，除非處於非常安全的情況下。他喜歡安排一些可以讓自己得到撫慰的場合，這就是為什麼討論會結束後，我們總有個「派對」。他喜歡「手舞足蹈」的派對，很討厭那些古板正經或做出「大人」舉止，弄糟氣氛的人。就我的觀察，他少有撫慰的機會，也很少笑鬧，工作佔據了他的生活，他人生的主要動力，就是寫以治癒人們為主題的文章 。

伯恩提出一個令人驚嘆的概念，那就是人在人生早期就已定下一個人生劇本，終其一生依循這個劇本度日。我相信伯恩本身也受到人生劇本的影響，而他的劇本是心碎的早夭 。這個悲劇性的結果，一方面因為他受到非常強烈的**禁令**（injunction），禁止他愛人，也禁止他接受別人的愛，另一方面則被施加了一樣強烈的**屬性**（attribution），讓他成為獨立與超脫的個體。

我知道即使是伯恩也會與我爭執這一點，提醒我冠狀動脈心臟疾病是遺傳病，他已想盡辦法照料自己的心臟；他注重飲食，做運動，經常做檢查。就醫學而言，他的確盡了力，但我仍覺得他沒有善待自己的心臟。每當我想起伯恩的離世，總湧起一種詭異的感覺，他的死在令人震驚之餘，卻又可說是毫無意外。他內心一部分知道自己終將辭世，也知道大約會是在何時；我也清楚這件事。但他的另一部分則假裝這場悲劇不會發生，而我也順勢假裝。

伯恩對人的預設壽命非常好奇。他數次發表被判定為只能活到四十或六十歲的案例，從他最後一本著作《說完你好，說什麼？》（*What Do You Say After You Say Hello?*）[16]就能看出他對有

16. 原注：New York: Grove Press, 1972.

心臟病史的人特別著迷。事實上，他提到的死亡個案幾乎都有冠狀動脈病史。直到他與世長辭，我才明白這一切的意義；伯恩的父親在他十一歲時就過世了，他的母親則在六十歲因冠狀動脈疾病而去世。伯恩的死因與他母親相同，只比她多活了幾天。我相信他的人生劇本就是無法長命，而他按照劇本演出。他從來沒有明確提到自己很可能會在六十歲時過世，但如今回想起來，他分析過的那些關於冠狀動脈疾病和壽命有限的人生劇本，再再都指出他自己也受到壽命有限的人生劇本所控制，而他對此瞭然於心。在他六十歲的生日宴會上，他告訴我們，他已完成他想要寫的最後兩本書，現在他可以好好享受生活了。然而，幾週後他就宣布自己開始寫另一本書：一本寫給醫學院學生的精神病學教科書。就我看來，直到人生的最後一天，他都沒有給自己喘息的機會，接著就像注定似的，他的心臟舉了白旗。

就某些方面來說，伯恩的確有好好照顧心臟，但他根本沒有關懷它的其他方面。當我想到多少人多麼愛他，但他卻未能好好享受這些愛，它們未能傳進他的心房，撫慰他受傷的心靈，就令我悲慟不已。伯恩的愛情關係總是很快就夭折，未能給予他所需要和渴望的安慰。他捍衛自己的超脫與孤寂，把全部心力投注於工作。想到這一切，有時我不禁憤懣難耐，就像面對那些進食過量或抽菸，顯然傷害自身健康的人，人們難免生氣一樣。事實上，就醫學而言，伯恩可能的確善待他的心臟（不過他從未停止抽煙斗，一點起就立刻吸入第一口煙），但他沒有顧及心的情感需求。

伯恩不接受別人的關懷探問；當別人批評他處於撫慰不足的狀態、他的個人主義和競爭欲望，他會禮貌地聆聽，但他一直都只照自己的方式過活。當他本人需要心理治療時，他不會加入團體療程，也不會向溝通分析師求助，而是與心理分析師進行個別療程。

關於愛與人際接觸的渴求，伯恩並非全然地被動，他發展了與愛相關的重要概念。他的理論環繞人際溝通與愛，對感情關係的興趣很濃厚。他提出撫慰的概念，撫慰一般被公認為「人類認可單位」，但在我們眼中，撫慰是表達人類之愛的單位。伯恩在人生最後幾年寫下《人類之愛的性》（*Sex in Human Loving*）[17] 和《說完你好，說什麼？》兩本書，在我看來，這都是他試圖打破自身劇本限制的部分努力。不幸的是，我們兩人對撫慰與人生劇本的體悟來不及幫助他本人。

事實上，伯恩在溝通分析早期（1955-1965年），似乎在無意中隱隱阻止我們進一步研究撫慰、親密和人生劇本。根據伯恩理論，親密是人建構時間的其中一種方式，而他把親密定義為沒有退縮、沒有儀式、沒有遊戲、沒有消遣、沒有工作的情況下，才會發展的一個情境。伯恩藉由排除其他五種時間建構方式來定義親密，也就是說，他沒有清楚的定義親密。伯恩甚至相信，大體而言，親密是一種不可能達成的情境，如果一個人一生中曾度過十五分鐘的親密，已可算是相當幸運的傢伙。喀美爾溝通分析研討會（Carmel Transactional Analysis Seminar）曾一度以撫慰為研究主題，開始使用肢體撫觸技巧。伯恩立刻警覺到這件事，在某一次的年度研討會上公開表示：「不管是誰，只要他觸碰了病人，就不是在進行溝通分析。」

17. New York: Simon and Schuster, 1971.

伯恩之所以在團體中禁止觸摸，其來有自。當時完形心理學似乎正迅速變成一種治療師可自由與團體成員發生性關係的治療方式，而他很擔心溝通分析也會陷入這種狀況。伯恩是非常耿直的治療師，認為這種活動會干預治療的成敗，敗壞溝通分析的名聲。基於此，他禁止追隨者觸摸他們的客戶或合作對象。這個禁令並非禁止人們觸摸彼此，但的確容易造成這種結果。而他本人也不擅長取得自己需要的撫慰。此外，他寫下的所有溝通分析論述中（約有兩千頁），他只花了二十五頁左右探討撫慰，這也是值得玩味的一件事。

伯恩對於人生劇本也有類似的曖昧態度。我們這些曾親耳聽他發表人生劇本分析研究成果的人，都認為人生劇本相當晦澀難懂。分析人生劇本似乎是種複雜、深入、幾乎可說是神奇的過程，只有艾瑞克・伯恩本人才能明白；當時我們這些年紀較輕、較重實務、比較不重視個別治療的同行，不是對人生劇本分析興趣缺缺，就是覺得這太過先進或複雜。不同於其他研究，他對人生劇本的探討仍包裝在心理分析的術語與技巧之中。人生劇本是無意識、一再出現的衝動現象，必須在一對一會談中進行人生劇本的心理治療。

在我眼中，如同所有偉大的發明家，他個人的人生劇本限制了他本人的人生，儘管他對這個現象很好奇，自己卻未能全面探索。以他本人來說，他握著壽命有限的人生劇本，這份劇本的根基來自於他背負了禁止尋求撫慰的禁令，讓他未能徹底探討人生劇本和撫慰理論，也促使他隱隱約約地向追隨者設下屏障。這些屏障也許對他造成很多影響；讓他未能看清自己的人生劇本，也因此無力改變。禁止撫慰的禁令推進他的人生劇本，讓他未能正視內心的痛楚。他和那些愛他的人與他愛的人都保持距離，對我也不例外，阻止我們安慰他；他就這樣離開我們的生命。直到現今，我仍能感受到他留下來的缺憾——他本有機會在喀美爾陽光普照的沙灘上活到九十九歲。

伯恩死得很突然。1970年6月23日星期二，我們在每週舉辦的舊金山溝通分析研討會上熱烈辯論了一番。我已排定在下一場會議上發表一篇題為「撫慰經濟學」（The Stroke Economy）的新文章。伯恩看起來身體健康，心情愉快。

6月30日星期二，我到了研討會現場才知道他因心臟病發而臥病在床。我去醫院探望他一次，他看似恢復不少。7月15日星期三，他因第二次的心臟病發而辭世。

面對伯恩的離世，我無法說自己客觀看待。如今他已告別人間三年，我一想到他，依舊溼了眼眶，但我仍希望紀錄自己對這件事的思緒。

人生劇本分析

伯恩認為絕大多數人的人生都早已注定，並解析撫慰在人類行為中的重要性，少了這些透澈的見解就不會有人生劇本分析和撫慰理論。我認為要是艾瑞克·伯恩沒有發展人生劇本和撫慰最初的概念，且最重要的是，若少了他對我持續不懈的正向鼓勵，我絕對無法對人生劇本分析和撫慰經濟學做出貢獻。

我視自己對人生劇本和撫慰的研究延續了伯恩的心血，可嘆的是，他基於自身的人生劇本限制，未能自在地發揮**成人**深入研究。

我本人也受男性性別角色所囿，在研究悲劇性人生劇本後，我自身的限制本會阻止我繼續探究。我相信，要是沒有荷姬・維克夫關於豬父母（Pig Parent）、關懷型家長（Nurturing Parent）和性別角色劇本（sex role scripting）的貢獻，我的研究成果可能會僅限於撫慰經濟學。

很幸運的是，此刻我終於明白自己也有在六十幾歲就死亡的計畫。我扭轉了這個人生規畫，打算活到九十九歲。教學帶給我莫大的助益，我請我的學生給我回饋、批評，當我需要時也向他們尋求治療。

我從1965年開始研究人生劇本，那時我在舊金山特別問題中心（Center for Special Problems）與酗酒人士工作。我發現，酗酒者的人生劇本並非在無意識的情況下進行的，也很容易就發覺。與酗酒者的治療工作讓我發展劇本矩陣（script matrix），並繼續發展分析人生劇本的連貫系統。伯恩對我的研究很有興趣，一直積極地鼓勵我。

後來，我認為撫慰非常重要，雖然我很樂意遵循伯恩禁止在治療團體中碰觸病人的禁令，但我認為自己必須研究撫慰，特別是肢體方面的撫慰。我在治療團體之外持續研究撫慰，建立撫慰經濟學的理論。

伯恩在1965～1970年間積極以劇本矩陣和禁令為基礎，發展人生劇本分析，與此同時他寫下《說完你好，說什麼？》（1972）呈現個人觀點。不幸的是，由於他太早過世，我未能與他分享我對撫慰、平庸人生劇本和合作的看法，這些正是本書重點。

人生劇本分析在精神病學的重要性

當人們覺得難以面對人生，生活充滿了不幸與心理苦痛，常會向精神病學尋求答案。但大多人尋求建議的主要管道並非精神科，他們多半會先向牧師、醫生和朋友求助，最後才向精神科求助。大部分的美國人都不相信精神病學，只會在太過絕望、無法再逃避的時候，或在遇到他們能夠理解和接納的學派時，才願意尋求精神科的建議。

全國各地的身心健康協會汲汲於說服人們利用精神科的服務，但絕大多數人還是逃避這麼做，遇到情緒困境時，盡量在不求助的情況下勉強度日，順其自然，希望自己慢慢恢復。精神科醫師認為，遇到情緒困擾的人們之所以不願向精神科尋求幫助，是因為他們渴望「生病」，也希望繼續生病。就我看來，人們之所以拒絕隨手可得的精神科服務，其實恰好證明他們具備良好的判斷力。

少數會向精神科醫師求助的人中，（我認為）大部分都沒受到傷害。然而，打算於1972年參選副總統的美國參議員湯瑪斯．伊格頓（Thomas Eagleton）放棄了競選計畫，從這起事件就可看出精神科可以造成多麼嚴重的傷害。隆納．連恩指出，伊格頓誤向一名精神科醫師求助，對方的診斷與治療手段（電擊治療）重重地擊倒了他，他再也無法繼續政治生涯。他原本能向如艾瑞克．伯恩之流的精神科醫師求助，伯恩絕不使用電擊療法，還有機會透過其他手段，幫助他克服憂鬱症。大部分向精神醫師求助的人只是被「冷靜」、鎮定下來，可以暫時正常運作；只有很少的人獲得真正的幫助。我相信那些成功幫助客戶的精神科醫師，都排斥許多過去接受的精神科訓練，改以自身經驗、智慧與人性為基礎，戰勝壓迫性和害人匪淺的精神科訓練與教學，才得以幫助人們。

精神科教學有數種不同的「思想流派」，各擁不同觀點，但我認為這些流派只有些許可以忽略的差異；事實上這些微小的相異處只是用來遮掩事實，那就是精神科基本上有三個共通基礎：

一、有些人正常，有些人不正常。兩者界線分明，精神科醫師自以為能清楚辨認誰沒有心理困擾，誰有心理困擾或「有精神病」。

二、「心理疾患」和情緒困擾的原因都來自人們本身的問題，精神科的工作就是診斷疾病，與個案合作，治好他們。有些困擾永遠也治不好，比如酗酒、思覺失調或躁鬱症。精神科醫師的工作是讓有這種「病症」的「受害者」安然面對自身的苦難，教他們學著適應和與之共存，並經常透過藥物達成此目的。

三、得了心理疾患的病人不瞭解自己的病症，而且幾乎沒辦法控制，就像一般人無法控制身體病程一樣。

這三項前提在精神科訓練中隨處可見，深深紮根在大部分（超過一半）的心理治療師心中，不管他們是（按聲名高低排序）醫師、心理學家、社工、護士、緩刑監察官還是任何受過訓練的心理治療師。[18]想當然爾，大部分出現情緒障礙的人都不願向心理治療師求助。我們不想聽到問題出自我們本身，而且我們對自己的難處，既沒有控制力也沒辦法瞭解。我們不想聽到這些，不是因為我們「拒絕改變」，或是對心理治療「缺乏動力」，

18. 原注：在心理治療師的例子中，位階愈高，這種問題就愈嚴重。

而是因為這都不是事實，因為這些話侮辱了我們的智能，因為這剝奪了我們控制人生和命運的能力。

人生劇本分析提出與這種思路大不相同的解釋，首先，我們相信人生來都很好。即使當他們陷入情緒障礙，他們仍舊很好，我們可以理解他們的痛苦，藉由檢視他們的人際互動與溝通，瞭解他們在童年時期被強加了沉重的禁令與屬性。即使他們長大了，這些禁令與屬性仍舊糾纏他們，並經由理解去解決他們的問題。溝通分析拒絕只有心理治療師才懂的複雜理論，改而使用符合常識、一般人都可明瞭的解釋，幫助需要幫助的人們，也就是受情緒困擾所苦的人們。

人生劇本分析可被稱作情緒障礙的決定性理論，而非病症理論。人生劇本分析的基礎信念是：人們在童年或青少年初期會有意識地做出人生規畫，這個規畫會影響並主宰他們的餘生。按照這個決定過日子的人，就是背負人生劇本的人。正如疾病一樣，人生劇本有發作點、進程和結果。疾病和人生劇本的相似處，讓人們常把人生劇本誤以為是種疾病。然而與病理組織變化不同的是，人生劇本是按照有意識的決策而進行，因此只要再次做出有意識的決策，就可以推翻或改變人生劇本。

悲劇性的人生劇本，比如自殺、毒癮，或者是思覺失調、躁鬱症等「治不好的心理疾患」，都是人生劇本的一部分，並不是當事人生了病。由於這些困擾都是人生劇本，而不是無藥可救的疾病，因此我們能夠瞭解它，並想辦法解決它，讓稱職的治療師能夠如伯恩說的「讓這齣戲落幕，上演更好的劇目」，幫助客戶揮別人生劇本。

我們質疑精神科的負面假設的同時，也激生了正面的期待與希望，傑洛姆．法蘭克[19]和阿諾德．戈爾斯坦[20]對此已提供豐富的紀錄。從他們的研究即可清楚看出，身心健康工作者對客戶（患者）的假設，會強烈地影響治療結果。他們的研究指出，當身心健康工作者預設客戶得了疾病或慢性困擾，客戶也常會出現慢性困擾和疾病；若治療師預設患者會被治好，通常他們的客戶狀況會得到改善，兩者出現關聯性。因此，許多專業人士把情緒障礙視為某種疾病，有傷害客人的潛在可能性，事實上這可能讓很多向精神科醫師求助的病人加重症狀。相反地，如果我們為精神障礙視為一種可以翻轉的決定，那麼只要釋放人們渴望痊癒的強大內在傾向，就有機會治好它，結束他們的不幸。當治療師提供正面的期待，再加上解決問題的專業能力，就能讓陷入情緒障礙的人們有機會重新掌握人生，創造屬於自己的、帶來幸福的全新人生規畫。

接下來我們會解釋人生劇本，分析如何透過溝通分析解決它們。

19. 原注：Frank, Jerome D. “The Role of Hope in Psychotherapy.” *International Journal of Psychiatry 5* (1968): 383-95.

20. 原注：Goldstein, Arnold P. *Therapist-Patient Expectations in Psychotherapy*. New York: Pergamon Press, 1962.

第一部

溝通分析理論

規畫本書內容時，我花了很多時間思索該如何安排接下來的章節內容。由於這一部分概述現有的溝通分析（transactional analysis，簡稱TA）理論，理應排在其他部分之前，然而理論概述讀起來相當枯燥無味，有些人甚至會說無聊透頂。讀者可能才讀到這裡就覺得情況不妙，連帶對接下來的內容失去信心，不想再看下去。有回我甚至考慮把這一部分排在最後當作附錄，而不是卡在本書開頭，成了一個難以跨越的障礙，讓人看不到後面的內容，包括悲劇與平庸人生劇本，以及最後面美好生活帶來的富足。

想當然爾，邏輯還是佔了上風。不過讀者只要動動指頭，就能輕鬆跳過這一部分，等到必須確定某些用詞的定義時，再回頭來查找。本書每次提到新概念都會以粗黑字體標示或以注解說明，相信讀者都可以輕鬆閱讀。那麼，就請讀者讀下去或略過這一部分吧；希望各位都能在本書中找到樂趣。[注]

原注：我寫了《輕鬆入門溝通分析》（*TA Made Simple*）的手冊，提供比較簡潔的溝通分析介紹，也就是本書第一部的內容。此書出版於1973年，價格僅1.25美元，可洽詢：TA/Simple, 2901 Piedmont Ave., Berkeley, Ca. 94705

第 1 章　結構分析與溝通分析

溝通分析的基石是三種自我運作形態：**家長**、**成人**和**兒童**，只要發揮觀察力就能辨認這三者的差異。乍看之下，這好像近似精神分析的三個基本概念：超我，自我與本我，但兩者其實大不相同。

家長、**成人**和**兒童**與超我、自我和本我的不同之處，在於前三者都是自我的展現。基於此，它們都是可見行為，不是一種假設性的構想。不管處於三種自我狀態的哪一種，身邊的人只要觀察就能辨認出來，比如處於**兒童**狀態時，觀察者會看到**兒童**歌唱、跳躍和大笑。溝通分析治療師專注研究自我和意識，因為他們發現比起其他理論，這些概念更能清楚解釋和預測人的社交行為。

結構分析

一個人在任何時刻，都會採取其中一種自我狀態運作，三種狀態各有獨特之處。藉由觀察和傾聽一個人的外顯特點，就能分辨出對方處於哪一種自我狀態。我們可從骨骼-肌肉變相和口說內容（文字和聲音）分辨自我狀態。每種自我狀態各有特定的手勢、姿勢、行為舉止、臉部表情、語調和用字。除了觀察對方以外，我們也能從自身的情緒反應和思緒等資訊來診斷；觀察者若出現**家長**狀態的反應，可能代表被觀察者正處於**兒童**自我狀態，當觀察者感到自卑或叛逆時，可能被觀察者處於**家長**狀態，以此列推。

要完整診斷自我狀態，必須掌握三項資訊來源：一、被觀察者的行為。二、觀察者的情緒反應。三、被觀察者的看法。

診斷自我狀態時，溝通分析師不會說：「這是你的**兒童**。」而是：「從你的行為和說話的方式看來，你似乎處在**兒童**自我狀態；你的兒童激發了我內心照顧關懷人的渴望。**你**的想法呢？」如果現場還有其他觀察者，當然也必須納入他們的意見。（更多關於溝通分析診斷的討論，請見第6章。）

兒童

本質上，人的兒童自我狀態完整地從童年時期保留下來。一個人以兒童狀態運作時，會做出宛如小孩般的舉止。兒童狀態的年齡似乎不會超過七歲，甚至可能只有一週或一天大。處於兒童狀態的人，不論坐、站、走路還是說話方式，都像回到小時候一樣，比如像回到三歲大一般。除了做出孩子般的行為，他也會像個三歲小孩般感知、思考和感受。

由於社會風氣一般不喜歡「孩子氣的行為」，因此大人往往只會在短短一瞬間流露出兒童自我狀態。不過，有些場合本來就容許孩子氣的行為，比如體育賽事、派對和表演，此時可清楚觀察眾人的兒童自我狀態。最適合觀察大人展現兒童自我狀態的地方，就是足球賽。在這裡，我們觀察到大人流露宛如孩子般的情緒，諸如喜悅、生氣、狂怒和快樂；當一個人隨著自己支持的隊伍得分而歡喜雀躍，看起來簡直就是一個五歲大的小男孩，兩者只有體型和第二性徵等差異。他們不只做出類似的外顯行為，此時的大人除了做出和孩童一樣的舉動外，也會像孩童般感受、觀看和思考。

處於兒童自我狀態的人常會高聲發出：「天哪」、「哇」、「哎呀」、「棒」等簡短有力的語助詞。他的肢體姿勢也出現兒童的特徵：頭部下垂、眼神往上、雙腳分開或內八。坐下來的時候，他可能會坐在椅子邊緣，侷促不安、搖來晃去或駝背癱軟。跳躍、拍手、恣意大笑或大哭，都是兒童自我狀態的展現。

大人除了在某些情境下會做出孩子般的行為外，在所謂的「思覺失調患者」、演員和喜劇演員身上，我們也可以看到**穩定**的兒童狀態；演員基於職業要求必須習於處於兒童狀態。我們當然也能隨時從孩童身上看到兒童自我狀態。兒童自我狀態的年齡很少低於一歲，常常出現如此稚齡狀態的人通常會有嚴重的情緒障礙。儘管如此，遭受嚴酷壓力或感到極度痛苦和喜悅時，「正常」人身上也會出現年紀非常小的兒童自我狀態。

我們不該低估兒童的價值。這可說是一個人身上最珍貴的一部分，也是唯一能真正自我陶醉的一部分。這是自發性、性欲、創新改變的源頭，也是快樂的泉源。

成人

成人自我狀態本質上是台電腦，是人格中一個沒有情緒的元件，主要功能是收集資訊、加以處理並依此做出預測。成人利用感官收集關於世界的資料，按邏輯程序處理，必要時提出相應的預測。它具備圖表式的感知力。兒童睜開雙眼看到的是色彩、空間，一次從一個角度看世界；成人看到的則是黑與白，通常是平面的，且在同一時間可以數種不同觀點看世界。處於成人自我狀態的人暫時脫離自身感情與其他內在感受，他必須處於這種狀態才能仔細觀察外界現實並加以評估。因此，處於成人自我狀態的人雖然能夠評估自己內在兒童或家長狀態的感受，但本身是「不帶感情」的。人們很容易搞混家長和成人狀態，特別是當一個人表現冷靜、看起來舉止理智的時候。然而成人狀態除了很理智外，也沒有感情。

根據讓．皮亞傑對「形式運思期」[1]的詳細討論，童年時期與人及外在世界的互動，會漸漸形塑了一個人的成人自我狀態。

家長

本質上，家長自我狀態來自模仿父母或權威人士的行為。當事人未加修改地照自己看到的他人行為而行動。處於家長自我狀態的人，其實在重播過去的錄像，錄像的主角是他的父母或某個在他生命中扮演父母角色的人。

因此，家長自我狀態本質上既不會感知也沒有認知能力。它只是個固定且有時獨斷的決策基礎，一個承載了傳統與價值觀的容器，正因如此，孩童生存與文明存續都非常仰賴家長狀態。如果成人因掌握的資訊不足而無法做出決策，家長就會取而代之，做出決定；但在某些人身上，即使握有足以讓成人做決定的資

1. 原注：Piaget, Jean. *Logic and Psychology*. New York: Basic Books, 1957.

訊，家長自我狀態還是佔了上風。

雖然家長自我狀態完全來自模仿他人，但並非固定不變；隨著時間推移，家長也會改變。個人經驗會增加或刪減家長行為庫的內容。比方來說，養育第一個小孩會大大增加新手父母的家長反應。家長自我狀態也會隨人生階段而改變，當人們從青少年踏入不同生命階段直到老年，會遇到更多需要以家長狀態應對的情境，若生命中出現新的權威人物或崇拜對象，也會把這些人的行為納入家長狀態。

比方來說，人們可以藉由學習來獲得關懷型家長行為並拋棄家長的壓迫面。人天生就會某些家長行為，比如渴望養育和保護幼者的傾向，但絕大多數的家長行為都是後天習得，並以關懷與保護這兩種天性為基礎一步步建立而成。

腦中的聲音

結構分析從三種自我狀態的基本概念進一步發展。我們下面會介紹更多結構分析的概念。不管在什麼時候，一個人只有一個自我狀態運行；也就是說，一個人永遠處於這三種自我狀態的其中一種。這個自我狀態稱為**執行者**，掌握執行權。當事人可清楚意識到某個自我狀態掌握執行權，彷彿站在身旁觀察自己的行為。通常執行權握在**兒童**或**家長**手中的時候，當事人會出現「握有執行權的自我狀態不是『我』」的感覺，而真正的我可能是**成人**，它在一旁觀看，但無法行動。也就是說，當下的全身精力會集中在某個自我狀態上（它握有足夠能量控制肢體肌肉），但還是會意識到其他的自我狀態，就算在當下無力觸發行動。

既然一個自我狀態主導動作時，另一個可能在旁觀察，當然這些自我狀態也會在內心彼此對話；比方說，在一場派對上，某人喝了幾杯酒後，可能會在音樂的催化下起身舞動，像孩子般隨興自在。此時他的**兒童**位居執行者，**家長**則站在一旁看他盡情旋轉，喃喃說：「查理，你真像個蠢蛋，」或「跳得真好，但別忘了你有椎間盤突出的問題。」無執行權的自我狀態常藉由這種評論剝奪**兒童**的活力，接下來執行權就會移交到**家長**手上，此時查理會停下舞步，說不定會滿臉通紅地回到座位上。此時情況翻盤，處於**家長**自我狀態的查理會以批評的眼神掃視舞動的人群。治療過程中，意識到執行者與旁觀者的自我狀態對話，是非常重要的一步。

任何兩種自我狀態都能進行這些內在對話，與心理治療最為相關的是**批判型家長**與**自然型兒童**間的對話（請見第2章）。有些人覺得自己腦中有個聲音，不斷說些令人心煩意亂的話；有時他們親耳聽到這些聲音，好像它們來自外界，但一般都認為這些聲音出自我們腦中。它們通常會說一些貶低的言論，比如：你很壞，又笨又醜，你是個瘋子，你有病。簡而言之就是：「你不好。」它們也許會預言你會失敗，或者阻止你的行動，比如告訴你：「你辦不到」或「這是個笨主意，甭試了。」

其他理論家也注意到這些內在訊息，包括亞伯特．艾里斯[2]和佛洛伊德[3]。艾里斯稱此為「災難性期望」，佛洛伊德則稱為「原

2. 原注：Ellis, Albert. *Reason and Emotion in Psychotherapy*. New York: Lyle Stuart, 1962.
3. 原注：Freud, Sigmund. *New Introductory Lectures on Psychoanalysis*. New York: Norton, 1933.

始的、嚴厲的超我」。維克夫[4]把這個家長自我狀態稱為**豬父母**，是自然型兒童的天敵。

排除與污染

有時我們難以診斷自我狀態，因為人們會把兒童或家長包裝為成人自我狀態，乍聽之下好像理智的話語往往暗藏自以為是的批判。有時家長會一臉正經地假扮成人，提出相當符合邏輯的觀點。比如丈夫可能會以成人自我狀態問太太：「晚餐怎麼還沒好？」但他的家長也可能假扮成人，提出一模一樣的問題。兩者的差別在於：前者單純在問一個問題，後者的用意則是施壓，責備妻子懶惰和散漫。[5]

有時，兩組肢體肌肉看起來似乎同時各由不同的自我狀態驅使，比如一名講師的聲音和臉部肌肉可能呈現成人自我狀態，而手部急切地擺動則暗示家長自我狀態。發生這些情況時，很可能掌握行為的是家長，而家長意圖假扮成人，也可能家長和成人極為快速的替換。

自我狀態要替代彼此，仰賴的是自我狀態界線的**滲透性**。滲透性在心理治療中是一項重要變數。低滲透性會導致某個自我狀態遭到排除的問題。不管排除的是家長、成人還是兒童都會造成

4. 原注：Wyckoff, Hogie. "Permission." *The Radical Therapist* 2, 3 (1971): 8-10. Reprinted in *Readings in Radical Psychiatry*, Claude Steiner, ed. New York: Grove Press, 1974.

5. 原注：Wyckoff, Hogie. "Problem-Solving Groups for Women." Issues in *Radical Therapy* I, 1 (1973)

困擾，讓人無法發揮某個自我狀態，不管如何，確保三種自我狀態都能運作的好處遠大過排除某個自我狀態。

舉個例子，參加派對時成人就沒有兒童那麼實用，若成人排除其他自我狀態並非好事 。派對的目的是痛快玩樂，這是兒童的強項，而擅於冷靜分析和計算數據的成人只會掃興。

當一名父親的**成人**排除其他自我狀態，就會讓**家長**無法發揮功能，難以妥善的養育子女。比如當強尼問爸爸：「爹地，為什麼我非上床睡覺不可？」**成人**狀態的反應可能是發表長篇大論，解釋睡眠的生理學、心理學和社會學功能。事實上**家長**反應可能更立竿見影，只要說：「因為你累了，如果不睡覺，明天你就容易心情不好。」後者的答覆更適用於當下的情境。

另一方面，高滲透性則會引發另一種困擾，最常見的問題就是，人無法保持夠久的**成人**自我狀態。

每個自我狀態都是自我的根基，也是因應現實需求而發揮不同功能的「器官」。海因茲．哈特曼[6]詳細闡述整個自我如何應對現實；三種自我狀態都有不同功能，每種情況都有最適合發揮的自我狀態。必須運用控制力時，**家長**可說是最理想的狀態，比如：控制孩子、未知情境、恐懼或不適宜的行為；**家長**也能控制**兒童**自我狀態。需要準確預測某事時，則比較適合由**成人**發揮。盡情揮灑創造力的時刻則是**兒童**大顯身手的好時機：發想新點子、繁衍後代、創造新體驗、從事休閒娛樂……等等。

這裡的**適應力**指的是應對現實的珍貴功能。在大多數情況

6. 原注：Hartmann, Heinz. “Ego Psychology and the Problem of Adaptation.” *In Organization and Pathology of Thought*, edited by D. Rapaport. New York: Columbia University Press, 1951.

下，人若應壓迫者的要求而調適自己，不但不健康也沒必要；但若自身肢體受到他人全面控制時，則非發揮適應力不可。適應力雖然在大多時候帶給人的優勢，但若對方不一定在乎自身福祉，那這就不一定是好事。

不快樂的人，其內心的兒童自我狀態常常完全順應豬父母的要求。這是因為他成長自壓迫性的養育環境，父母強迫孩子順從，不給孩子任何選擇，於是兒童習於服從。

污染也是非常重要的概念，指的是成人自我狀態把某些來自家長或兒童的觀念當作事實 。舉例來說，「自慰導致瘋狂」或「女人是被動的生物」等家長看法，可能會融入為成人自我狀態的一部分。成人也可能會受到「絕不可信任大人」等觀念的污染。

進行心理治療初期的必要步驟之一，就是清除成人受到的污染，這可以透過在適當時機與治療師的成人進行對質來達成，讓當事人發現污染自己的觀點多麼悖離現實。

讓當事者用不同自我狀態輪流發言，是成功率很高的清除污染技巧。這個技巧源自心理劇，後來經完形療法調整後加以應用，具備強大的說服力，清楚呈現自我狀態真實存在。

如果客戶因自慰而感到內疚，治療師可以請他從**家長**狀態解釋自慰的邪惡之處，以**兒童**狀態講述自慰帶來的罪惡感和對發瘋的恐懼，再以**成人**狀態提出眾所皆知的事實，也就是自慰是無害的正常行為。經由言語表達這些不同觀點，幫助當事者分離兩個自我狀態，消除成人受到的污染。

溝通分析

自我狀態是結構分析的單位，而**對話交流**（transaction）則是溝通分析的單位。溝通分析理論認為，要瞭解一個人的行為，最好的方式就是檢視其自我狀態；而要瞭解兩個人以上的互動，最好的方式就是解析他們的對話交流。一段對話交流指的是兩個特定的自我狀態產生一個**刺激**和一個**回應**。進行簡單交流時，只有兩個自我狀態發聲。

比如，兩個成人自我狀態的對話如下：

「五乘以七是多少？」

「三十五。」

一場對話交流中，可能出現各種自我狀態的組合。不過在九種可能組合中，最常見的有四種，另外五種非常少見。最常見的四種溝通互動組合是：

家長（簡稱P）與**兒童**（簡稱C），

家長（P）與**家長**（P），

成人（簡稱A）與**成人**（A）

兒童（C）與**兒童**（C）。

只要刺激與回應平行或互補，就能順暢進行一段接一段的交流對話（見圖1A）。

在一連串的對話交流中，如果刺激者向回應者的某個自我狀態給予一個刺激，而回應方是以刺激方對話的自我狀態加以回應，且回應的對象也是刺激方說上一句話的自我狀態，那麼就可以繼續對話。

舉例來說：如果A以家長狀態對B的兒童狀態說話（刺激），

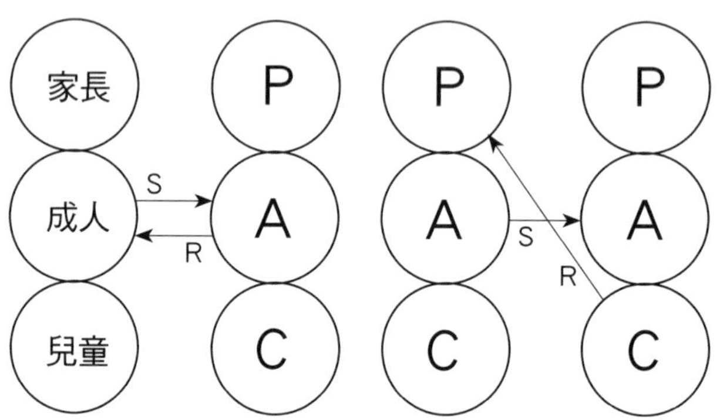

A：**互補溝通**
刺激（S）：「五乘以七是多少？」
回應（R）：「三十五。」

B：**交錯溝通**
S：「五乘以七是多少？」
R：「我痛恨數學！」

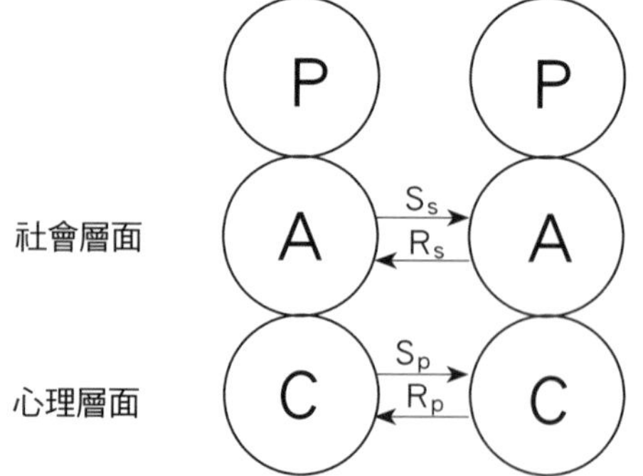

C：**雙重或隱藏溝通**
刺激一：社會層面：史密斯小姐，我們今晚來加班吧。
刺激二：心理層面：莎莉，我們喝杯酒吧。
回應一：社會層面：好啊，就這麼辦。
回應二：心理層面：啊，比爾！我還以為你永遠也不會開口呢……

圖 1

而B也以兒童狀態對家長回應，那麼就是平行／互補溝通。

別種形式的回應都會造成**交錯溝通**，打斷對話。請見圖1，對話A是互補交流，會導向進一步的溝通，對話B是交錯交流，打斷了溝通往來。交錯溝通不僅會中斷對話，也是心理遊戲中最重要的一部分。漠視（見第9章）是非常重要的一種交錯溝通。

除了簡單與交錯溝通之外，雙重或隱藏溝通也是一種非常重要的對話形式。這種對話有兩個層面：社會和心理。

圖1的對話C，其刺激既是**成人**（A）與**成人**（A）的對話：「史密斯小姐，我們一起加班研究這些帳目吧，回辦公室的路上先一起吃點晚餐。」

也是**兒童**（C）與**兒童**（C）的對話：「莎莉，我們吃頓晚餐、喝杯酒吧，也許晚點再做工作。」

隱藏對話的社會層次通常掩蓋了文字下的真意（心理層次）；如果不去理解隱藏層次和牽涉其中的自我狀態，就無法理解人際行為。光看莎莉與同事對話的字面意義，任何人都會以為他們當晚要趕工。對人情世故更敏銳的觀察者就會知道事情更有可能朝另一個方向發展。

心理遊戲與報酬

心理遊戲是一連串的行為，包括一、一系列條理分明且有始有終的對話互動。二、含有隱藏動機，也就是其心理層次的意涵不同於社會層次。三、最終雙方玩家都會得到報酬。

玩心理遊戲的動機來自於報酬（payoff）[7]。就像引擎的零件列表會列出各種零件，結構分析研究的正是人格中彼此牽動的零件。溝通分析則指出每個零件如何互動，就像一張引擎剖面圖會顯示各個零件的相對位置。但要瞭解人們為何與彼此對話交流，就得設想背後的驅力為何（也就是促使引擎運轉的汽油）；我們可透過刺激渴望、結構渴望和立場渴望，這幾種動機概念來解釋心理遊戲背後的驅力。這三種渴望都可經由心理遊戲獲得滿足，這種滿足感就是遊戲的益處，也就是報酬。

刺激渴望

眾多研究都指出，高等生物體的基本需求之一就是刺激。根據這些研究發現與臨床證據，伯恩提出**刺激渴望**和**撫慰**的概念。

撫慰是人們給彼此的一種特殊刺激。撫慰是人類生存的必要養分，因此交換撫慰可說是最重要的人際活動之一。撫慰的形式很多，從肢體撫觸到口頭稱讚都算，單純的接納認可也是一種撫慰。撫慰要發揮效用，就要以適合對方的形式付出。比方說，雷諾・史必茲[8]指出嬰兒需要實際的肢體撫慰才能存活。相反的，大人可能只需要少量及象徵性的撫慰即可生存，比如口頭稱讚或欣賞的表情。雖然人只需要極少量的撫慰即可生存，但太少撫慰對生理或心理都不健康；因此對撫慰的渴望是一個強大驅力。

撫慰或**認可**都能滿足人對刺激的渴望。撫慰是比認可更基本的需求，可以說人人都需要撫慰，「除非他的脊椎萎縮了」。大

7. 譯注：溝通分析相關書籍多半把 payoff 譯為結局，也就是伯恩提出的心理遊戲公式：餌＋鉤＝反應→轉換→結局，但按照本書作者的文意看來，此處的 payoff 指的是報酬。

8. 原注：Spitz, René. "Hospitalism, Genesis of Psychiatric Conditions in Early Childhood." *Psychoanalytic Study of the Child* 1 (1945): 53-74.

體而言，人對肢體撫慰的需求可透過象徵性的撫慰和認可補足。因此除了其他途徑，一般成人可透過交換認可撫慰的對話儀式，滿足對撫慰的渴求。比方說，下列對話就是一場包含六次撫慰的儀式：

A：嗨。

B：嗨。

A：你好嗎？

B：我很好，你呢？

A：我也很好。回頭見。

B：當然，回頭見。

一個心理遊戲的對話交流遠比上述儀式複雜得多，但心理遊戲也是交換撫慰的方式。值得注意的是，「去死吧！」跟「嗨」都是撫慰，人們若不能獲得後者的正面撫慰，那麼即使前者是負面撫慰，也總比沒有撫慰好。

有些人的**家長**會阻止他們接受公開或直接認可，此時就需要更多包裝的認可形式。舉例來說，有名女子推拒所有關於外貌的褒揚，把它們都視為性追求的舉動，但她願意接受別人稱讚她的縫紉技術，即使她心裡討厭那些讚美。基於各種理由，有些人無法獲得或無法坦然接受直率的認可，他們就會透過心理遊戲尋求撫慰，而心理遊戲是豐沛的撫慰來源。

結構渴望

心理遊戲帶來的社會利益就是滿足人對結構的渴望。為了滿足結構渴望，人會在特定架構或特定安排的時間內，尋求能得到撫慰的社會情境。結構渴望指的是人們渴求建立一個與他人交流往來的社會情境。進一步延伸刺激渴望，就是人對**時間建構**的需求，因此兩者其實是同一個基本需求，只是後者的形式更複雜。心理遊戲透過很多方式建構時間。比如在「要不是為了你」的遊戲中，雙方無止盡地當面指責，提供了相當長的時間結構。不只如此，心理遊戲也提供另一種建構時間的方式，也就是消遣[9]。人們會和鄰居及親戚玩「要不是為了他／她」的消遣，或者在酒吧和橋牌社玩「 要不是為了他們」的消遣。

立場渴望

心理遊戲之所以存在，最重要的益處就是滿足**立場渴望**（position hunger）。立場渴望指的是人渴望證明某些基本且終生的存在立場。這些存在立場可透過一句話描述，比如：「我不好」，「他們不好」或「所有人都不好」。玩家通常會在心裡與另一個人進行內在交流（通常是一位父母）來滿足立場渴望。**家長**自我狀態給予的撫慰與認同，會滿足人對存在立場的渴望。

因此，當兩名玩家結束一場挑逗遊戲後各自回家。懷特小姐自言自語：「這證明爸爸說的是對的，男人都是野獸！」而她的**家長**會回應：「這才是我的好女孩。」這段內在溝通帶給懷特小姐撫慰，同時強化她的存在立場。每個遊戲都有推進人生劇本或人生規畫的附加效果，我們會在後面進一步解釋。

心理遊戲帶給玩家撫慰，同時免去親密的威脅。按理論來

9. 原注：past time 是對單一主題進行的一系列簡單互補對話交流。

說，兩名以上的個體只能透過**工作**、**儀式**、**消遣**、**遊戲**、**退縮**或**親密**等六種方式一起建構時間。親密是不含其他時間建構方式的社會情境，參與者直接給予彼此撫慰，因此也是最強大的撫慰來源。人有時會害怕親密，因為親密悖離家長對撫慰交流所設下的限制。相對之下，心理遊戲維持著巧妙的平衡，讓人得以在內心家長不會出聲批評的情況下獲得撫慰。

值得一提的是，人們並非只能從心理遊戲獲得撫慰，基本上心理遊戲是種花招。由於人們在童年時期從父母身上學到數種心理遊戲，因此他們特別喜歡透過這幾種遊戲獲得刺激。因此當一個人放棄一項心理遊戲時，他就必須發展別的途徑來獲得撫慰和建構時間，不然就會陷入絕望，直到找到出路，就像史必茲在沒有獲得足夠撫慰的孩童身上，發現意志消沉的現象。[10]

讓我們好好聊一下兩個心理遊戲，第一個遊戲是「你何不——說的對，可是」（Why Don't You—Yes, But，簡稱 YDYB）的溫和版（第一級），第二個是「挑逗」遊戲的進階版（第二級）。遊戲的階級或難度指的是遊戲的強度和傷害度，第一級的遊戲是溫和版，第三級則是高難度版。「你何不——說的對，可是」是一種常見的心理遊戲，不管到了哪裡，人們只要聚在一起就常玩這個遊戲，一般說來會用下列方式進行：

布萊克太太和懷特太太的孩子都上小學了。

懷特：我當然很想參加師長座談會，但我找不到保母，該怎麼

10. 原注：marasmus：透過顯微鏡可發現中樞神經系統組織脫水萎縮。消瘦的症狀是失去感覺、體重減輕，最終會導致死亡。

辦？

布萊克：妳何不打個電話給瑪莉？她會很樂意幫你帶小孩的。

懷特：她是個貼心的好女孩，可是她太年輕了。

布萊克：妳何不打電話給保母公司？他們有經驗豐富的人選。

懷特：說的沒錯，可是他們有些年紀比較大的保母，可能會太嚴厲。

布萊克：妳何不帶著孩子一起參加座談會？

懷特：說的也是，但要是只有我一個人帶孩子出席，那就太丟臉了。

經過這些對話後，雙方沉默下來，也許另一個人會開口圓場，比如：

葛林：有了孩子後，行動就沒那麼自由了。

伯恩第一個分析的心理遊戲就是YDYB，它滿足了遊戲的三項定義：這是一段有始（一個問題）有終（一段令人煩躁的沉默）的對話；包含一個隱藏動機：就社會層次而言，這是一連串**成人**對**成人**的對答。但就心理層次而言，則是一個要求很多、不甘願、沒有能力解決困難的**兒童**提出一系列問題，而一個急於協助的**家長**給予一連串的答案，但她對對方的反應感到困惑且愈來愈不耐煩。

最後，這場心理遊戲的報償就是：心理遊戲提供了便於使用的時間建構模式，人們一聚會就能用心理遊戲建構時間，同時它也是豐富的撫慰來源，而且它強化了每個參與者的存在立場。就上例而言，葛林的發言點出的存在立場是：「有了孩子後，行動就沒那麼自由了。」

對懷特來說，這場心理遊戲證明家長型的人（提供建議者）不但毫無用處，而且老是試圖左右她的行動，同時也證明小孩不但毫無用處，還會讓她無法做事。

對布萊克來說，這場心理遊戲證明孩童和舉止宛如孩童的大人，都既不知感恩又不願意合作。

對布萊克和懷特來說，這場心理遊戲強化的存在立場，都符合各自的人生劇本。遊戲結束後，懷特和布萊克心中都會湧起自己偏好的扭曲感受，感到憤怒或低落（請見下方）。經歷一連串夠長的YDYB和類似遊戲後，懷特和布萊克可能會覺得自己有理由盡情發洩一下，比如喝個爛醉、住進精神病院、自殺或放棄一切。

幾乎任何人都能玩YDYB遊戲，相較之下，受挑逗的心理內容吸引的人比較少。這是性遊戲，參與者多是一個男人與一個女人，但同性別的人也可以玩。[11]挑逗遊戲通常以如下方式進行：

布萊克先生與懷特小姐在派對上調情好一會兒之後，兩人又在一間臥室裡巧遇，布萊克小姐正在讀《性的歡娛》[12]。面對如此誘人的場景，布萊克先生展開攻勢，試圖親吻懷特小姐。懷特小姐嚴詞拒絕布萊克先生，突然就離開了房間。

11. 原注：Zechnich, Robert. "Social Rapo—Description and Cure." *Transactional Analysis Journal* III, 4 (1973): 18-21.

12. 原注：Comfort, Alex, ed. *The Joy of Sex*. New' York: Crown Publishers, 1972.

再一次我們看到一連串的互動，始於性的迎接，終於性的排拒。就社會層次而言，這場遊戲看起來是直白的調情，被布萊克超越禮儀界線的行為打斷，再以懷特小姐高傲的拒絕落幕。就心理層次而言則是**兒童**對**兒童**的交流，懷特先撩撥布萊克的心，再羞辱對方。

同樣的，這場遊戲的回饋也包括提供撫慰與建構時間的管道，同時就存在立場而言，則證明「女人／男人不好」，喚起人生劇本的扭曲感受（見下方），引發玩家的憤怒或低落情緒。再一次，遊戲推進了劇本，因為只要參與這樣的遊戲夠多次，玩家就可能會選擇謀殺、強暴、自殺或陷入憂鬱症。

遊戲的回饋概念在口語上稱為「**交換點數**」（trading stamps）。交換點數指的是忍受悲傷或罪惡感[13]的虛假感受[14]，當一個人收集這種感受並存到一定數量，就能換取一次免費的發洩，比如：酗酒、試圖自殺或其他人生劇本里程碑。

扭曲（racket）指的是收集點數的基礎或理由。比如說，一個存在立場是「我不好」的人，會藉由收集灰色憂鬱點數不斷貶抑自尊心，而立場是「你不好」的人，則會以憤怒的扭曲感受收集紅色的憤怒點數，達成同樣目的。

---

13. 原注：真實感受由事件引發，通常不會停留太久，除非引發的原因一直沒有消失。失去重要的人事物後，人可能陷入憂鬱很長一段時間。喜悅和憤怒通常會達到高峰就逐漸消退。憤怒可能是真實也可能是扭曲感受，如果引發憤怒的事件結束後，仍感到憤怒，那麼這就可能是一種扭曲感受。
14. 溝通分析將感受分為真實感受（authentic feelings）和扭曲感受（racket feelings）。人在童年時期會發現父母鼓勵某些情緒反應，但也會禁止某些情緒反應。為了取得撫慰，人們會只表現被允許的情緒感受，也就是扭曲感受，並用扭曲感受掩飾真實感受，好獲得父母或他人的接納。

角色與程度

如前所述，遊戲有溫和也有高難度的版本。上述的YDYB遊戲範例是最溫和的版本（第一級），幾乎不會造成什麼傷害。酗酒者玩的則是此遊戲的高難度版（第三級），他對每個建議都玩「你說的對，可是」的心理遊戲，直到臨終。

第三級遊戲會造成肌膚之傷。上面提到的「挑逗」遊戲是第二級。第一級的挑逗遊戲常發生在雞尾酒會等場合，以一連串的調情與推拒形式進行，第三級的挑逗遊戲非常少見，最後可能會讓雙方對簿公堂，甚至可能會有人被送進太平間。

遊戲的每個玩家都分別扮演不同**角色**。比方說，酗酒者遊戲有五個角色：酗酒者、拯救者、迫害者、懦夫和連結。史蒂芬・卡普曼[15]則主張心理遊戲基本上有三種角色：**迫害者、拯救者和受害者**。

15. 原注：Karpman, Stephen B. “Script Drama Analysis.” *Transactional Analysis Bulletin* 7, 26 (1968): 39-43.

第 2 章　次級結構分析

認識人生劇本分析前，我們必須先瞭解**次級結構分析**（second-order structural analysis），也稱為**兒童**自我狀態結構分析。[1]

讓我們想像一下，瑪麗是個五歲大的小女孩（圖3A），她會以三種自我狀態運作：在**家長**自我狀態（P_1），她模仿她看到的母親行為，然後去責備或擁抱弟弟。在**成人**自我狀態（A_1），也就是**小教授**（Little Professor），她會提出艱難的問題（「爸爸，性是什麼？」「血液的用途是什麼？」）。在**兒童**自我狀態（C_1），她會做出宛如兩歲時的舉止：像幼兒般說話，亂發脾氣，在地上滾來滾去。

三十年後，瑪麗（見圖3B）依然以三種不同的自我狀態運作：她用**家長**（P_2）照顧丈夫、哺育剛出生的孩子。她的**成人**（A_2）知道如何烹飪，懂得怎麼切除闌尾，還能對事件與人物做出準確的預測。她的**兒童**（C_2）和五歲大的瑪麗如出一轍，正如上述。三十五歲的瑪麗其兒童自我狀態有三種模式，其中一種

1. 原注：大部分的溝通分析師對次級結構分析的看法都大不相同，本章提到的是我的觀點。

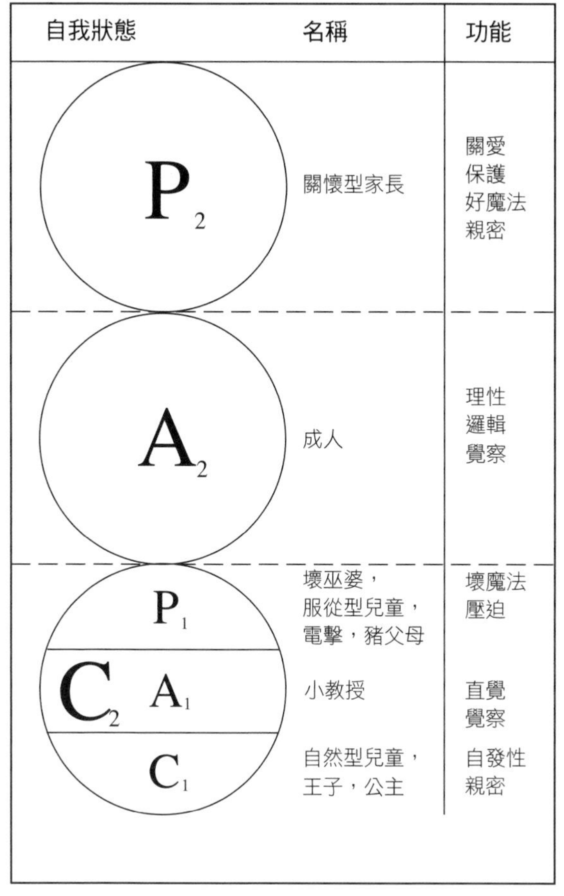

自我狀態
名稱
功能
P2
關懷型家長
關愛
保護
好魔法
親密
A2
成人
理性
邏輯
覺察
P1
壞巫婆，
服從型兒童，
電擊，豬父母
壞魔法
壓迫
C2
A1
小教授
直覺
覺察
C1
自然型兒童，
王子，公主
自發性
親密

圖 2　自我狀態的名稱與功能

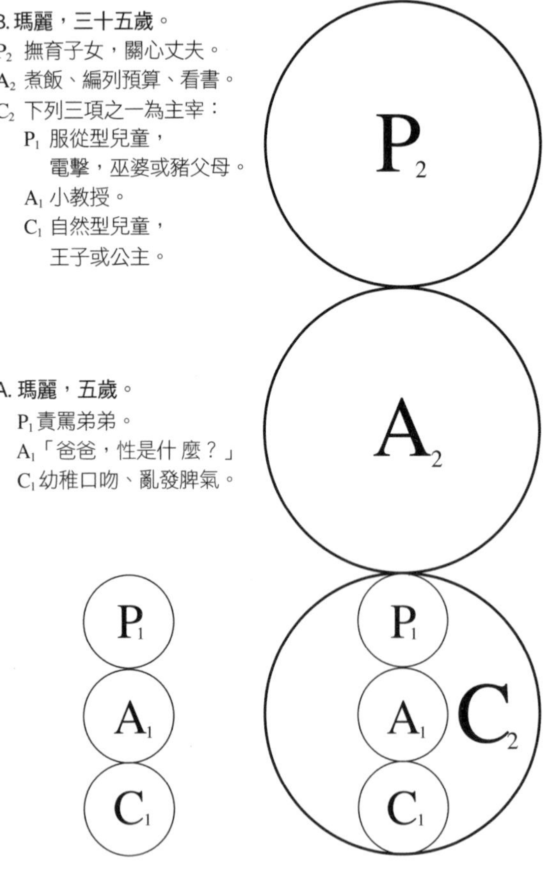
B. 瑪麗，三十五歲。
P_2 撫育子女，關心丈夫。
A_2 煮飯、編列預算、看書。
C_2 下列三項之一為主宰：
P_1 服從型兒童，
電擊，巫婆或豬父母。
A_1 小教授。
C_1 自然型兒童，
王子或公主。
A. 瑪麗，五歲。
P_1 責罵弟弟。
A_1「爸爸，性是什 麼？」
C_1 幼稚口吻、亂發脾氣。
P_2
A_2
C_2
P_1
A_1
C_1
P_1
A_1
C_1

圖 3

會比另外兩種更加鮮明；別人看到的瑪麗人格，仰賴於這三種**兒童**自我狀態中的哪一個最常作主。

如果她的**兒童**（C_2）以P_1為主，那麼她的人生劇本可能是父母在她五歲左右的行為造成的結果，她會遵循父母的榜樣和父母強加於她的模式行動。這個**兒童**自我狀態中的P_1，也被稱為「**服從型兒童**」（Adapted Child），因為它按父母要求而塑造。背負自我毀滅劇本的人身上，它也被稱作「電極」（electrode），因為它具備如電極般的能力，能控制人的心理狀況和行為模式。在這種情況下，C_2中的P_1亦稱作「巫婆」（witch）或「食人魔」（ogre），因為它具備類似童話中巫婆或食人魔的超能力。除此之外，它也會被稱為「豬父母」（Pig Parent），因為它讓人們感到自己不好，它的作用是強迫人去做他們不願做的事。當人們需要壓迫彼此或剝奪彼此身上某種東西的時候，就是它唯一派上用場的時刻。

如果瑪麗的**兒童**（C_2）行為主要由A_1**小教授**控制，她會表現出滿滿的好奇心，非常活潑（機警靈巧），與C_1大異其趣。被稱為**自然型兒童**（Natural Child）或「王子」、「公主」的C_1會表達強烈的感覺、力量強大，也許會做出讓人難以招架舉止。

伯恩研究直覺時，第一個探討的自我狀態就是**小教授**，當時他就以直覺猜測人們的職業。（請見導論）。

處於**自然型兒童**自我狀態時，當事人「受到啟發」或處於「高峰體驗」中[2]。有些人的**兒童**全是**自然型兒童**；但因社會強烈

2. 建立需求層次理論的馬斯洛指出，當人達到自我實現，會進入一種「罕見的、激烈的、廣闊的、深刻的、令人振奮的、有益的體驗，會讓體驗者產生一種超越現實的感知，甚至會發生神奇的影響」，令人感到狂喜與極致的幸福，這就是高峰體驗。

約束這種行為，少有人的**兒童**能以**自然型兒童**狀態運作。當一個人受自然型兒童主宰，同時**自然型兒童**陷入困惑，他就會出現急性「精神病」的狀態。然而就本質而言，這是**自然型兒童**經歷一段**家長**掌控的時期後，終於得以掙脫的表現。

千萬不可將三十五歲瑪麗身上的**家長**（P_2）和**兒童**中的**家長**（C_2的P_1）混為一談。表面看來，這兩種自我狀態似乎很類似，都會做出如同父母的行為，比如搖搖手指說不，使用「必須」、「應該」的字眼等等，但只要仔細檢視，就會發現兩者的差異相當明顯；C_2的P_1是一名模仿母親行為的小女孩，而P_2則**是**母親。

C_2的P_1渴望變成母親，並模仿母親的行為（「強尼，你最好乖一點」），同時向父母尋求認同（「媽咪，我表現得如何？」）。

我們必須仔細分辨**家長**（P_2）和**豬父母、壞巫婆、食人魔母親、電擊、服從型兒童**（以上都是C_2的P_1）之間的差別。

就表面而言，它們很相近；兩者都是**家長**自我狀態，完全仿效他人的作為，且都具備照顧與保護的特質。它們最基本的差異在於：它們的能力對人際關係的價值觀，以及（由於欠缺合適的「科學」詞彙，故稱之為）良善度（goodness）。

家長（P_2）也被稱為**關懷型家長**。它的功能（見圖2）是撫育和保護，在這兩方面具備值得信賴且強大的能力。相反地，**豬父母**無法提供實質的撫育或保護。

例如，**關懷型家長**會說：「好好照顧自己，別愛上不尊重妳的男人。」

豬父母則會說：「好好照顧自己，男人全是豬。」

關懷型家長會在腦中保護**自然型兒童**免受豬父母的壓迫；例

如，當**豬父母**說：「你很笨。」**關懷型家長**會說：「別聽那些話，你非常聰明，我愛你。」

我們可從警察身上清楚看出P_2和C_2的P_1兩者的差別，基於職業因素，警察大多時候都以**家長**自我狀態運作。有些警察習於讓**關懷型家長**主導，他們是和睦警員，對服務對象表現出保護和關懷特質，也會獲得他人的尊敬與感謝。其他警察則以**豬父母**運作，他們「保護」人們遠離那些不會造成實質傷害、甚至有益的事物。他們的「保護」是壓迫的，常常以賄賂為基礎；他們憤怒又害怕，因此人們畏懼他們、痛恨他們，這又更讓他們害怕和憤怒。

話說回來，任何一名必須執行壓迫性法律的警員，或任何一個沒有退路的人，都很有可能感到憤怒或恐懼，陷入**豬父母**自我狀態，因此一個人的工作情境會深刻影響他的行為。但這裡的重點是，我們可從警察身上清楚看出**豬父母**和**關懷型家長**的差異。

處於**豬父母**自我狀態的人，其實既沒說服力也毫無能力，只對那些被他們主宰的人有影響力。柏克萊有一名基本教義派的街道傳教士聖修伯特（Holy Hubert），他的「地獄與詛咒」教理完全無法服人。只要沒有施展的舞台，他就無法造成傷害；但一旦在社群中掌握影響力，他就會變得非常可怕。

歷史上很多有權有勢的人物都被內心的**豬父母**掌控，許多男性和少許女性具備這樣的影響力，迫使數百萬人承受各種難以言喻的苦難。若無權無勢，他們只是一群被**豬父母**逼得發狂、驚慌失措的小人物。

另一個值得注意的是，他們永遠認為自己是好意，深信自己的行為都是出於照顧與保護的初衷。權力才是讓**豬父母**危險的要素，讓它得以壓迫和催毀人們。邪惡的人一旦失去權力，即使內心憤怒或害怕，也可以被他人視為好人。

簡而言之，**豬父母**是恐懼或憤怒的**兒童**自我狀態，試圖做些保護或撫育的事，但一敗塗地。而**關懷型家長**是自信的、慈愛的，具備撫育和保護的能力。

兒童的**家長**（P_1）似乎是固定的自我狀態，無力改變也不值得改變。如前所述，**家長**（P_2）會隨時間流逝而變化，但C_2的P_1並非如此，因此最好的作法就是：終止它的運作。在心理治療中，這代表戒斷C_2中的P_1，不讓它再影響人格的其他部分。

兒童的**成人**自我狀態（A_1）之所以被稱為**小教授**，是因為這部分的人格正是直覺，能非常精準地看穿人際關係的主要變因，對此具備高度理解力（見圖3）。它們會敏銳偵測對話交流的「真正」意涵（也就是隱藏意義），領悟力很高。次級**成人**（A_2）沒察覺的意涵，**小教授**心領神會。然而除了心理互動以外，**小教授**在其他領域的資訊不足，限制了它的運作能力。要解釋這一點，不妨打個比方：一名精明幹練的農夫，在家鄉時不管遇到任何情況都能駕輕就熟地應對，然而他一進了大城，面對更複雜的情境，需要更多他欠缺的資訊才能掌握情勢，他就派不上用場。

自我圖

溝通分析有個相當實用的概念：自我圖（egogram）。[3]自我圖是一幅呈現**豬父母、關懷型家長、成人、自然型兒童**和**服從型**

3. 原注：Dusay, John M. "Ego Games and the Constancy Hypothesis." *Transactional Analysis Journal* II, 3 (1972): 37-41.

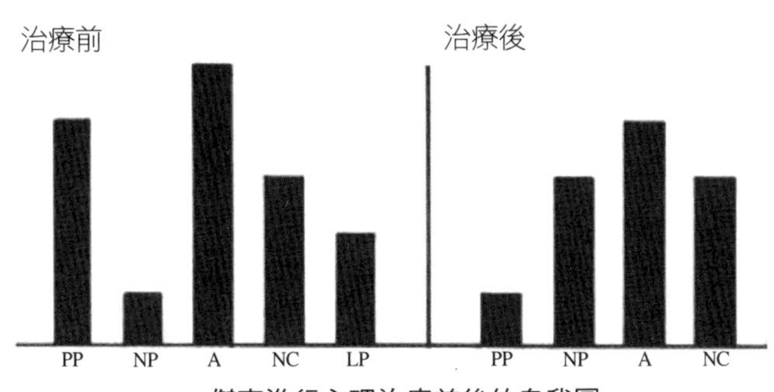

A. 傑克進行心理治療前後的自我圖

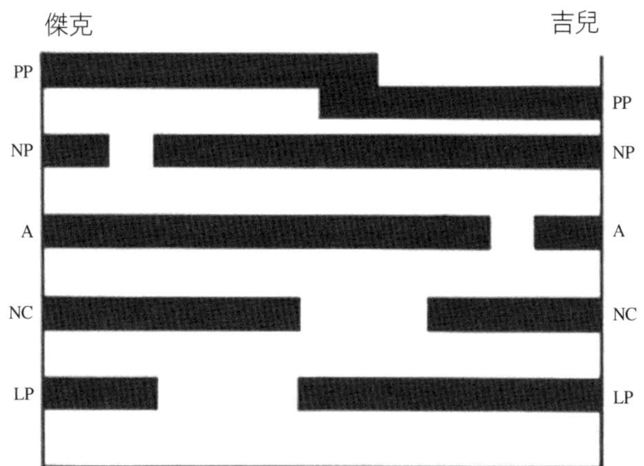

PP：豬父母　NP：關懷型家長
A：成人　NC：自然型兒童　LP：小教授*

B. 人際關係自我圖

*在杜賽原本的自我圖中，小教授的位置原是服從型兒童。我很佩服杜賽的貢獻，但我認為應以小教授（LP）取代服從型兒童（AC），因我主張豬父母和服從型兒童是同一個自我狀態。

圖 4

兒童五者相對強度的簡單圖表（見圖4）。有了這個圖懷，一眼望去即可看出一個人的人格受哪一個自我狀態主宰。除此之外，也可透過自我圖呈現人格的變化，並比較一段關係中雙方的人格。[4]

4. 原注：Karpman, Stephen B. “Fingograms.” *Transactional Analysis Journal* III, 4 (1973): 30-33.

第二部

人生劇本分析

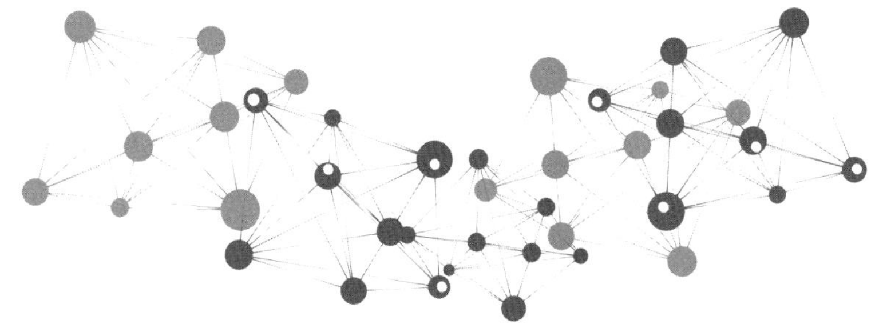

第 3 章　回顧伊底帕斯

本質上，人生劇本是生命歷程（life course）的藍圖。人生劇本正如舞台上演出的悲劇，遵循亞里斯多德（Aristotle）的戲劇原則，優秀的悲劇情節應包含三部分：開場白（prologue）、高潮（climax）和災難（catastrophe）。以一名受憂鬱症所苦，最後自殺了斷的人為例，開場白是他的童年，主角是他與父母三人。人生劇本在成人時期進入高潮，主人翁試圖掙脫劇本，獲得某種程度的幸福，看似逃脫了他的命運或災難（自殺）。然而，高潮是個非常不穩定的狀況，呈現兩種勢力的拉扯：一邊是逃離災難的渴望，另一邊則人生劇本，也就是自我毀滅的傾向。人生劇本在主人翁享有幸福、過著順遂人生時達到高潮，然而在這場與人生劇本的爭戰中，主人翁一時鬆懈，災難就佔了上風；命運重回軌道，憂鬱症取得勝利，主人翁最終自殺身亡。

優秀的悲劇除了這三部分外，亞里斯多德還主張悲劇英雄是一個有某項悲劇性缺陷（hamartia，也稱為致命缺陷）的好人。[1] 悲劇英雄原想達成某個目標，但其悲劇性失誤就是他在盲目

1. 原注：Aristotle. *Poetics*. New York: The Modern Library, 1954.

愚昧[2]中前進，以致引發與目標截然相反的結果（peripeteia，意指突轉或逆轉）。主人翁的愚昧造成自身的敗亡，他突然「明白真相，睜開雙眼，驟然出現的閃光射進了黑暗」（anagnorisis，發現）[3]，他瞭悟他對自己做了什麼。

有些人的人生遵循亞里斯多德所說的「優秀」悲劇發展，他們的人生劇本被稱為**有悲劇性缺陷**的劇本。他們根據某個人的命令盲目度日，最終走上毀滅一途。有些人會在時機太遲或過世前才幡然醒悟，終於看清自己的人生；有些人來不及明白人生的可能性就斷了氣。[4]無力扭轉悲劇結局的觀眾只能驚恐地望著他們；而那些看出發生什麼事的人，則覺得主人翁似乎執意毀滅自己。酗酒和濫用各種藥物、毒品，被憂鬱症糾纏了一輩子，最後選擇自殺了斷，以及發瘋，都具備悲劇性缺陷劇本的特質。

只要看出現代人生命歷程與古希臘悲劇的相似之處，我們就能深入瞭解亞里斯多德及後來的佛洛伊德對悲劇主題的看法，進一步瞭解世人的苦難。

我們在所有的悲劇劇本中，特別是《伊底帕斯王》（*Oedipus Rex*），都看到一個知名英雄做了一件世人早就預知會發生的事，但他還是義無反顧地行動，吻合所有的預言，踏上自我毀滅的道路，好像被蒙上了雙眼走向懸崖邊緣。旁觀的觀眾雖知道英

---

2. 原注：Frumker, Sanford C. "Hamartia: Aristotle's Meaning of the Word & Its Relation to Tragic Scripts." *Transactional Analysis Journal III*, 1 (1973): 29-30.
3. 原注：Lucas, F. L. Tragedy, Serious Drama in Relation to Aristotle's Poetics. London: Hogarth Press, 1971, pp. 109-123.
4. 原注：感謝史丹佛．弗普科（Sanford Frumker）闡釋悲劇性失誤（hamartia）的概念。

雄終會失敗，厄運終將降臨，但仍深深著迷，一方面是因為看到悲劇與自身人生事件的相似性，另一方面則是劇本以可預知但又毫無退路的方式一步步推進。

絕大多數的觀眾早在看戲之前就知道索發克里斯的《伊底帕斯王》，清楚這齣戲的情節與結果，就連劇本中也有三名先知一致預言伊底帕斯會犯下弒父和亂倫的罪行。先知特伊西亞斯更預測劇情發展如下：

> 但真相終將大白，（殺死拉伊俄斯的人）是個底比斯人
> 這個真相不會令盲目者高興，
> 此刻他終於睜開雙眼，身無分文的人這下子變得富有了。[5]

劇本裡的每個預言都實現了，這樣的必然性讓伊底帕斯循環更加令人入迷。人生劇本也有揭示接下來將發生什麼事的預言，舉例來說，有名四十五歲的酗酒者告訴我，他認為自己酗酒的源頭始於一名暹羅智者的預言，那是在我們認識的十五年前發生的事。他說自己當年還很年輕，在飛機上工作，有回他前往暹羅地區度假並拜訪一名算命師。老人與他交談幾句後，就預測他會死於酗酒。十五年後的他無法克制地喝酒，同時很害怕自己真會因酗酒而死。他明白（他的**成人**知道）把老人的預言視為自己酗酒的源頭，實為無稽之談，但他（的**兒童**）拋不開這種想法，只能無奈面對看似必然的結果。他就像一名在台下觀看台上悲劇的觀眾，對他來說，他的人生隨著先知預言一步步前進，就像不願相

5. 原注：Sophocles. *The Oedipus Cycle*. New York: Harcourt, Brace and World, 1949.

信特伊西亞斯預言的伊底帕斯親眼目睹預言成真。

人生劇本是一個人的人生規畫，劇本的字裡行間已揭露一個人會遭遇哪些重大事件；但決定人生規畫不是神，它的原點是孩童在生命初期過早做下的決定。上面提到的酗酒者，我們可以猜測邏羅智者看出他有自我毀滅的傾向，後來這種傾向的確漸漸顯露出來。身心健康診所的接待人員有豐富的面談經驗，往往在當事人意識到之前，就看出對方的毀滅性人生道路。人生劇本從童年晚期開始持續引導一個人的行為，決定人生最基本的大略走向，只要受過訓練，旁觀者往往能滿準確的偵測並預言其人生走向。

許多工程師、律師或醫生早在幼年就決定了未來職業，只要聽過這類故事，就不會對「人生由童年時期決定」一事感到意外。人們可以理解許多成就卓越的人早在幼年時期就已定下人生志向；但當我們排除成見，宣稱所有人，不管他是酗酒者還是有自殺傾向之人，或是工程師或律師，其事業生涯都早在童年時期就定下來了，這種說法就相當令人震驚。

佛洛伊德在分析《伊底帕斯王》之前，按照《夢的解析》[6]一書的說法，他把神話視為命運的悲劇，其「悲劇效果在於神祇的神聖意志與人類掙扎的對比，人類雖努力逃脫邪惡威脅，卻總是功虧一簣。」這種宿命觀可追溯自亞里斯多德的《詩學》[7]；但佛洛伊德不同意《詩學》，提出自己的假設：令觀眾為之動容的不是宿命悲劇，而是亂倫事件。

6. 原注：Freud, Sigmund. *The Interpretation of Dreams*. In *The Basic Writings*. New York: Modern Library, 1938.

7. 原注：Aristotle. *Poetics*. New York: The Modern Library, 1954.

佛洛伊德主張，他的男性病患就像伊底帕斯王，常常渴望殺害父親並與母親同床共寢。[8] 根據佛洛伊德的說法，伊底帕斯循環呈現所有在父母陪伴下長大的孩子經歷過的基本家庭劇場，因此引發了世人感同身受的恐懼和憐憫。

然而，人生劇本分析研究伊底帕斯情結時，關注的重點在《伊底帕斯王》已注定、被預言的，且進行中的命運面向。它邀請讀者審視被佛洛伊德排斥的理論，並加以重新考慮：觀眾從悲劇得到的訊息以及令他們深深為之動容的原因，其實是因為主人翁終於明白上天的旨意並屈服，讓觀眾領悟到自己在命運面前也一樣無能為力。

觀眾的**兒童**自我狀態深受感動，一方面是因為伊底帕斯悲劇和自家故事的相似之處，另一方面則是因為命運以看似無可改變的模式在我們眼前鋪展。心理學家是見證希臘悲劇與現代人生悲劇的觀眾，他們學習——或說應該學習——人們如何深受某些家庭神祇的影響，並屈服於祂們的意志之下（這裡的神祇指的是他們的父母親），他們對父母的命令無力抗拒，只能在人生道路上盲目遵循父母的禁令，有時甚至賠上自己的一生。

8. 原注：Freud, Sigmund. *The Interpretation of Dreams*. In *The Basic Writings*. New York: The Modern Library, 1938.

第 4 章　孩童的存在困境

每一代的人類都創造出最原始的原料：一個相信我很好，你很好的孩子（an O.K. child）。然而，嬰兒一出生就自動陷入嚴重困境，因為在他的潛在潛能與受允許發展的能力之間永遠存在著落差。這兩者的差異可能相當巨大——有些孩子從出生起，就被抹殺了潛能，其他孩子則可能獲得各種不同程度的發展空間。

人生劇本奠基於孩童的**成人**所做的一個決定。面對自身的存在困境，他根據當時握有的一切資訊，決定要解決他的困境，就得採取某種立場、期望和生命歷程。而他的困境來自於原生家庭加諸於他的禁令，不容許他展現自主性。

孩童受到的最重要影響或壓力都來自父母的**兒童**（圖 5A），也就是說，**父母的兒童自我狀態，是形塑一個人人生劇本最主要的決定因素。**

巫婆，食人魔和詛咒

我們可從童話世界找到瞭解人格的實用線索，童話故事常出現壞巫婆或食人怪的角色，也會有好巫婆、神仙教母或男性保

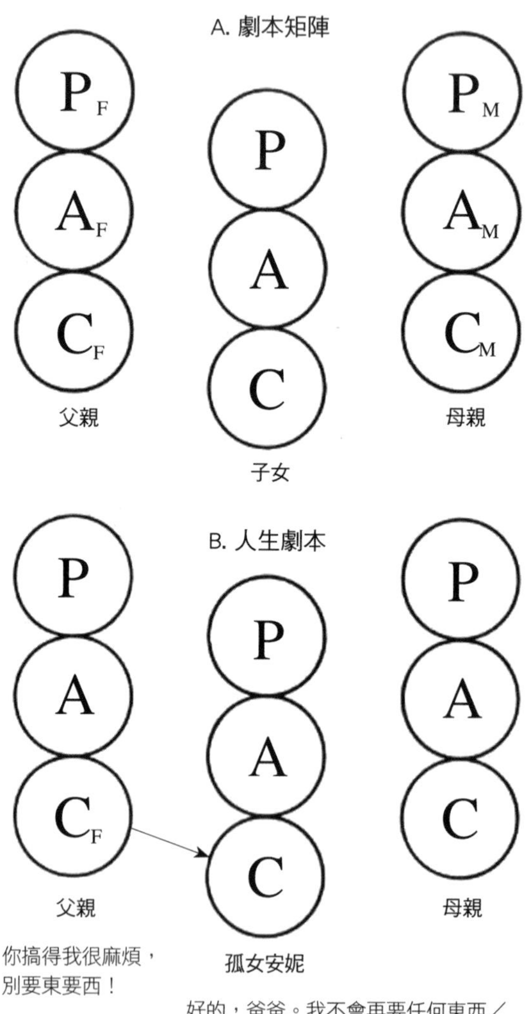
A. 劇本矩陣
P_F
A_F
C_F
父親
P
A
C
子女
P_M
A_M
C_M
母親
B. 人生劇本
P
A
C_F
父親
你搞得我很麻煩，
別要東要西！
P
A
C
孤女安妮
好的，爸爸。我不會再要任何東西／
不會再求／不會再哭。
P
A
C
母親

圖 5

護者[1]，就像伊底帕斯的悲劇，這些都是透過直覺之眼看到的現實。在實際家庭中，對應巫婆角色的，當然就是父親與母親。也就是說，有些孩子會深受父母的影響，就像故事主人翁會受到善良或邪惡巫婆影響；而父母對他們的看法，會是形塑其人格過程的重要因素。

每個人都具備三種自我狀態，要瞭解一個人，就得瞭解他的父母雙方的三種自我狀態（見圖5A）。當一個人握有自我毀滅的人生劇本，他父母的**兒童**自我狀態（C_F或C_M）本質上具備所有壞巫婆的特徵。這個巫婆也被稱為父母的「瘋狂兒童」(crazy Child)，會對子女產生最為深遠的影響力。在這些案例中，僅僅三、四歲大的幼童受到一個既困惑又害怕，通常粗暴任性且毫無理智的**兒童**自我狀態控制，然年幼子女無法也不能質疑父母。

派翠西亞・克勞斯曼[2]指出，在良好家庭出生的孩子受到父母的關懷與保護，由父母的**家長**自我狀態撫養長大，而父母的**成人**與**兒童**狀態比較少出場。雖說如此，但父母的**成人**與**兒童**狀態並非不重要，父母的**成人**會鼓勵子女學習邏輯規則，父母的**兒童**自我狀態在刺激、鼓勵**自然型兒童**的發展上則扮演極為重要的角色。儘管如此，**關懷型家長**自我狀態承擔養育子女的主要責任，**兒童**和**成人**則不能全權主導。

---

1. 原注：這裡的巫婆是指力量強大的男性或女性，他們可以發揮力量促成好或壞的目標，因此本書中的「壞巫婆」和「好巫婆」沒有性別差異。這種用法除了比較精確之外，也可避免人們誤解「巫婆母親」（witch mother）一詞，有些母親以為「巫婆母親」指的是自己，事實上它指的是所有人身上都存在的一種自我狀態。
2. 原注：Crossman, Patricia. "Permission and Protection." *Transactional Analysis Bulletin* 5,19 (1966): 152-53.

關懷型家長的主要目標是支持、維護、照顧和保護**兒童**自我狀態。面對新生兒，關懷型家長的反應是：「不管發生什麼事，我都會好好照顧你。」這種慈愛回應既是出於直覺，也來自於後天學習。舉個例子，母親生產後會餵養哺育嬰兒，確保嬰兒獲得最基本的保護，這些都是發自直覺的行為。但孩子需要許多年才會長大成人，父母無法單靠直覺性的關懷照顧子女，父母也必須加上後天習得的關懷行為，才能建立一個提供全面保護的家庭。在關懷型家長表現稱職的家庭中，出自家長的關懷會超越父母內在兒童的需求。關懷型家長會讓子女做自己，自由自在的發聲、行動和探索，盡量不限制他們。

然而，萬一父母本身就受到壓迫——比如父母雙方每天都得工作八小時，或者有八個孩子，偏偏家裡只有一個房間，那麼幼兒恐怕沒有自我表達的空間與機會；父母內在的兒童會說：「別吵！不要製造噪音或撞來撞去，不要笑、別唱歌，別太高興。」雖然關懷型家長會在玩鬧中得到許多滿足，但父母內在的兒童則會反抗，戰勝關懷型家長。隨著幼兒慢慢發展三種自我狀態，他從父母身上見到的一切會成為他內心的家長。他紀錄父母的反應一不是關懷型家長的反應，而是好鬥、憤怒、害怕的兒童反應。在此情況下，**幼兒的家長**自我狀態來自母親或父親的兒童自我狀態，我們稱此為**壞巫婆**、**電擊**、**瘋狂型兒童**或**豬父母**。

在一個有**遺傳性悲劇缺陷**的家庭中，負責養育子女的不是**父母內在的家長**（P_F 或 P_M），而是假扮為**家長**實則為**兒童的自我狀態**（C_F或C_M）。這個兒童自我狀態基本上無力執行父母應具備的功能，當它假扮為家長自我狀態，其子女通常會發展出相當明顯的人生劇本。

我們可從圖 5B 看到誕生於遺傳性悲劇缺陷家庭的孩子所遭遇的困境，在這個例子中，父親放任自己的**兒童**（C_F）扮演偽家長，他四歲大的女兒後來則成為孤女安妮[3]。這名男子的**兒童**對女兒的需求感到十分厭煩，不只如此，他還認為教育小女童的最佳途徑及避免寵壞她的最佳方式，就是不給她所想要的一切，而是給她別的東西。如果他知道小女孩渴望的聖誕禮物是泰迪熊，那他就會給女兒一個也很可愛但不是她想要的禮物，他深信這麼做是「為了她好」。很快地，小女孩就發現自己的願望從沒實現過。

這麼一來，她陷入了一個困境，她無法控制任何事，因此她所渴望的一切都自動變成遙不可及的幻夢。她意識到只要不表露內心的願望，它們成真的機率就會高一些。她也經由觀察體會到，即使把願望深埋心底，但她只要在失望時落淚，就很可能在不自覺中洩露內心的渴望。為了避免父親發現或推測她的願望，她斷定自己不可以哭泣。就根本而言，她的父親一再禁止女兒的渴望，禁止她提出任何要求，而且要她失望時不可以哭泣。設下這些**禁令**的是**父親的兒童**（C_F），而它成為**小女孩的家長**（P_1）。小女孩長成女人，但除非她放棄人生劇本，不然內心的**兒童**會一直背負父親的禁令：「不要提出任何要求。」這道禁令的影響力非常強大，長年來主宰她每一個重大行動。

父母為子女設下各種限制禁令和左右子女的屬性，只是從

3.《孤女安妮》（*Little Orphan Annie*）原是 1885 年詹姆斯．惠特康．萊利（James Whitcomb Riley）的詩作，哈洛德．格雷（Harold Gray）用這首詩創作了同名的漫畫，於 1924 年開始在《紐約每日報》（*New York Daily News*）連載。漫畫描述在孤兒院受到各種虐待的安妮遇到億萬富翁後，兩人經歷的一連串事件。

中獲得滿足感或安慰。再舉一個例子，有個母親因為丈夫的攻擊性很強，她曾經被丈夫打過又被他拋棄，因此她非常害怕具攻擊性的男人。她生下兒子後，不希望兒子表露攻擊性或成為陽剛男性，因此她利用「別那麼凶」、「講話別那麼衝」的禁令，再賦予他「你很溫柔」、「你很安靜」的屬性來影響兒子的行為。於是兒子長大後成為一個陰柔、具備很多女性角色特質的人。他的發展迥異於其他小男孩，因此常遭到嘲笑，某天有人說他娘娘腔，這個詞彙讓他聯想到同性戀。他查字典找關於「同性戀」的意思，發現同性戀指的是一個與男性建立性關係的男人。有天他經過公園時，有個男人搭訕他，於是他經歷了一次頗為愉快的同性戀體驗，此時他決定自己「是個同性戀」，踏上同性戀的生命歷程。就這樣，他從一系列的限制禁令與被施加的屬性，決定自己的角色，成為一個他不一定非成為不可的人，而他本人在決定過程中幾乎沒有什麼選擇。他不是自行選擇成為同性戀；而是原生家庭的壓力再加上其他情境，把這個選擇強加於他的身上。比方說，他無法自由自在地選擇與女性發生性關係。人生劇本分析幫助他掙脫束縛，他終於可以自由的選擇與男人或女人發展性關係和愛情。

就這樣，長年累積的家庭壓力再加上一連串的情境，促使人做出人生選擇。其他孩子也受到同樣的壓力，因同樣的原因而成為不快樂、愚蠢或笨手笨腳的人。

父母怎麼會希望自己的孩子變得笨手笨腳或愚蠢呢？推測其中緣由可說是有趣的事，想像一個不是在父母期望下出生的孩子，他的母親生過三胎，不想再生，但她的丈夫有個晚上喝得爛醉，回家後不顧她的意願強行與她交媾。她的丈夫不支持墮胎，她經歷難產後生下了這個小兒子。對她來說，這孩子打從一開始就是個麻煩。生產完她縫了十五針——這孩子連出生都這麼笨手笨腳。人人都說他很笨拙；從一開始他就犯了錯，再說他還讓母親想起自己那個一樣笨拙的兄弟，因此她腦中想的、口中說的往往都是：「這孩子跟他的查理叔叔一模一樣，查理就是個笨手笨腳的傢伙。」很快地，他一犯錯，父母就笑稱他為「小笨蛋」。父母這麼做滿足了自己的需求，他們得把這個兒子當成笨手笨腳的孩子，才有發洩怒氣的出口，也為自己疏於照顧兒子找到藉口。

禁令

以童話故事的用詞來說，禁令就是「詛咒」。禁令是禁止或壓制孩童自由的行為舉止，不斷否定孩子做一件事就是下禁令。禁令反映了**父母內心兒童**（C_F或C_M）的恐懼、願望、憤怒和渴望。禁令的範圍、強度、限制的行為類別和惡化程度都有很大的差異。有些禁令只限制少數幾個行為，比如「別唱歌」、「別笑得太大聲」或「別吃太多甜食」。有些禁令的範圍則很廣泛，比如：「別高興」、「別思考」或「什麼事也別做」。

我們可從拒絕服從的後果判斷禁令的強弱。「別快樂」的禁令可能強度很高，只要表現出一點點開心就會引發嚴厲反彈；也可能強度很低，違反禁令後父母只表露些微的不認同。禁令限制的行為類別，則按巫婆母親或食人魔在乎的舉止而定，禁令可能是「別思考」、「別開心」、「不可以享受性」、「不可以表現生氣」、「別當個健康的人」，或者是「別接受撫慰」、「別拒絕撫慰」、「別提供撫慰」。

至於惡化程度指的是：有些禁令會造成毀滅性的長期影響，有些則不會。就跟心理遊戲一樣，禁令有不同級別的差別。比方說，酗酒的布魯托先生受到「別閒下來」的第三級禁令所限制，這項禁令非常嚴厲且造成長期後果，以致他發現就算自己痛恨一個工作也無力推拒，只能靠喝得爛醉來麻痺自己。

另一方面，許多父母設下的禁令既沒有毀滅性也沒有長期影響力。舉例來說，媽媽可能會對小孩說：「千萬不要碰牆上的插座！」這個第一級禁令會有效控制孩子的行為，但可說毫無惡意。一旦孩子學會如何安全使用插座，此禁令就會失效，除非它隸屬於另一個更嚴重的禁令之下，比如「別碰任何東西」或「別玩任何通電或機械性的東西（那是男人的事）」。

屬性

悲劇性人生劇本通常都根據負面禁令及相應的嚴厲懲罰發展而成，但施加屬性也會對孩子造成嚴重影響。連恩發展的屬性概念清楚解釋父母除了限制孩子不做某些事外，怎麼引導孩子**做**某些事情。連恩解釋：

要讓別人按自己心意做事，下命令只是其中一種方法。讓別人按自己心意成為某種人，或者預設他是或擔心他是（某種不合乎自己心意的人），也就是說，要讓一個人體現自己內心的投射，則是另一回事。在催眠（或類似催眠）的情境下，我們不是告訴對方他該成為什麼樣的人，而是說他是個什麼樣的人。此背景下，施加屬性遠比命令（或其他形式的強制或說服）更強大數倍之多。我們下指令時，不一定要用指令的形式。我認為，我們最早接收到且效力最長久的指令，通常是經由施加屬性的方式傳達。他們告訴我們，事情就是這樣或那樣。比如，我們不說「你得當個好男孩或壞女孩」，而是說「你是個好男孩或壞女孩」。這兩種說法都有影響力，但如果孩子是（這樣或那樣），那麼即使沒說「要當個好孩子或壞孩子」，也已經「讓孩子瞭解」他或她是好還是壞。這種溝通的關鍵媒介不一定是口說言詞。屬性具備指令或禁令的功能時可能會被排斥，轉而引發一種近似甚至等同於催眠暗示的神祕影響力……

我們可以告訴某人去感受某種感覺，而且要他忘記自己收到的指令，只要告訴他「你感受到它」即可。更高明的作法則是，當著當事人的面告訴第三者「這是他的感覺」。

受到催眠後，他感受到它，而且不知道自己是受到催眠才有這種感受。我們在日常生活中的感受，有多少是受到催眠影響？我們本身又受到多少催眠的影響？

你的話語就是給我的命令。人際關係可具備如此強大的力量，只要我看你一眼，摸你一下，咳嗽一聲，你就變成我要你成為的那個人；我用不著說半句話。我所指的屬性，可能是動作的、觸覺的、嗅覺的或是視覺的，這樣的屬性等同於一個必須「暗暗」服從的指令。所以如果我要催眠你，我不會說：「我命令你感到冷。」我只要指出氣溫很低，你馬上就會感到冷。我認為許多孩子出生時就處於這樣的狀態。

我們告訴他們該怎麼做：在我們定義的空間下，他們接受自己的人生立場。我們指出他們有什麼可能性，他們可以選擇成為這些可能性的一小部分。我認為我們明確對他們說的事，沒有那麼強的說服力。我們點出他們是什麼，等同於對一齣劇碼，一個情節下的指令……

臨床催眠師知道自己在做什麼；但家庭催眠師對此幾乎一無所知。偶有幾名父母向我描述這個技巧時，把它形容為一種刻意的計謀。但大多數父母都不明白這回事，不懂自己告訴孩子是個X，命令他做Y，為什麼孩子卻偏偏做X。

「我總是要他多交朋友，但他實在太害羞了。親愛的，是不是這樣啊？」

「我總是要他小心些，但他實在太粗心了。是不是呀？」

我引用這段相當長的文字，好彰顯連恩的文筆多麼流暢，思路多麼明晰。我認為要瞭解人生劇本，就不能錯過他的著作《家庭政治學》（*The Politics of the Family*）[4]，也就是上文出處。

由此可知，施加屬性是告訴孩子，他非做什麼不可，而禁令則是告訴他千萬別做什麼，否則就無法得到父母的歡心。這是核心家庭中歷史悠久的行為改造程式（program）。孩子服從屬性時，會進一步強化屬性的影響力，違反禁令則會受到懲罰。家庭強化進度表控制孩子的行為，就像心理學家藉由選擇性提供獎賞和懲罰控制老鼠的行為。

家長施加的屬性就像詛咒，常在誕生當天就進入新生兒的生命。舉個例子，父母常預言某個孩子會健康或不健康，聰明或愚笨，幸或不幸。有個酗酒者的母親從星相讀出他未來會酗酒，從

4. 原注：Laing, Ronald D. *The Politics of the Family and Other Essays*. New York: Pantheon Books, a division of Random House, 1971.

他童年時期就一再向他重複自己的看法。

父母常會向孩子述說一些虛構故事，其中暗藏父母對孩子的未來期許。有名男子因自己對別人的感受觀察敏銳而格外自豪，他的父母曾對他說，他一離開子宮就睜大雙眼環視四周。另一個人則是一遇到壞事，就被提醒自己出生於十三號星期五，終生都躲不了厄運。

值得注意的是，人在長大後會深信自己的人生已有定數，但不認為這來自父母的預言。

自證預言[5]深入探索這類預言的效果。大體而言，人們之所以做出符合預期的行為，單純是因為本就期待它會發生。

父母常透過取名隱約暗示對孩子的期待：約翰二世代表期望他追隨父親的腳步；傑西好爭固執；琪琪會成為性感女子；而阿弗雷德則是行事有條不紊和愛好整齊。伯恩在《說完你好，說什麼？》一書中精闢地探討名字如何成為人生劇本設定的源頭，他也提及他觀察到的兩種主要出生劇本——**棄兒**（Foundling）和**心碎的母親**（The Torn Mother）——的關聯，這兩種劇本在許多人生扮演重要角色。棄兒劇本是當事人相信自己是孤兒，父母不是他的血親；心碎的母親指的則是當事人深信自己在出生時嚴重傷害了母親，迫使母親一病不起或有了殘疾。不管這些出生劇本符合現實或純粹出於想像，都會造成久遠的影響。

我發現棄兒劇本有兩種形式：「國王（或皇后）之女（或子）」或「蕩婦（或酒鬼）之子（或女）」。我注意到後者的力

5. 原注：Merton, Robert K. *Social Theory and Social Structure*. Glencoe, Illinois: Free Press, 1957.

量強大，特別是「蕩婦之女」版本；伯恩則指出：「要是沒有獲得協助，『母親難產喪命』（我的人生劇本）對任何人來說幾乎都是難以承受的劇本。」

巫術

溝通分析和人生劇本分析的重點是，從兩個層面理解人際溝通並加以分析：社會層次（聽得見、看得到，可明確感知的人際溝通互動）和心理層次（隱藏的、被包裝的、沒有明確指出的溝通互動，可能伴隨社會層次的交流互動一起傳達）。

我們必須仰賴敏銳察覺溝通交流的心理層次，才能準確瞭解並預測人們的行為；少了這項能力，我們只瞭解人際溝通的最表面。分析遊戲時，心理遊戲的社會層次清楚明確，對觀察者來說非常容易瞭解；但只有透過直覺與洞察力，才能瞭解其心理層次。然而這種能力難以解釋也很難傳授。

人生劇本分析是研究人們在人生初期，根據父母下的禁令與屬性所做的決定；要進行人生劇本分析，就必須先瞭解父母向子女傳達資訊的途徑，如何讓子女知道父母要他們做什麼和不做什麼。父母很少直接對孩子說：「我希望你去死」，「我不希望你思考」或「你一無是處」。相反的，這些宣言常透過隱晦的溝通形式傳達給子女，雖然偶爾會經由非常粗糙的手段表示，但大多時候都極為巧妙委婉。但不論這些屬性或禁令多麼隱而不顯，都被稱做**巫婆訊息**（witch messages）；它們具備魔法般難以解釋的神祕力量，足以影響孩子的餘生。

人類都具備某些能力，而父母隨心意影響孩子的力量（形塑他們，讓他們做某些事，阻止他們做某些事的能力）就是其中一個面向，也稱做巫術能力。巫術分析屬於溝通分析下的一個分支，專門解析隱藏訊息和其效力和影響力。

巫術會影響人們變好或變壞，而這種影響力依據目標的善惡被稱為好魔法或壞魔法。**關懷型家長**施展好魔法，**豬父母**則施展壞魔法。

好魔法

關懷型家長會向子女灌注力量，讓他們感到自己很聰明、善良、觀察敏銳、美麗、健康，也讓他們成為這樣的人。整個過程中可能有兩三個人或更多人參與，他們分別扮演巫婆（發送者），它（接收者），及第三者（傳達者）。巫婆訊息可由巫婆直接傳給它，也可以採取間接途徑，巫婆經由第三者傳給它。不只如此，也可能會有第四、五、六者參與；事實上，可能由一整個團體扮演傳達者，把訊息傳達給它。

好巫婆訊息鼓勵並賦予聰明、善良、敏銳、美麗、健康等的屬性。因此，巫婆可以對它說：「你好聰明，我好愛你」，「你真是太美了」或「你非常健康」，也可以透過第三者：「瞧她多聰明呀，你說是吧？」、「吉兒有雙美麗的眼睛」或「醫生說傑克非常健康」。比起直接對它說，第三者訊息帶給它相等、甚至更強烈的效果。例如，上面提到的傑克受到兩種層面的影響：一、他聽到巫婆對第三者的發言（「傑克很健康」），對此深信不疑。二、這番言論同時影響了第三者，讓他和巫婆一樣認為並相信傑克很健康。第二部分可能發生在它不在場的時候，因此當巫婆對第三者讚揚吉兒多麼聰明、美麗或健康，這個訊息會在第三者與吉兒碰面的時候，再傳給吉兒。

巫婆訊息有個特質，那就是訊息的力量不一定完全仰賴文字用詞。言詞只是傳達訊息的工具。「你好**聰明**，我好愛你」也可能是壞訊息，嘲諷**它太過**聰明；而「你好聰明，我好**愛**你」的意涵則截然不同。同樣一句宣言，但特意強調某些字眼，不強調其他字眼；這些能量流動都具備重大意義，有時遠比用詞還重要得多。

好魔法的源頭來自關懷型家長，這是以保護和撫育他人為目標的自我狀態，也是一種技能。關懷型魔法訊息的效力純粹是增加他人的力量，讓他們從自身受到的壓迫（**豬父母**）中解放，同時也帶給他們從他人壓迫中解放自己的力量。這也被稱做保護人們遠離惡勢力的守護天使，好妖精或神仙教母。

一個人的關懷型家長可以儲存他或她收到的關懷訊息，藉此自我安慰，這也是「我很好」感覺的一個強大來源。然而自我關懷仰賴別人給予的慈愛關懷，一旦沒有外在關懷訊息的補強，最終會失去效力。

壞魔法

壞魔法跟上述提到的好魔法差不多，兩者差別只在於：壞魔法的源頭與目的不一樣。我們可從它們對接收者的功效，清楚分辨好魔法和壞魔法。如果它增加了接收者的力量，就是好魔法，反之則是壞魔法。

我們必須瞭解的一項重點是，巫婆認為她是「為了接收者好」才會施展屬性形式的壞巫術；不管屬性看起來或聽起來多麼美好善良，都會傷害接收者。舉例來說，一名「媒體美女」可能會被美麗屬性傷害，因為外表美麗阻礙別人注意她的才智或力量。因此，雖然很多壞巫術的缺點很明顯，但有些表面看來是善意的巫術，實際上也是壞巫術，因為接收者並不想要它；即使接收者渴望它，但它多少削減了她的力量。

有些人想辦法佔上風、傷害別人，這種行為似乎來自兩種根本原因：第一是稀缺性。人們需要某種事物，偏偏它很稀少，沒有足夠的數量滿足所有人的需求時，必然有些人會握有比他人更多的力量，他們會藉此力量打擊他人，搶走那些人應得的份量。他們可以藉由粗暴的肢體力量達到目的，比如殺死他人，搶走他們的食物與土地；也能透過心靈力量，心靈力量比較強大的人創造某個情境困住力量小的人，不用強迫就能讓後者自行放棄、不加抵抗，這就叫做「隱祕壓迫」（mystified oppression）[6]，人們放任自己被他人壓迫，因為他們願意接受合理化壓迫行為的虛假藉口。

人們想要佔上風的第二個原因則是范妮塔・英格利許[7]所說的「燙手山芋」，這名詞取得甚是恰當。人們這麼做是為了對抗那些來自自身或外在的貶抑批判，好捍衛自己。也就是說，在某個情境中，當一個人感到自己一無是處或不夠好，他會透過「燙手山芋」的心理遊戲把這種感受傳給另一個人，藉由證明另一個

6. 原注：Steiner, Claude M. "Radical Psychiatry." In *Going Crazy,* ed. by Hendrik M. Ruitenbeek. New York: Bantam Books, 1972.

7. 原注：English, Fanita. "Episcript and the 'Hot Potato' Game." *Transactional Analysis Bulletin,* Vol. 8, October, 1969, pp. 77-82

人不好，自己就能擺脫這種負面感受。不只如此，當一個人得以控制或影響他人，他通常會感到自己更加強悍、更有活力、更有權力。換句話說，只要他能讓別人比他更低落頹喪，那麼相比之下，他就很好。

上面提到的兩種施展壞魔法的情況，最易懂的例子就是家庭迎來新生兒的時候，讓我們假設一下，新生兒降臨在一個位於貧民區的家庭。新生兒除了父母親和祖父，還有兩個哥哥和兩個姐姐，分別是十歲、八歲、六歲和四歲，全家八口住在一間三房公寓。這個家庭仰賴社會福利過活，祖父會酗酒，年紀較大的兩個孩子幹了違法勾當，惹上了麻煩。就在此時，新生兒奧提莫誕生在這個家庭中。

在這種情況下，奧提莫顯然處在一個得不到舒適物質的環境，家裡空間不足，缺乏食物，沒有足夠的撫慰，沒人有足夠的時間與精力照顧奧提莫。家中人人都明白，新生兒會剝奪他們的空間、食物、精力和撫慰；每個新生兒都享有一段休養期，此時他們會獲得各種充足的養分，但原生家庭捉襟見肘的處境終有一天會波及奧提莫，通常這會是在他一歲生日的前後。家裡很快就上演一場狗咬狗的惡鬥，每個人都想方設法捍衛自己，一旦落後就會被魔鬼捉走。家庭成員動用直接的肢體力量，讓奧提莫得不到他需要的養分，也運用心靈力量，藉由傳達「你很笨」、「你太愛動來動去」、「你太吵」、「滾出去」、「要玩去高速公路玩啦（哈哈）」、「你很壞」等訊息來攻擊他，這一切都是為了縮減他的勢力範圍，不讓他取得他應得的一切。這就是稀缺性巫術。

當物質的稀缺引發肢體與心靈壓迫的同時，家庭中的大人可能還各自承受不同程度的無價值感。比方說，遲遲找不到好工作的爸爸覺得自己一敗塗地。今天早上，老婆說他是個「沒用的傢伙」。有天下午，自覺該去找工作的爸爸待在家裡看電視，此時處於學校假期的奧提莫剛好在家裡悠閒地聽音樂。父親覺得自己不好，對自己的行為羞慚，轉而對兒子發起脾氣，命令奧提莫去洗碗。當兒子按照父親的榜樣拒絕洗碗時，爸爸就說兒子是個「沒用又懶惰的傢伙」。此刻，爸爸把手中的「燙手山芋」傳給兒子，自己得以享受擺脫挫敗感的短暫片刻。有天晚餐時分，正在端菜的媽媽看到桌上只有澱粉類食物，覺得自己不是個好母親，而奧提莫開口說：「媽，學校告訴我們：每天至少要吃一次肉。」媽媽生氣地瞪著他，「死孩子，閉上你那聰明的嘴巴。」此刻母親也把心裡的難受，那個「燙手山芋」傳給兒子。母親短暫擺脫罪惡感，取而代之的是，對奧提莫的無禮批評湧起自以為合理的憤慨。奧提莫自覺犯下可惡至極的過錯，他感到自己很差勁，罪惡感深深籠罩了他，他認為自己既自私又邪惡。這些感受變成他內在**豬父母**的一部分，只要他還活著，就逃不過它們的糾纏。

其他人也把壞巫術稱為詛咒、巫毒或天花。巫術具備非常強大的力量，特別是當一群人對同一個對象施展時。比如，如果整個村莊的人都以「邪惡之眼」望向同一個人，他就會喪命，這稱為巫毒之死。發瘋或所謂的思覺失調就是「文明版」的巫毒之死——藉由集體施展壞巫術謀殺一個人的心靈。

我們必須瞭解，面對壞巫婆的詛咒，孩童基本上毫無招架之力。當**兒童**自我狀態（P_F 或 P_M）偽裝成**家長**，在情況相當嚴重的家庭，家簡直成了集中營，兩名各重達六十八公斤的獄卒以肢體和心理手段淩虐一名只有約十八公斤的三歲幼童，迫使後者屈服。悲劇性缺陷的人生劇本中有些禁令太過苛刻，無法被抹去。我們會在治療的章節進一步討論這一點。

簡而言之，孩童面對本身的自發性需求與期待，以及原生家庭施加的禁令壓力間所做出的選擇，就是他的人生劇本。圖5A的劇本矩陣清楚呈現各種引導孩子做出人生抉擇的影響力。這張圖表暗示父母（或其代替者）對子女的這種抉擇握有至高無上的影響力，特別是在人生初期，當小孩難以接觸到其他人、接受其他人的影響時。極端社會派的觀點認為，文化徹底影響了人的行為，另一派則認為孩子的行為全然發自內在力量與動力，而圖5的觀點正好介於兩者之間。

第 5 章　抉擇

幼童與生俱來就渴望獲得保護，當這種需求漸漸發展卻得不到滿足，孩童就會選擇一個人生劇本。對**兒童**而言，這就好像外界有股詭異力量阻止他成長；如果他不屈服，生活就變得艱苦萬分，於是**兒童**被迫放棄與生俱來的權利，轉而採取務實作法，也就是順應情境，調整自己的期望與渴望。這個稱為**抉擇**（decision）過程，是引發人生劇本的重要轉捩點。

當孩童發揮全部的適應力，重新調整自己的期望，試圖讓自己的期待符合家庭現實情況，就等於做下人生劇本的抉擇。

抉擇的時間點

每個人做出抉擇的年紀不同，以一段正常發展的生命歷程來說，當事人應該晚一點、具備一定相關知識後再做出種種重大決定，包括自我認同、人生要追求的目標等等。如果沒有遭遇不合理的壓力，我們應該到青春期再做出人生的重大決定。人生劇本的起源是一個過早且被迫做下的決定，當事人往往在還沒辦法好好做決定的情況下，被迫提早做出抉擇。

我們可根據情緒障礙的嚴重程度列出清單，不管是思覺失調或憂鬱症等精神病症，還是酗酒之類的自我毀滅傾向，都屬於第三級的悲劇性人生劇本；其基礎來自於當事人在人生初期遭受第三級禁令的限制，根據這些禁令所做出的抉擇。所謂的「神經質」障礙和相當常見的不幸人生，則是根據第一、二級的禁令和／或屬性而發展的第一、二級**平庸人生劇本**（banal scripts）[1]，這些人可能直到青春期後半才做出人生抉擇。

人生抉擇的好壞與可行度，端看當時**小教授**的技能程度而定。**小教授**運作的邏輯、感受和認知程度，都與大人的**成人**狀態不同；再加上**小教授**只掌握有限資訊，因此只能在資料不完整的限制下運作。大略而言，做出抉擇的年紀愈小，**小教授**愈可能處於資料與邏輯都不健全的情況。

做下抉擇能夠緩和壓力，暫時增加滿足感，舉例來說，第四章提到的年輕人回想起小時候與鄰居那些動作粗魯的小朋友玩耍時，母親顯然很煩悶。他也發現只要模仿那些粗魯孩子的行為，母親就會嚴厲責罵他。至於父親，面對討厭「男性特質」和耗費精力活動類型的妻子，他只是沉默不語，因此兒子無法從父親身上獲得任何支持，繼續做那些男孩子氣行為。他想變得像「那些男孩一樣」，但這個願望遭到強大的阻力和壓迫，他還記得自己在某一年、某一週的某一天，終於下定決心當個「媽媽乖巧的小兒子」，這個抉擇顯然讓他的日子好過多了。當他在三十五歲尋求心理治療時，他的確成了母親的乖孩子：他的穿著整齊、謙恭

1. 原注：感謝凱西．杜賽建議，將日常生活中隨處可見的普通人生劇本稱為「平庸劇本」。

有禮、個性體貼，打扮乾淨仔細。不幸的是，他在十歲時順應情勢、為了日子好過而做下的決定，如今不但過時還讓他非常苦悶。這個抉擇影響了他的性生活，他無法自由自在地享受性，只能透過窺視癖和自慰獲得滿足，這些都是為了配合母親期望他當個乖巧安靜的小男孩。這個抉擇也影響了他的工作；他認為所有行為都必須默默遵循母親的要求，這讓他以孩童般的態度面對工作，噤聲忍受不快，讓自己的成就總摻雜一絲苦澀的滋味，失了光采。儘管他決定當個母親的乖巧小男孩，但他做出這個決定時懷著深刻的憤怒及怨恨，擺脫不了內心的苦悶。

讀者也許注意到，孩童突然受到極大壓力因而做出人生抉擇的情境，符合心理分析師口中的創傷性精神官能症——因創傷事件引發的精神官能症。這種人生劇本的關鍵仍是抉擇，但這種抉擇是人突然處於極為難受的情況下並迅速應對的結果，而不是經歷長期持續不斷的壓力所造成的結果。

性別相關編程的一系列禁令與屬性，也就是所謂的性別角色，是一種相當重要的禁令與屬性，它們從出生第一天就開始影響嬰兒，迫使孩童過早做出人生劇本抉擇。男生和女生根據性別角色分裂成兩種人類陣營，在許多極為重要的領域各自承受不同期待。我認為性別角色劇本可造成摧毀力強大、極為嚴重和長遠的後果，我們會在後面「男人與女人的平庸人生劇本」部分看到這一點。

所謂的「好」劇本，也就是具備優良社會特質的人生規畫（比如烈士或英雄，工程師、醫師、政治家或教士的人生劇本），也可能來自不成熟、過早的受迫抉擇；表面上，這些抉擇帶來相當正面的結果，但當事人決定的當下往往欠缺必要資訊和自主性。

發揮自主性且適時做下的決定，才會導向健全人格發展，因此，若要塑造沒有人生劇本的自我，讓孩子握有足夠資訊、具備自主性且沒有受到任何壓力，這才是做人生抉擇的好時機。

抉擇的形式

艾瑞克．艾瑞克森[2] 提到，嬰兒誕生時的人生立場是**基本信賴**（basic trust）。根據他的描述，基本信賴來自嬰兒覺得自己與世界合而為一，所有事物也與他合而為一的狀態。當母親與嬰兒進行最基本的互動，比如餵食和親餵母乳時，這種信賴感最為鮮明；唯有嬰兒還在母親子宮時體會到的親密感比餵食時刻更加強烈。

溝通分析把這種基本信賴稱之為一個人最初抱持的四種存在立場之一。這四種存在立場分別為：「我好，你也好」、「我不好，你好」、「我好，你不好」和「我不好，你不好」。

最原始的「我好，你也好」立場，源自於母嬰之間相互依存的生理親密感，母親無條件地回應嬰兒的所有需求。我們只要觀察母貓如何哺育小貓咪，就知道母親如何無條件地回應子女的要求。小貓咪一旦餓了，只要發出「喵喵」聲，母貓就會找到牠，哺育牠。我們可以把這看作一種母性直覺，也可以詮釋為一種受到刺激就自動引發的行為模式：小貓咪的叫聲令母貓不快，為了消除刺激，引發了牠哺育幼貓的衝動。藉此實例，我們可以強調

2. 原注：Erikson, Erik H. *Identity: Youth and Crisis*. New York: W. W. Norton, 1968.

饑餓的子女會引發母親天生的生理反應，這種比比皆然的反應可說確保嬰兒一開始就會體驗到相互依存的親密感，進而產生基本信賴或「我好，你也好」的人生立場。

這個「我好，你也好」的基本信賴立場，正是我們稱之為「公主」或「王子」的人生立場，也是嬰兒傾向維持的人生態度。[3] 讓嬰幼兒放棄這個立場，轉向「我不好」、「你不好」或「我不好，你不好」的唯一原因，就是最原始的早期親密感被打破了，原本無條件提供的保護（至少在母體子宮時是如此）被收走了。嬰幼兒再也無法隨時得到保護，這種帶有條件的不安全感，讓他做出不是他不好，就是母親不好，甚至兩者都不好的結論，不消說，嬰幼兒必然經歷一段掙扎後才得出這個結論。一個王子必須遭受相當強大的壓力，才會相信自己不是王子，而是一隻青蛙。[4] 我們要注意的是，一個雖然身處痛苦情境但仍覺得自己很好的孩子，與一個順應痛苦環境，決定自己不好，並因此日子好過些的孩子，前後兩個例子大不相同。在這種情況下，嬰幼兒似乎只有兩條路可選：不是當個痛苦的王子，就是安然當個青蛙。

要變成青蛙，不只得從「我好」的人生立場變成「我不好」，孩子還得有意識地幻想自己是哪一種青蛙。

青蛙，王子與公主

人生劇本讓當事人做出不像自己的行為，好像成了另一個

3. 原注：溝通分析認為孩子原是王子和公主，直到父母把他們變成青蛙。
4. 原注：讀者必會注意到這個觀點與哈利斯不同，後者在著作《我好，你也好》中認為人類最早的存在立場是「我不好，你好」。

人。這可不只是演戲或戴上面具而已，孩童無法理解自己蒙受的壓力，不得不合成一個他能理解的人物模範，並據此做出決定。這個模範通常以小說、神話、漫畫、電影、電視或現實生活的某個人為基礎。對身處困境的孩童來說，這個神話般的人物體現了一條解決之道，比方說，薩爾瓦多先生有意識地認為自己是耶穌基督，他憶起自己還是個小男孩時，父母指控他殺了弟弟。他不清楚為什麼爸媽做出這種指控，也一直搞不懂他們是開玩笑還是真心這麼想，不管如何，年幼的薩爾瓦多先生必須想辦法理解父母的指控。從小就是天主教徒的他熟悉教義問答集，因此決定自己就像耶穌基督一樣，必須學習祂的榜樣，靠純淨的生活洗淨身上背負的原罪。於是，薩爾瓦多先生寫下以耶穌基督為基礎的人生劇本。

我們可以從這個例子清楚看出，兒童如何藉由隨手可得的神話或童話自行詮釋家庭情況，並加以合理化。當事人會有意識地維持這個自我認同，依照薩爾瓦多先生本人的說法，他每天都會有意識地想到自己與耶穌的相似之處，次數多達三到四次。例如，有回他詢問朋友能否借宿一晚而朋友回絕了，他腦中就響起《路加福音》的「旅店沒有房間了」[5] 這句話。當他處於人生中特別難熬的時刻，像是他的前額受了重傷，血流到了眉眼之間；他心中就浮現耶穌頭戴荊棘王冠的畫面，此時他再次有意識地思及對耶穌的自我認同。在這些事件中，當事人有意識地將人生劇本的神話人物變成自我認同，是相當常見的現象。

5.《路加福音》第二章第七節，描述瑪利亞因沒有地方住宿，只能在馬廄裡生下耶穌。

孩童選擇模仿的人物中，一端是高度美化、徹底神化的角色，另一端則是真實存在、活生生的人，兩者之間都有可能。二世先生的神話人物是在他七歲時過世的父親，他對父親的瞭解一部分來自模糊的記憶，其他則來自母親對父親苦樂參半的回憶。相反的，尼特先生選擇的神話人物是驚奇隊長（Captain Marvel），他十二歲時從漫畫書認識這個角色。二世先生設想先父的行為並加以模仿時，他的外表看起來就像貨真價實的凡人；但當尼特先生這麼做的時候，則表現出超凡脫俗，僵硬得有如機器人的神態。

孩童選擇的神話人物還有複雜度的差異，比方說，前面提到的薩爾瓦多先生，他選擇了耶穌基督做為神話人物，做下人生抉擇時的他對耶穌十分熟悉，因此他對耶穌的看法也相當豐富多元。他經由閱讀教義問答集和《聖經》瞭解耶穌基督的個性，但他對耶穌的瞭解與延伸的詮釋，讓他在心中描繪了一個與他人理解大不相同的耶穌樣貌。例如，當他還是個小男生時，他就堅信耶穌「與抹大拉的馬利亞做了那檔事」；大致來說，他不是貞潔之身，而是一個性生活活躍的救世主，與不幸的婦女往來也保護、照顧她們。薩爾瓦多對這個神話人物的獨道見解在後來化為行動，他經常與請求他保護的女性發生性關係。

另一方面，布魯托先生選擇的神話人物則源自一幅畫：米勒的《鋤地者》(*The Man with a Hoe*)，畫中主角是一名顯然身負重擔、疲累得幾乎不成人形的男子。因此布魯托先生一輩子都賣命工作，他對此從不發出質疑也不反抗。

我們必須注意的是，孩童選擇神話人物時，總會從已知題材加以延伸詮釋並調整，好讓想像中的人物符合自己的處境、需求與已知資訊。因此診斷人生劇本時，最重要的是如何找回當事者對神話人物的個人詮釋，不該逕行採用眾人皆知、廣受歡迎的版本。

孩子按照人生劇本做出的行為常令父母大為震撼，而且他們完全不明白自己推了一把。父母期許孩子做出某些行為，但當孩子遵從父母的禁令，自行詮釋後加以調整，父母卻經常對自己造成的結果驚駭不已，巴迪就是個典型的例子。

十八歲的巴迪決定：「我決不從任何人身上索取任何東西。」這個決定讓他變得極為敏感，面對父母長輩的壓力，他會做出非常激烈的反應，當他受到超過極限的逼迫，就會陷入無法控制的暴怒。他暴怒起來太過可怕，因此他從十四歲起，不是在精神病院就是受到長期監禁。巴迪記得自己六歲時，曾握著一把剁肉刀追趕姐姐，母親嚴厲地斥責他，以受傷的語調憤怒地說：「巴迪，你年紀**還太小**，不應該拿著刀子追姐姐！」顯然媽媽認為到了十八歲，這種行為就可以接受，然而六歲大的早熟巴迪做同一件事，媽媽卻喊：「犯規！」

同樣的，一名對女兒產生性欲的男子，會敦促女兒做性感的打扮和舉止，接著對她做出隱涵性暗示的舉動。當他發現十三歲的女兒懷孕了，他難以承認女兒只是遵從他的指示，僅僅加上些微變動而已。回顧歷史，從酗酒者和其他藥物濫用者身上都可以一再發現同樣的例子，他們形容父母如何鼓吹喝酒或藥物可以排解壓力，容許自己和他人濫用藥物，但當父母多年後發現自己的子女成為藥物濫用者，父母總是大為震驚難過。

第 6 章　人生劇本溝通分析

愈來愈多學者專家著手研究人生劇本，而每一位（或每個流派）都可能著重不同面向。我打算追尋我稱之為「人生劇本溝通分析」的研究方向，把重心放在人際交流。這有別於人生劇本的結構分析和其他路線，我認為結構分析更接近心理分析，而非溝通分析。

近來出現很多以人生劇本結構分析為主題的論文。這條研究路線深入解析劇本矩陣，研究禁令的來源與內容；對此主題有興趣的讀者，可於《溝通分析期刊》（*Transactional Analysis Journal*）過去三年的刊物中找到非常多的相關文章。

我之所以對人生劇本理論如此感興趣，是因為我希望幫助人們跳脫有害的父母與社會編程，重新取得自主性。對我而言，人生劇本分析的目的是提供改變人生所需要的資訊，並提出策略建議。對人生劇本的歷史及結構面向進行極為詳細的分析，我認為對這項使命而言只是種干擾。某些結構資訊有其必要性，可幫助我們找到良好的解決方案，某些資訊則有美學價值，為過去和現行事件提出優雅的解釋。但就我看來，溝通劇本分析最重要的還是「此刻此地」的人際交流。

因此，我認為找出下列問題的答案：「此刻你可以怎麼做，讓自己擺脫『絕不相信任何人』的抉擇？」遠比回答：「你之所以做出『絕不相信任何人』的抉擇，是源自母親還是父親的禁令」或「禁令是來自你母親還是父親的 P_1，P_2，C_1 或 C_2」等問題更加重要得多。

人生劇本結構分析增加了劇本矩陣中自我狀態的分項（目前的紀錄是28條分項）。人生劇本溝通分析則擴展治療師解決契約式溝通分析團體問題的**技巧** 。我們可在一對一或個別心理分析會談時使用結構分析；而人生劇本溝通分析最適用於團體治療，因為它的基礎就是分析人與人之間的往來交流。

三種基本人生劇本

為了擬定改變人生的策略，我們不只必須瞭解人生劇本的組成元素，也必須以更寬廣的面向檢視一個人的人生劇本，接下來我們會討論這一點。

有三種基本的阻撓方式迫使人們失去自主性，按照人生劇本度日。我注意到許多不快樂的生活方式會漸漸走向極端，也發現人們不是絕望到自殺、發瘋，就是染上毒癮。絕望、瘋狂與藥物上癮是三種基本的人生障礙，我把符合這三種情況的人生劇本分別稱為：**無愛**（Lovelessness/No Love），**無思**（Mindlessness/No Mind）和**無樂**（Joylessness/No joy）劇本。

憂鬱，即無愛劇本

許多美國人不斷追求成功的愛情卻一直失敗，女性似乎比男性更常陷入這種困境，也許是因為女性對愛的需求更加敏感，也更難適應**無愛**的生活。欠缺適宜的撫慰會造成長期的撫慰渴求和不同程度的憂鬱，累積下來不是造成自殺，就是最極端的憂鬱症；如緊張性抑鬱障礙，許多人都深陷這種苦難之中。無愛劇本的根基是撫慰經濟學，也就是孩童在童年初期就面臨一系列針對撫慰能力的禁令。這些禁令強力抑制孩子在成長過程發展獲取撫慰的正常傾向與技巧，以致孩子感到自己不被愛以及／或不能被愛，造成不同程度的抑鬱。

發瘋，即無思劇本

很多人長期活在害怕自己發瘋的恐懼中，根據統計，全美人口約有1%的人被送進醫院治療。美國每一座城鎮周圍都有一家以上的精神病院——安納堡有伊普西蘭提（Ypsilanti）病院，紐約有柏衛（Bellevue）病院，舊金山灣區有納帕（Napa）和阿格紐（Agnew）病院，墨西哥城有拉加斯坦納達（La Casteneda）病院。大部分人都知道某個地區的「瘋人院」或「奇怪農場」，清楚自己如果發了瘋就會被送進去；這種對發瘋的恐懼沉重地壓迫著許多人的心。

無思劇本最極端的表現就是發瘋。無思指的是欠缺面對世界的能力，感覺自己無法掌控人生，有些民眾會把這種情況稱為欠缺意志力、懶散、不知道自己要什麼、愚鈍或瘋狂。無思劇本的起源，是在童年初期受到攻擊思考和對世界理解力的禁令。在童年初期打擊孩童的**成人**自我狀態是無思劇本的根源，而其基石則是**漠視交流**（discounting transaction）。

藥物上癮，即無樂劇本

美國相當多的人或多或少都對某種藥物上癮，我這裡指的不只是那些顯然會毀滅自我且明確可見的毒癮，比如酗酒或吸食海洛英，也包括那些較不明顯但更常見的藥物依賴，藉由藥物獲得渴望的身體感受。用藥物讓身體感覺舒服的例子包括：喝咖啡、抽菸、服用阿斯匹靈，當然也包括使用巴比妥酸鹽、鎮靜劑和安非他命，以及任何一種可在藥局自行購買、改變身體感覺的藥物。

我們從人生初期就被禁止感受自己的身體，也未曾去瞭解讓身體舒服或難受的原因是什麼，像是我們頭痛時，很少自問：「為什麼我的頭會痛？我的身體是否受了傷？我有沒有遇到可能讓自己受傷的狀況，因此現在才會頭痛？」

我們只問：「阿斯匹靈在哪裡？」基本上，這就是我們所有的用藥模式。我們不會思考為什麼下班後，回家得喝一杯才舒服，或者為什麼我們得吞個藥丸才睡得著，又為什麼得吞另一種藥丸才醒得來；如果我們問自己這些問題，和身體保持暢通的聯繫，馬上就能找到答案。但我們從生命初期就受到各種忽略身體反應與訊息的訓練，不管我們收到的訊息是舒服還是難受，只要能靠藥物排除不舒服，就服藥；要是沒有藥物可以解決，就被動地忍耐。人們被禁止盡情享受愉悅的身體感受，而且不斷向孩子施加壓力，避免他們體驗身體沉浸於全面喜悅的肉體歡愉，要他們把注意力抽離肉體感覺、歡愉和痛苦，轉移到別的地方；結果就是許多人與身體感受完全脫節，身體與中心分離，失去與自身肉體的聯繫，也因此感受不到快樂。

我們可能受某種自己不知道甚至感覺不到的痛苦所折磨，

也不知道身體能帶來多麼美好的歡愉體驗，與身體徹底分離的結果，就是藥物上癮。很多人雖然沒那麼極端，但也忽略自己的感受，男性最常如此，不過很多女性也有這種症狀；他們忽視所有好與壞的情感，無法感到愛、狂喜，無法哭泣、憎恨，只靠頭腦度日，與身體其他部分都斷了聯繫。人們把頭腦視為**中心**，也就是配電盤，是一台統治身體其他部分的電腦，而身體只是為了工作或執行某些功能而設計的機器，不管是好或不好的感受，都被視為妨礙正常運作的障礙物。

正如我前面提到的，無愛、無思、無樂三種人生劇本的極端形式，就是陷入徹底的緊張性抑鬱、發瘋或對某種藥物上癮。但我們在日常生活中最常看到的是這些劇本的中級版，比如被困在一段又一段失敗愛情中，最終孤獨地過著所謂「老處女」或單身漢的生活；變成一個鐵石心腸、沒有感覺，有菸癮或咖啡癮，愛喝酒，不快樂的人；或者因為欠缺處理日常問題的能力，以致老是遇到危機，在人生中辛苦掙扎。這三種主要人生劇本的平庸版本也可能彼此摻雜，所以一個人可能同時受無愛和無樂劇本左右，或者受無愛和無思劇本影響，甚或同時受三者主宰。

這三種壓迫性的人生劇本，全部都源自父母對孩子設下一組非常明確的禁令和屬性，每一種劇本都能在團體心理治療中進行有效分析，並讓當事人得以擺脫。

大體而言，每個人或多或少都受這三種人生劇本影響，即使一個人只明顯表現其中一種，也是如此。人們可以經由解析童年初期所受到的禁令、屬性和抉擇，瞭解這三者如何影響自己愛人的能力，盡情體驗身體的能力，以及體驗與控制世界的能力，並釋放自己，告別這些壓迫性人生劇本。

溝通分析診斷

「診斷」（diagnosis）一詞指的是瞭解且能指出兩種不同情況的差異，任何一位打算解決某個問題，或想為某個不希望發生的狀況提出解方的人，都必須謹記這個詞。在醫療界，辨認兩種疾病的相異處並對症下藥，是最重要的一件事。然而，不只有醫生會使用「診斷」一詞，汽車技師也會「診斷」車輛，決定要換掉或調校哪個零件。心理學家把「診斷」用在心理測驗，判定個案有哪種情緒障礙或「心理疾病」。我在這本書中則用「診斷」描述辨認人們背負的人生劇本種類。請容許我在這兒插句話，我徹底反對身心科醫生按「精神病理學」（psychopathology）進行診斷的方式。

就我看來，檢測一輛車，在進行某些測試後，技師說車子必須更新一組火星塞，但用不著全面翻修化油器，我們沒辦法問車子它出了什麼問題，因此這是很合理的作法；確認診斷正不正確的方法，就是換掉火星塞，看看它的問題是否就此消失。一名汽車技師如果遇到另一個跟他一樣專業的人，後者獨自檢視車輛，提出自己的診斷，這也許會幫助前者做出更好的推論。按照這種模式，我們可以進行兩、三個甚至四個獨立診斷，加以對照確認，如果其中數人做出相同診斷，就增加這項診斷的正確性。然而，不管這些專家認為出問題的是火星塞還是化油器，最終的測試方法還是得看車子修理後是否仍有同樣的問題。醫生也依循類似模式來診斷身體疾病，這也非常合理。

就我看來，責任最大、最該受到責怪的，就是心理學家和精神科醫師誤用診斷過程，我的論點如下：首先，如果他們使用心理測驗進行診斷的話，目前已有許多相關科學文獻達成相當一致的共識，只要把最廣泛使用的投射性心理測驗結果交給不同診斷者，他們通常會做出截然不同的結論。心理測驗的可信度低，無法當作治療準則。[1]即使有四名診斷者都做出相同結論，比如焦慮精神官能症，他們也無法就治療策略達成任何共識。

由於心理測驗的結果常有出入，診斷者習於不與他人對照確認自己的結論，也許是因為這麼做會令人太過難堪。就我個人經驗而言，當兩名診斷者討論同一個案時，他們會迴避衝突，試圖粉飾意見不同之處。就許多面向而言，診斷者的作法有如政客，雖有可能在表面上非常嚴肅地表示歧見，但總是願意在檯面下握手言和。

但我之所以反對心理學與精神科的診斷方式，主要是因為診斷方完全忽略被診斷者的意見和觀點。一旦診斷者做出個案是「歇斯底里性精神官能症：解離型」或者是「思覺失調；情感性，重鬱型」，他絕不會詢問個案：他（她）對這診斷有什麼看法。事實上，他們刻意向個案隱瞞診斷結果，甚至在某些圈子裡，告訴個案診斷內容被視為違反倫理。他們宣稱「病患」無法好好瞭解診斷結果，只會感到非常難受，藉此合理化這種作法。也許這些理由真有道理，因為事實上絕大多數人都無法瞭解大部分的診斷結果（即使我花了多年研究，也曾給精神「病患」貼上不同標籤，但我其實也一知半解）。再者，這些診斷聽起來都非常討人厭（要是別人說**你**有**被動攻擊性人格**或**不健全人格**，**你**會有什麼

1. 原注：實證心理測驗（與投射性心理測驗恰好相反）採自動化形式、不受人為因素影響，因此不會因為分發測驗對象不同，而出現不同結果；但即使如此，不同測驗的結果仍然有歧異，就算出現一樣的結果，也無法提供治療方向。

感覺？），而且標籤一旦貼上就難以去除，常對人造成傷害，因此我推斷，診斷結果的確會讓人們難過——而且情有可原。

我個人認為，有些診斷結果實在太侮辱人了，要是我或某個我親近的人被如此判定，我可能會做出防衛性的反應，就像若有人把我們安上「蠢蛋」或「混蛋」等粗俗侮辱的罵名一樣。我常說，誰敢說我的任何一個朋友有精神分裂症，我決不會讓他好過，就像如果有人敢侮辱我的朋友，我一定會要對方收回一樣。

溝通分析診斷就像其他診斷一樣，也可能令人厭惡。如果有人告訴你，你有個悲劇性的失敗者人生劇本，這源自你的巫婆母親對你下了不要思考的禁令，而名為「笨蛋」的心理遊戲更加劇這種情況，在我看來，這一切比被人說「思覺失調；慢性未分類型」好不了多少。

溝通分析劇本診斷之所以會帶來啟發，講求人性且對人有所助益，在於診斷的過程與溝通方式。舉例來說，進行人生劇本溝通分析時，我們要診斷一個人的人生劇本、禁令、屬性、抉擇時間點或身體元素，都必須先從數個不同來源收集資訊：

1. **診斷者的結論**。診斷者通常會融合直覺與**成人**資訊做出結論。（這跟伯恩用來猜測退役軍士職業的過程一樣，後來他也會以直覺診斷人們的自我狀態；重點是診斷者不只專注於**兒童**的**小教授**，也必須發揮**成人**自我狀態。）

2. **當事人對診斷的反應**。進行人生劇本分析診斷時，這是個至關重要的元素。不管診斷者對自己的結論多有信心，任何一種診斷的最終測試都是由當事者判斷它的準確度，讓他決定這個診斷對不對、同不同意、合不合理。

3. **治療團體中其他成員的反應**。溝通診斷最根本的特色，就是整個過程仰賴的是治療師、個案與團體其他成員的協力合作。

試想下面這段對話：

傑德：我很痛苦，因為我讓很多人失望。我向女兒保證會帶她去看馬戲團，我還得漆客廳的牆。我跟瑪麗說好會幫她對帳。我似乎就是沒辦法好好實現對他人的承諾。

治療師：你背負來自母親的禁令：「永不拒絕。」

傑德：啊，不是這樣的。對我而言，拒絕不是難事。瞧瞧我怎麼管教強尼的，還有，富勒．布來許（Fuller Brush，清潔用品品牌）的銷售員上門兜售時，我都一口回絕。

治療師：我不想為此爭執。這是我的看法，你可以接受也可以不接受。

傑德：我想，你說的有道理……

現在比較下面這段對話：

傑德：我很痛苦，因為我讓很多人失望。我向女兒保證會帶她去看馬戲團，我還得漆客廳的牆。我跟瑪麗說好會幫她對帳。我好像就是沒辦法好好實現對他人的承諾。

治療師：我對你的劇本禁令有點想法，你想不想聽聽看？

傑德：說吧。

治療師：我認為，你的母親為你設下一個永不拒絕的劇本禁令。

傑德：啊，不是這樣的。對我而言，拒絕不是難事。瞧瞧我怎麼管教強尼的，還有，富勒．布來許的銷售員上門兜售時，我都一口回絕。

治療師：我懂你的意思。也許你母親設下的永不拒絕禁令，只針對女人。看起來拒絕男性對你來說很容易。你認為呢？

傑德：嗯，我不知道。這好像太簡單了一點。

傑克（團體成員）：我認為你的確有這個禁令。我注意到，當這個團體中的男人說了某件事，你會表達否定，但若女性發表同樣看法，你就比較容易接受。

傑德：（沒有說話，看起來在思索）。

瑪麗（團體成員）：我同意。我認為這是真的。我認為你母親設下了別對女人說不的禁令。

傑德：嗯，這讓我覺得自己好像是個拉著媽媽圍裙的孩子，我感到丟臉，但我想的確如此。現在回想一下，的確看出來這個禁令……

上面兩段互動，分別呈現進行劇本分析診斷時應該避免和應該做的事。想必讀者都注意到，第一段對話中，治療師的診斷其實不正確，頂多只對了一部分；接下來的對話未能帶來任何助益，因為傑德表面上接受診斷，內心卻抗拒它。

第二段對話有幾個鮮明特色，治療師在一個時間點詢問傑德，想不想聽他的診斷；獲得傑德許可後，治療師嘗試做出診斷。在團體成員的幫助下，大家一起調整修改診斷內容，直到傑德認同，認為它是對的。

我得趕緊說明一下，個案接納診斷內容不足以證明診斷的正確性；有時候人們根本不在乎內容，就一股腦地接受治療師的任何診斷。這通常出現在「哎呀，你真是太厲害了，教授」的心理遊戲中，個案表現得宛如可憐渺小的**受害者**，而治療師成了無所不知的厲害**拯救者**。這種心理遊戲不會帶來任何實質效用，個案往往無法從治療中獲得療效，發怒的治療師轉變為感到挫敗的**迫害者**。當治療師發現自己常常「一語中的」，立刻說中所有人的問題，他就得省思一下是否掉進這種心理遊戲的陷阱。

我必須再三強調，溝通分析診斷最主要的目的是提出治療建議，實現雙方訂下的治療契約，也就是解決個案的問題。人生劇本分析最基本的治療行動是**允許**（Permission）。我們會在治療的章節探討治療師允許的途徑；讀者在這裡只需要瞭解：允許是有治療功效的交流，讓人們得以撤銷自己遵循父母禁令所做出的抉擇。給予允許也能幫助治療師瞭解當事人的父母設下的禁令與屬性，以及它們的源頭與內容。他應能看出劇本中的劇本轉折與實質變化的差異。不只如此，他必須清楚瞭解一個人的抉擇如何從各種面向影響他的日常生活，也就是瞭解他崇拜的神話英雄、身體元素、運動衫和主要心理遊戲。後面的劇本清單（請見第7章）會列出相關資訊。請讀者記得這些資訊的重要性，並容我詳細解釋如下：

禁令與屬性

主要的禁令和屬性多半來自父母的其中一人，而性別與孩子**不同**的父／母則常是源頭，與孩子同性別的父／母，會教導孩子遵守這些禁令和屬性。如果母親不喜歡男人與男孩的強勢，喜歡敏感與溫暖的人，她就會告誡兒子不要當個強勢的人，並對他施加溫暖與敏感的屬性，而且她選擇的結婚對象也會是不強勢又敏感的人，因此丈夫會成為兒子的合適榜樣。

父母養育子女的過程中，帶給孩子的影響不只是禁令和屬性。在子女還沒接治療師之前，父母就可以給予孩子允許。允許不是限制，會解放孩子。

我舉個例子來說明，一個女孩如何成為一名美麗的女人（請見圖6）。亞美利加先生喜歡美女，這指的是他的**兒童**自我狀態喜歡美麗的小姑娘。他娶了一名美麗女子，生了個女兒。亞美利加先生的**兒童**，告訴他女兒的**兒童**要當個漂亮的小女孩，而亞美利加太太的**成人**則教女兒如何化粧、打扮、站姿、說話得宜，而且她本身就是個美麗的女人，她向女兒傾囊相授。我們會發現，就本質而言，這種美麗的源頭與身體特徵無關。這就是為什麼有些女人具備所有美麗的身體特徵但卻不美，反之亦然。我們

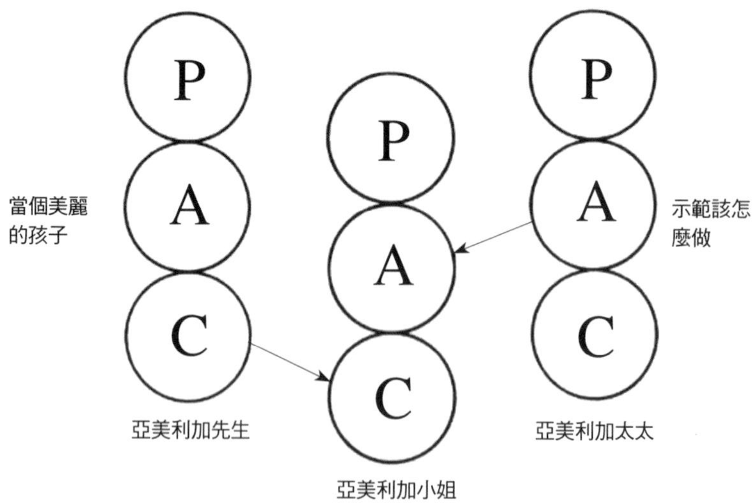

圖 6

也該注意，許多身體上的特徵，比如體重、姿勢、膚質、臉部特色……等，都會受父母禁令影響，比如「享受（食物而不是性）」、「不要比我好」、「別開心」、「別當個強壯的人」，也會被施加的屬性所左右，比如「你很瘦」、「你太高」、「你笨手笨腳」等等。

亞美利加小姐的例子說明了人們為了組成一個可被稱為「養育孩子」的團隊而結婚。如同上面的例子，一個害怕強勢行為的女人會嫁給不強勢的男性，雙方組成的團隊會製造不強勢的男性後代（請見第4、5章）。

因此，當我們試圖診斷一個人的禁令與屬性，謹記：如果對象是男人，「母親告訴你該怎麼做，而父親以行動向你示範」是個很實用的假設；以女人來說，則是「父親告訴妳該怎麼做，而母親以行動向妳示範」。與孩子同性別的父／母示範如何遵守被施加的屬性與禁令，這就是**灌輸程式**。

這個規則是「實用假說」（working hypothesis），也就是說，在不知道個案其他資訊時正確機率最高的假設。當然也有例外，因此我們必須小心應用。

當這個假設符合個案實情時，我很確信這是因為大部分北美人口都受到嚴格的性別角色編程。身處在一個「男人就是男人」和「女人就是女人」的文化中，許多根深柢固的限制阻礙親子之間的吸引力，比如父子之間，或者阻止男孩把母親當作榜樣。隨著同性之間的性別障礙逐漸消退，刻板印象對孩子設定的「男性化」與「女性化」行為不再那麼僵化，這個經驗法則也將逐漸失去診斷禁令與屬性的效用。

下一個任務是找出禁令限制的行為種類、範圍和強度。在這個領域，我們得認識孩童、童年發展和養育實務，這些都會帶來助益。治療師的任務是想像自己在個案家庭成了一名隱形旁觀者。我們必須記得，禁令常常不是透過直白口說，而是經由暗示和影射等途徑傳達，有時被當作玩笑，或者在生氣時衝口而出，經由這些資訊，我們得以重建向當事者下達命令的是誰的**兒童**自我狀態。我能夠鮮明地在腦中重現個案的家庭場景，就好像經由其父母的眼看出去，以直覺感受他所下達的禁令。這些心靈影像是受過訓練的推論，必須與當事人的回憶對照確認，因為當事人永遠是最終決定診斷正確與否的人。我們也能透過同樣的過程找出屬性內容。

劇本轉折

截至目前，我們的討論主要環繞於父母的**兒童**自我狀態對子女的影響。然而父母的**關懷型家長**也會對子女帶來非常重要的影響。

人生劇本成形的過程中，父母內心**兒童**（C）的**家長**（P_1）不只對子女施加禁令和屬性，父母的**關懷型家長**（P_2）還會向子女傳達矛盾的訊息。於是，當壞巫婆媽媽禁止年幼兒子哭泣或體驗任何感覺，父母雙方的**家長**自我狀態（P_2）則鼓勵兒子當個溫柔男子（圖7A）；當酗酒者被父親要求只要喝酒就好，不要費神思考，父母雙方的**家長**自我狀態則期望他遠離酒精（圖7B）。當一名年輕人同時面臨這兩種要求，基本上他會遵守壞巫婆的禁令，但其生命歷程則會擺盪於遵守人生劇本的巫婆禁令，與服從父母的**家長**自我狀態之間，後者也就是劇本轉折。

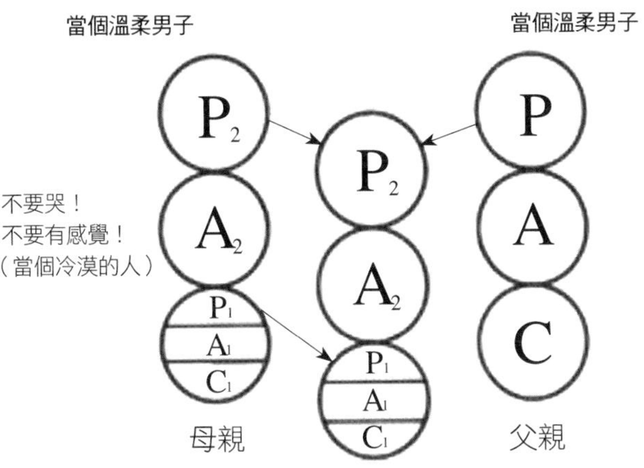

A. 劇本矩陣：一名年輕男子

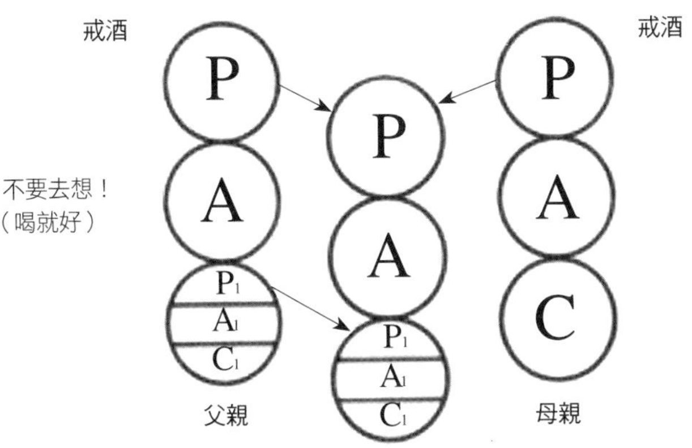

B. 劇本矩陣：一名酗酒者

圖 7

接納文化與社會標準的**家長**自我狀態所傳達的訊息，促成了劇本轉折。以酗酒者為例，每兩次縱情狂飲之間就是劇本轉折的戒酒期。只要回顧重度酗酒者的個案歷史，必會發現一段又一段看似有機會避免劇本悲劇結局的戒斷時期，酗酒者和他身邊的人似乎都相信他真的能躲開大家都擔憂不已的災難。悲劇英雄看似暫時逃脫悲劇結局的情況，是優秀的悲劇劇本中不可或缺的元素，不管是在舞台上或真實人間都是如此。只要看過古代希臘悲劇或任何一齣現代悲劇，就知道不論觀眾知不知道結果，他們都真誠期盼那個眾所皆知、無可避免的結局終會被戲劇化地扭轉。這是因為人們總希望也心甘情願地相信一切都會變好。劇本轉折體現的就是這種傾向，同時這也是**關懷型家長**的表現。

我們對照父母給子女的兩組指令，一組代表人生劇本，另一組則是劇本轉折；此時我們必須再次注意，幾乎在每個案例中，壞巫婆下的禁令都不是透過言語、直接的文字表達。正因如此，大多數人難以相信父母對自己下了這些禁令，直到他們清楚看出來，父母經由認可或不認可某種舉動以及「巫婆」式的影射或開玩笑，隱而不顯地傳達禁令。父母可能從未開口說過「別太強勢」這樣的話，而是藉由一再強化被動舉止並削弱強勢行為，來達到下達禁令的效果。另一方面，來自父母**家長**自我狀態的劇本轉折指令，卻經常由口說傳達，而且很少出現製造默認的強化行為。俗話說得好，「照我說的做，別學我怎麼做」正好描述了這種情況，**關懷型家長**透過言語要求子女，而其**兒童**自我狀態所做出的行為舉止卻傳達恰好相反的訊息。

巫婆禁令的力量遠比劇本轉折更加強大且意義深遠，因此劇本轉折都很短命。劇本轉折行為的特色是很不穩定，很容易就被打破；因為它與劇本恰好相反，而後者的影響力遠比劇本轉折強大得多。身處劇本轉折階段的當事人會感到一種深刻、原始、發自內心深處的難受情緒（同時獲得不穩定且表面的幸福感），酗酒者的腹部深處常出現這種感覺；這種不適感源自劇本轉折行為與壞巫婆的期望背道而馳，令人感到恐懼。同理，當事人按劇本行動時也會感受到來自內心深處的舒適感。例如，一名酗酒者表示，當他陷入最悲慘的酗酒境地，難受到吃不下任何東西時，他卻聽到母親的聲音：「傑瑞，這多麼好玩，你說是不是呀？」

這個例子呈現一名酗酒者按劇本行動時，會引出人格中乖乖遵循父母期望的傾向，因此會感到獲得父母保護的幸福與愉悅。這正是酗酒者之所以覺得宿醉是種報償的其中一個原因：儘管處於苦痛之中，但乖乖接受父母的**兒童**所設下的禁令，依舊讓宿醉者感到獲得父母的認可。這時酗酒者暫時擺脫壞巫婆的要求，得以休息一會兒。雖然他受宿醉之苦時，父母的**家長**自我狀態可能正嚴詞厲色地責備他爛醉，但與此同時，父親或母親的**兒童**說的其實是：「這才是我的好兒子！」

劇本轉折與真正擺脫劇本的其中一個差異就是：劇本轉折很「虛假」。比方說，黑人不良少年的人生劇本常常擺盪於暴力犯罪行為（壞巫婆下的命令），以及不符現實地竭盡全力，試圖在演藝圈或運動界大放異采之間，後者代表的是文化認可的「好黑人」之路（來自身邊人士**家長**自我狀態的命令）。就統計學而言，這些努力帶來成功的可能性不高，幾乎都只是劇本轉折。

真正告別人生劇本，踏上全新的生命歷程，絕不會包括當個「好黑人」之類的目標。身處種族歧視的現實環境，我們該鼓勵的是協調良好的應對途徑，儘管有時得表現的非常強勢與憤怒，也是必要手段。在非裔社群中，這指的通常是「黑豹黨」（Black Panthers）之類的年輕團體。打擊自我的人生劇本在非裔人口中相當常見，而這些珍貴的社會運動明確提供了另一條出路。[2] 這類活動向非裔青少年傳達的訊息基本上就是：「你很好，不是『即使你是黑人，你也很好』，而是『因為你是黑人，你很好』。你是個王子，你值得獲得如王子般的對待。黑人是美麗的，你的頭髮很美，你很美。你可以得到你想要的一切，你是個王子，你很好。」這段宣言強而有力地阻止非裔青年在做下人生抉擇的那一刻，選擇海洛英毒癮或酗酒之類的自我毀滅劇本，藉由允許他們感到自己很好，提供他們一條通往自主的實際道路，扭轉非裔青少年的人生。婦女、同性戀者、肥胖者[3] 和其他受平庸人生劇本壓迫的少數族群，都曾循類似途徑解放自己。

進行心理治療時，就診斷觀點而言，劇本轉折的主要重要性在於，一個受困於劇本但處於劇本轉折階段的人，他的行為可能與完全放棄劇本的人相同，難以分辨。舉例來說，一個背負無愛劇本的女性可能會遇見一名男子並結婚，看起來她已改變了劇本。但她可能還陷在劇本之中；她可能還照著父親的禁令生活，不會開口要求她渴望的撫慰，也拒絕別人提供的撫慰，因此過了一段短期劇本轉折的幸福生活後，她會再次感到自己缺愛。

如果治療師把劇本轉折誤以為當事人真的改變了，就犯下相當嚴重的錯誤。但就另一方面而言，拒絕承認個案改變原先的

2. 原注：黑豹黨運動於 1969 年達到顛峰，證實了我的看法。阿拉米達郡的一群觀護人表示，當地是黑豹黨的總部，加入黑豹黨的非裔青年出現犯罪行為的案件大幅降低。

3. 原注：Aldebaron, Mayer. "Fat Liberation." *Issues in Radical Therapy* 1,3 (1973): 3-6.

人生劇本，堅持這一切只是暫時轉折的治療師同樣也犯下嚴重錯誤，只是方向不同而已。

因此，正確診斷在此非常重要。我們必須根據行為變化做出診斷。舉例來說，當一名酗酒者經歷很長一段時間，都只在社交場合喝少量的酒，就提供最有力的證據，證明他已改變劇本。然而，許多治好的酗酒者對酒精失去興趣，因此不一定能在這方面立下一標準。大體而言，只要酗酒者不再對酒精心心念念，不再把飲酒當作逍遣，對酒精相關的心理遊戲也毫無興趣，這些都是很好的確認準則。劇本改變的粗略指標是，當事人極為鮮明地改變建構時間的方式，發展出與酒精無關的娛樂途徑。除此之外，擺脫酒癮後當事人身上會出現些微變化，這也是可信的指標，只是相當難以評估。處於劇本轉折階段的無樂者緊張不安、很「焦躁」，即使面露微笑地享受時光，也擺脫不了緊繃的氛圍，好像他一直處在非常接近放鬆與鬆懈的邊緣，但他無法完全放鬆，因為他深怕內心那個「不好」的**兒童**又會佔上風。徹底擺脫酒癮的人不會出現這種「瀕臨邊緣」的特質，因此整個人看起來和「感覺起來」都與處於劇本轉折階段的酗酒者大不相同。劇本轉折的緊繃狀態是其中一種身體元素，我會在本章後面進一步闡釋。

抉擇

抉擇包含數個要點：當事人做出抉擇時，懷抱的存在立場或扭曲感覺；運動衫；選擇崇拜的神話人物，打算循此立場活下去；反應抉擇的身體元素；做出抉擇的實際時刻。

我們如果能得知當事人做出抉擇的明確日期，會很有幫助，因為它精確點出當時的年紀，可依此推估當時**小教授**的發展階段與對世界的瞭解程度。

抉擇當下採納的**存在立場**偏離了原本的基本信賴立場「我好，你也好」。不只如此，當事人此時的存在立場基本上是「我不好」或「你不好」的延伸，或者兩者兼具。解釋這種立場的原因被稱作**扭曲感受**（racket），當事人會利用每個情境確認自己選擇的立場正確無誤。例如，一名懷抱「我不好」人生立場的女性會延伸出「我做的每件事都會出問題」的扭曲感受，並利用任何情況讓自己痛苦；像是不論她何時去開會，扭曲感受總是會浮現她的心頭：如果她早到了，她會想應該晚點出門，在家裡洗一點衣物，因此感到不快；但如果遲到了，她也會不開心，因為大家都注意到遲到的她，且露出不滿的神色；如果她準時，她還是覺得悶悶不樂，因為沒人注意到她。不管情況如何，都會被她用來加深內心的扭曲感受。

運動衫與抉擇密切相關。運動衫是比喻大部分背負劇本的人身上，似乎都穿了一件運動衫，他們可能把運動衫穿在外面或裡面，上面印了幾個簡短詞彙描述自己的存在立場。除此之外，就像遊戲中會出現一個突然的開關或反轉，運動衫也有前面和後面。以菲利克絲小姐為例，她的運動衫正面醒目的印著「找男人」三個大字，背面則寫著「但不是你」，只有脫掉外套時才會被看見。驚奇隊長的運動衫正面寫著「驚奇隊長」，背後則寫著「除非我沒喝酒」；一個「天生輸家」的運動衫正面是「你無法打敗他們」，背面則寫著「我什麼也贏不了」。運動衫也比喻人們的身上寫著自己的人生劇本，這其實也屬於一種透過身體表現的特色。

我們早先已詳細討論了**神話人物**。診斷個案的神話人物時——如果他有的話——可透過下列問題推敲：「你最喜歡的童話故事是什麼？」、「你最喜歡的人是誰？」、「你有沒有模仿某個人的生活方式？」等等。一旦發現某個人對當事人的意義重大，就請他詳細描述，因為最重要的是當事人對神話人物的看法，而不是廣受一般人接受的版本。如果他的描述吻合神話人物的特質——通常這顯而易見，不會錯認——那麼我們就找到了。接下來的治療過程中，我們可以用神話人物的名字指稱符合劇本的行為。比方說，當他的神話人物是孤女安妮，他會乖順地接受每一場「人生磨難」，這也是他人生劇本的一個模型。有些團體成員會向他點出這一點，讓他注意到自己的行為，比如說：「孤女安妮會這麼做，但**你**會怎麼做？」如果一名男子的神話人物是超人，當他在言談之間又出現受超人形象左右的徵象時，我們可以說：「超人又來了！」提醒個案注意到自己在做什麼。

不過，並非背負人生劇本的人都有明確的神話人物。有些人認為自己是沒有劇本的輸家，無名小卒或無所適從的人，這些案例就找不到神話人物。大體而言，若當事人能明確找出自己的神話人物，會對治療大有幫助，因為治療師、團體成員和他自己都能更清楚的看出他按人生劇本演出的行為舉止。

身體元素

人生劇本診斷的另一個重點是**身體元素**。當人做下抉擇，也會影響身體構造的某些面向，特別是肌肉組織，這就是身體元素。負面禁令限制人的行為，影響個案的身體，我們可從肌肉收縮的形式看出這一點。比方說，促使人們從事某件事或做出某種行為的屬性，會過度使用或發展某些肌群。伯恩曾提到括約肌與人生劇本的關連，但人生劇本可能影響任何一組肌肉、肌群或器官。我們可從某些姿勢看出這些身體特色（挺胸、收腹、肛門括約肌緊縮、聳肩、嘴唇緊繃、雙腿交叉），這都是服從父母禁令的身體狀態，如果當事人有神話人物，其身軀可能會近似心中幻想的神話人物外貌。在神話人物是孤女安妮的案例中，當事人雖然哭泣，但淚腺卻流不出淚水，而布魯托先生受影響的則是心臟，這些都是身體表現出來的特色之一。

研究身體元素也就是研究人體如何反應人生劇本，我認為這是人生劇本分析中尚待深入探討的領域。儘管此時我們對這方面的瞭解比不上劇本分析其他領域那麼完整，但我們還是能從初期且有點實驗性質的研究結果，分享一些可能會吸引讀者興趣的基本概念。

人體在獲得適當營養且不受其他影響的前提下，肢體理應協調的平衡發展並全面成熟，它會有強壯的手臂與雙腿，背部、胸部和腹部肌肉都發展完善，身體不會被頭主宰，反之亦然。人體能量會均衡散佈在身體的每一個角落，不會特別偏重於頭、身體、腿或生殖器。

一旦受到禁令影響，人就無法自然地移動與感受身體。他渴望某個人或東西卻伸不出手和手臂；他不想要的時候也無法推拒或反擊；雙腳無法堅定地站立，雙腿也無法全力跑向或遠離某個東西；臉部肌肉變得僵硬，無法恣意移動伸縮，表達腹部或內心的感受；不管是微笑、愁眉苦臉、流淚或大笑都受到克制，無法盡情表達。肺部和喉嚨沒有被徹底的利用，有些人吸入的空氣不夠，因此無法強而有力的發聲，無法表達堅持或憤怒；也有些人無法徹底地呼氣，因此難以嘆氣、低語、懇求，表達哀傷或痛苦的感受。

屬性會讓人過度使用或濫用身體某些功能、部位，比如代表「智能」的頭腦主宰其他部位，而「運動員」的身體則拒絕頭部的控制。

屬性也會影響身體結構；例如，責任感會刺激手、手臂和肩膀的發展，膨脹上半身，忽略下半身，因此下半身容易變得僵硬或欠缺生氣；感情豐富的屬性促使人發展感官覺受，如聽覺、視覺、觸覺，但身體的肌肉組織通常偏軟，比較鬆弛。

性別角色的禁令和屬性，也讓男女的身體差異極端化。環境過度強調男女體力的些微差異，促使男人變得強壯，女人變得柔弱。女性與生俱來的撫育機制常遭到剝削，被形塑為照顧者和關懷者，男人則被塑造為冷酷且情感不夠敏銳的形象。平庸人生劇本建立男人應該強勢而女人應該溫柔的期待，讓男人害怕失去權力，不容許自己溫柔；同理，女人也擔心自己太冷漠，不准自己強悍。[4]

禁令和屬性攜手扭曲人的軀體，把活力與注意力集中在某些部位並過度使用，同時讓別的部位失去活力、不受關注，人體就這樣失去平衡。這造成人體的分歧：背部強壯但腹部虛弱，下巴堅強但兩眼失神，雙手靈巧但雙腿無力，具備良好的吞嚥與消化功能，但欠缺推拒、踢腳和嘔吐的能力。有些人的頸、背、手臂和雙腿的肌肉強壯，形成一個無法穿透的外殼，但卻無法表達情感。其他人輕輕鬆鬆就能表達情感，但因欠缺肌肉平衡，以致無法隨情感做出相應舉動。

---

4. 原注：Vance, Dot. "Reclaiming Our Birthright." *The Radical Therapist* 2,3 (1971): 21.

每個人生劇本都有獨特的身體特色，有一些生理上的優勢與弱點；正如前面說的，這些特色往往呼應神話人物的身體姿勢與形貌。長期下來，這些身體扭曲足以造成組織退化、心臟疾病、潰瘍、關節炎、肌肉萎縮（此外，賴希主張還會引發癌症），與那些全面運用身體各部位並均衡老化的人相比，背負人生劇本的人，其自然壽命也比較短。

許多研究深入探討心理與身體功能的交互關係，因為這可能引發身體疾病。有人提出，心理引發身體病症的機制在於自主神經系統負責調節身體種種徵狀，而心理狀態會影響自主神經系統。人在童年初期因禁令和屬性而做出人生抉擇，這就是足以引發身體副作用的心理狀態。

萊恩小姐就是一個人生決定引發疾病的實例[5]：經歷數次泌尿道發炎後，萊恩小姐終於承認自己在白天會刻意避免喝水，極力憋尿，因為她覺得辦公室的廁所很髒。她精心佈置自家的浴廁，那是她的驕傲傑作。她的膀胱之所以一再受到感染，顯然是源自她對廁所和廁所功能的態度，她讓尿液長時間在膀胱蓄積，讓細菌有足夠的時間繁殖。她再三控制自己的如廁需求，這也反應在她的身體姿勢上，讓人一眼就看出特異之處，而這種對自己的限制每個小時、每一天、每一年都在影響她的壽命。

同樣的，人生劇本設定了人的處事態度，足以引發各種輕微或嚴重的病症。因此，觀察人體常會揭露與身體元素有關的重要劇本資訊，是診斷中不可或缺的一部分。

---

5. 原注：感謝喬治．戴衛（George David）博士審視這個部分，並提供萊恩小姐的實例。

第 7 章　人生劇本：從悲劇到平庸劇本

我們看到有些人過著非常精采又出名的生活，他們不是過度正面，就是過度負面或有毀滅性傾向。有些人達成很多正面成就，聲名遠播，往往年紀輕輕就做出人生抉擇，並藉由適宜且合理的行為實現目標，他們會功成名就一點也不讓人感到意外。我們通常稱他們為成功人士，說他們很有魅力、名聲響亮。

然而許多人和上述這些人一樣聲名大噪，也可稱得上成功，但不是因為他們做了好事，而是因為他們似乎成功破壞自己或他人的人生。發瘋、自殺、殺人、藥物上癮、重度憂鬱都可稱為人生劇本，也就是事先安排、計劃好的生命歷程。許多人從抉擇那一刻起，就忠實遵循人生劇本前進，直到大限將臨。

享譽盛名或聲名狼籍的人，不管他們過著正面還是有著悲劇缺憾的人生，總會吸引我們的注意，同時也讓我們忽略世上所有人在日常生活的每一天，其實都按著嚴格的命令與規則行事。我們沒意識到這一點，是因為每個人都如此生活，也因為我們從不知道要不是被困在日常生活的平庸劇本裡，自己有多少未被發掘的潛能，可以達成什麼樣的成就。

不同於悲劇劇本，平庸劇本就像流淌在水管的水一樣不受人注意，而劇本的參與者可能直到嚥下最後一口氣，眼前才會閃過一生全貌，幡然醒悟，看出自己的宿命，意識到自身潛能因某種神祕因素而慘遭忽略或壓制。

平庸的日常生活太過常見，於是被人們忽略，事實上，許多人耗費大量心血，只是想把欠缺滿足感的生活變成某種「正常」或世人渴望的生活方式。當人們意識到自己過著「好生活」時，會感到非常驕傲，這裡的「好」指的是正常、一般，別人渴望的生活——別人指的是那些我們尊重或欽佩的人，他們告訴我們：好生活是什麼。結婚、事業成功、當個好爸爸或好家庭主婦、做個商人或公民領袖、當個「真正」的男人或女人，這些標準早在我們出生前就已定下。我們所擁有的「自由選擇」只是假象，只能從這些生活方式中擇一度日。我們一旦做了選擇，就被迫遵守人生規畫的指示，不然就會淪為「失敗者」。我們窮盡一生循規蹈矩地過日子，到頭來才發現自己平庸又平凡的人生藍圖，再怎麼樣也不可能帶來滿足感，只感到空虛透頂，但要改變卻已太遲。諷刺的是，當我們恪守每一個規則後，忍不住低頭思索自己的人生為何那麼沒有意義時，我們通常會怪罪自己，而不是質疑別人過去對我們的指示。

平庸劇本與悲劇劇本最大的差異，在於按平庸劇本過活的人不會引人注意，因為他們很「正常」。悲劇性劇本具有爆發性，常常絢麗耀眼地殞落；背負悲劇劇本的人決定度過戲劇化的一生——他們決定殺死某個人，或者深受憂鬱之苦好引起某個人的注意，也或者他們認為整個體制（醫院、監獄、精神疾病日間照護中心）都聯合起來對抗自己。

平庸劇本則像一齣通俗劇：沒有明確的起始或結局，只是從很糟變得更糟而已，沒有令人印象深刻、突如其然的反轉，也沒有緊張刺激的揪心時刻。表面看來平庸人生劇本似乎很好；但事實上，它們無聊得無可救藥。

身心健康工作者首先注意到的是悲劇性劇本。他們治療這些人時，得以維持自己**高人一等**的人生立場：「我好，你不好」，大部分的治療師都抱持這樣的人生立場。但進一步研究人生劇本就會發現，我們每個人顯然都背負某種程度的劇本，悲劇劇本只不過是極端案例，但你我都身處同樣的困境：受到限制的選擇，事先規劃的人生以及被限縮的自由。

為什麼有些人背負悲劇性劇本，有些人則是平庸劇本？其中一項原因是幼年受到的禁令與被施加的屬性種類；非常嚴厲的禁令與屬性（請見第5章）會引發幼童過早做出人生抉擇，而這些抉擇往往極為不適合當事者，以致引發悲劇。

另一個決定要素則是：孩童擁有的能量——他有沒有膽識。[1]膽識可能由遺傳決定，有些孩子比其他人活躍、更精力旺盛，甚至早在出生前就是如此；有的孩子被下達「別動」的禁令時，即使他立刻放棄、不再移動，還是會想辦法歡笑或歌唱；有的孩子則會說：「誰理你——我要怎麼動就怎麼動。」此時必須下達更嚴厲的禁令，否則孩子就不會遵從。反抗程度愈強，禁令就必須愈嚴厲，才能達成效果。孩子反抗到一定程度時，有些父母會放棄強化禁令；有的父母則會訴諸暴力，如果小孩反抗，就不惜打罵甚至殺死小孩。孩子年紀愈小愈容易被制服，畢竟幼童無力對抗大

1. 原注：English, Fanita. "Sleepy, Spunky and Spooky." *Transactional Analysis Journal II*, 2 (1972): 64-67.

人，因此，本身的可塑性與環境的壓迫程度，決定了孩子會在哪一個時刻被迫放棄自身的部分潛能。有些人會放棄50%的潛能，有些人則放棄10%，有些人放棄90%，自此之後，他們只過著50%、10%或90%的人生。我們受到的壓迫，除了來自父母師長的限制之外，也來自我們的生活環境。（若把場景移到貧民窟，那麼迫使孩童放棄自主性的壓力不全來自父母，也來自壓迫父母的各種因素。）

伯恩不認為困苦的生活環境與自己的研究有關，在他眼中，把生活環境併入考量等同於討論政治；而他不想讓政治影響精神病學。他堅定拒絕在精神病學會議中納入這方面的數據，他說這種討論只是在玩「這實在糟透了」[2] 的心理遊戲。然而，我認為必須挑戰這種看法。世人往往活在備受壓迫的社會脈絡中，治療師忽略這一點，就等於忽略影響行為的一項決定要素。[3] 一名治療師若對壓迫性社會情境——性別歧視、年齡歧視、種族歧視、勞工剝削……等等——視而不見，他就不是優秀的治療師，除非他服務的對象都是有錢有閒、很少受到社會壓迫的人。

各種社會階層都有人因受到壓迫而不得不踏入人生劇本，但社會經濟地位較低的人背負人生劇本的狀況更加明顯，他們面臨更沉重、更殘酷的壓迫——他們的身體組織受到更明顯壓榨，和平庸劇本比較起來，他們背負悲劇劇本的機率更高。

2. Ain't It Awful：一種參與者輪流表達悲觀看法或事例的心理遊戲，藉由怪罪他人或環境獲得舒服的感受。

3. 原注：Steiner, Claude M. "Radical Psychiatry: Principles." *The Radical Therapist* 2, 3 (1971):3. Reprinted in *Readings in Radical Psychiatry*. Claude Steiner, ed. New York: Grove Press, 1974.

當孩童選擇艾瑞克森[4] 所說的負面認同（伯恩稱為反劇本〔antiscript〕[5] ）時，通常會展現自己的膽識。負面認同和反劇本看起來徹底否決父母，但事實上卻是全盤接受，只不過以反面呈現。這種截然相反、宛如鏡射的行為模式，跟全面模仿父母其實一樣，都是被奴役的表現；說到底，父母仍舊控制了一切。悲劇性人生劇本的結局，通常反映了當事者的膽識，他內心的**兒童**說：「老天有眼，我絕不會放任自己被控制。我絕對會使出全力，大鳴大放。」

平庸人生劇本正如悲劇劇本，**抉擇**定下一輩子的方向，兩者的抉擇都具備強大的約束力。一旦擲出骰子，不管選擇的是平庸還是悲劇劇本，當事人都會堅持到底。悲劇和平庸劇本的本質類似，唯一差異在於程度：兩者的打擊性、可見度與結局的悲慘程度都不同。悲劇劇本更加尖銳、更加明確。踏上悲劇劇本的人通常會選擇比較戲劇化的人物，像是羅賓漢、灰姑娘、耶穌基督。而平庸劇本的人可能根本想不出特定角色，他們只是無名小卒。

簡而言之，平庸與悲劇劇本的差異甚小。我不想太過強調悲劇劇本，因為我們都在同一艘船上，只是有些人比其他人更極端一點罷了，如果治療師不只能認出悲劇劇本，也看得出平庸劇本，並且明白自己如何受這兩種劇本影響，他們的工作成效會更好。

---

4. 原注：Erikson, Erik H. *Identity: Youth and Crisis*. New York: W. W. Norton, 1968.

5. 原注：Berne, Eric. *What Do You Say After You Say Hello?* New York: Grove Press, 1972.

劇本清單

診斷人生劇本的各種面向時，值得記在心上的是：人生劇本由一系列項目組成，口頭上我們稱為**劇本清單**（以卡普曼及葛羅德〔M. Groder〕的概念為基礎）。

由於許多人賦予「劇本」一詞各種意義，因此最好明確指出當我們說到「人生劇本」時，指的是本清單列出的所有項目；而且就理想而言，當觀察者提到某個人的人生劇本時，指的是整個清單，而不是其中一項或少數幾個項目。基於此，「安的禁令是『不要思考！』」及「安的人生劇本是不要思考」兩句話比較起來，前者更加精準。

這分清單[6]的排列方式將最容易診斷的項目排在前面，依此類推。

生命歷程：指的是當事者本身的行為，或稱為人生大綱。生命歷程應可透過簡短的句子描述，比如「我要醉到死」、「總是差一點就成功」、「毀掉我自己」、「要瘋了」或「永遠別快樂」。描述生命歷程的最好方法，是以第一人稱單數陳述，並選擇八歲小孩也懂的詞彙，以此強調生命歷程代表的是：一個人在人生初期塑造未來人生的樣貌。一般說來，推斷一個人的生命歷程不是難事，往往從當事人描述自己問題的方式就看得出來。生命歷程可能是平庸的，也可能是出了悲劇性的差錯。

生命歷程包括四個要項：抉擇、立場、神話人物和身體元

6. 原注：Steiner, Claude M. "A Script Checklist." *Transactional Analysis Bulletin* 6,22 (1964):38-39.

素。抉擇指的是一個人懷抱某個存在立場（好或不好）並依此做下人生決定。神話人物指的是某個真實、歷史或虛構人物，當事人的生命歷程會試圖仿效這個英雄人物。生命歷程是對負面禁令和屬性做出的反應；這個反應通常會包括某些身體元性，可能會影響到某些器官運作，比如淚腺、頸部肌肉、心臟、括約肌或某個功能系統。

劇本轉折：在人生的某些時期，當事人似乎逃離人生劇本寫下的生命歷程，做一些看似悖離劇本的事。這些活動形成逆向劇本，代表他默認文化及／或父母的影響力，比如「決心戒酒」、「只在社交場合小酌」等等。

父母禁令和屬性：我們必須瞭解向當事者下達命令的是父親還是母親，以及禁令和屬性內容為何，這一點相當重要。禁令總是以限制性的宣言呈現：「不要思考」、「不要動」、「別當個強勢的人」或「不要看」，如果禁令開頭並非「不要」或「別」，或者禁令太過複雜，代表我們尚未找出其最根深柢固的意涵。研究一個人的禁令和屬性內容時，必須找到深處的根本含義；例如，一名女子說她父親是個嚴厲的獨裁者，命令她坐著時雙腿絕不能分開，兩膝必須靠在一起。後來她才明白，這項禁令的真正意思是「別展現性感」，不是「坐有坐相」或「別太男孩子氣」。這位女士也記起她曾聽到父親一再對鄰居朋友說：「莎莉非常愛乾淨」、「她的房間很整齊」。這項屬性與上述禁令是她人生劇本的基礎，指使她成為一個整齊、合宜、乾淨、不性感、冷淡、害怕親密的人。

羅絲玲．克蘭辛格（Rozlyn Kleinsinger）研究人們的劇本矩陣分數時，發現有些禁令相當常見：「別與人親近」和「別信任別人」通常與無愛劇本有關；「別成功」、「別當大人物」和「別思考」與無思劇本有關；「別感覺」和「別快樂」則與無樂劇本有關。

灌輸程式：指的是與孩童同性別的父／母其中一人向孩子示範如何遵守禁令，與孩子不同性別的父／母則是設下禁令的人。如果禁令是「別思考」，灌輸的程式可能是「喝酒」、「心不在焉」或「大發脾氣」。

心理遊戲：產生報酬、推進劇本的人際交流事件。每一個劇本顯然都有一個根本遊戲，其他遊戲都是根本遊戲的變化型。因此，就「毀掉自己」的生命歷程來說，其心理遊戲可能是「酗酒者」，變化型則包括「債主」、「踢我」、「警察和強盜」等，它們都會產生同樣報酬，也就是點數（stamps），集滿即可換一杯免費酒飲。

消遣：背負類似劇本的人建構時間的社交工具。背負憂鬱症或無愛劇本的人進行的心理遊戲可能是「要不是為了他」，並會用「債主」及「這實在糟透了」填補心理遊戲之間的時間結構空白。

很多人消遣時會進行**斷頭台溝通**。[7] 以無思劇本為例，懷特

7. 原注：gallows transaction 完整描述請見第 21 章。

告訴聽眾，他最近犯下一個重大失誤，聽眾（可能治療師也在場）露出笑容。聽眾內心的**兒童**露出笑容，但這微笑與壞巫婆的笑容不謀而合，同時讓壞巫婆笑得更開心，因為當懷特遵從禁令當個笨手笨腳、做出蠢事的人，壞巫婆就很高興；對一個人符合劇本的行為舉止露出微笑，事實上正拉緊他脖子上的絞索。

報酬：這包括點數、扭曲和運動衫。**點數**指的是心理遊戲結束時引發的感受，比如憤怒、憂鬱、哀傷等。追求、收集點數的行為是**扭曲**。每個人都有自己獨特的扭曲和點數種類。**運動衫**指的是人們在胸前醒目的展現扭曲，就像是招徠玩家的廣告。

悲劇結局：如果治療師服務的對象是背負悲劇性失誤或自我毀滅劇本的人，那麼這一點非常重要。悲劇結局通常有特定的時間、地點和方法，而每一個有自我毀滅傾向的人，通常都有特定的**作案手法**，也就是悲劇結局的形式。有自殺傾向的人會堅持某種自殺手段，治療師可藉此找到**人生劇本的反命題**，也就是用來解除自我毀滅禁令的某個互動刺激。如果一個人的悲劇結局是酗酒而亡，反命題會包括「停止喝酒」的指令，加上戒酒藥安塔布司[8]（請見史坦納的《酗酒者的心理遊戲》〔*Games Alcoholics Play*〕一書）[9]，而在極端案例中，必須動用所有可能手段移除當事人身邊的所有酒精。反命題不會消除劇本，但它為治療過程提供緩衝時間，引導個案慢慢放棄劇本。我實際測驗過對抗劇本命

8. 一種戒酒藥物。
9. 原注：New York: Grove Press, 1971.

題之道，也獲得非常顯著的功效，最令人印象深刻的例子是，當一名個案打算跳下大橋時，他在腦中聽見治療師的聲音喊：「別跳！」

治療師扮演的角色：指當事人向治療師求助時，他期待治療師扮演的角色。人們通常期望治療師扮演**拯救者**或**迫害者**，強化父母編寫的人生劇本。我在治療章節會深入討論人生劇本的這個面向。

二十個問題：我們可藉由一系列的問題取得人生劇本的情報。我在1967年草擬了最初的「二十個問題」（其實只有十三個問題）。伯恩在《說完你好，說什麼？》一書中列出三種不同清單：明列169個問題的完整清單和兩個比較簡短的版本，分別是濃縮版（51個問題）和治療版（40個問題）。

我要再次提醒，深入研究劇本矩陣與劇本清單都屬於人生劇本結構分析的範疇，不是我寫此書的主要目的。

每個人都有人生劇本嗎？

每個人的人生都有數種可能，他／她可能沒有人生劇本，也可能有。如果有，那可能是悲劇性缺陷版（戲劇化），也可能是平庸版（通俗劇）。不管是悲劇性缺陷還是平庸版本，都可能是好劇本，也可能是壞劇本。

亞美利加小姐的例子提供了一個可能沒有劇本的生命歷程。不是每個人都有劇本，因為不是每個人都曾在童年初期，被迫過早做下人生抉擇，從此依循這個抉擇過活。亞美利加小姐也許會在某一刻決定自己是個美麗女人，但她可能是在適宜的年齡做出這個決定，她的存在立場可能是「我好，你也好」，不用犧牲自己，也沒有失去自主性，沒受到任何期許的限制。

背負人生劇本的人，其自主性和潛能絕對會受到限制。分辨好壞劇本的重點，則端看劇本是否具備社會層面的可取之處；比如有個男人的劇本是：出名但過著不快樂的生活，直到自盡為止，於是他變成了全城名聲最響亮的外科醫生，但他付出的代價就是：過著痛苦的家庭生活，得不到幸福。這個人生劇本對他個人造成傷害，對社會卻大有益處，因此被稱為「好劇本」。

相反的，另一個人背負悲劇性缺陷的劇本，比如酗酒，這不只會讓他喪失幸福，對社會也沒有任何助益，因此是個壞劇本。值得強調的是，不管劇本好壞與否，背負人生劇本都對個人有害，讓人無法盡情揮擺潛能，活出生命的各種可能。

如前所述，劇本可能非常戲劇化，如同悲劇（悲劇性缺陷），也可能宛如通俗劇（平庸）。在平庸形式的人生劇本中，當事人的自主性雖受到限制，但不像悲劇劇本那麼明顯、嚴重，而且平庸劇本的發生頻率遠遠超過更戲劇化的悲劇性缺陷劇本。選擇平庸劇本的人常被視為某種次群體（比如婦女或黑人）；這些劇本的父母禁令與屬性，通常不像悲劇性缺陷劇本那麼嚴酷，限制也沒那麼嚴厲。許多的男男女女背負平庸劇本，比如「**男人背後的女人**」或「**大老爹**」（詳見第14、15章）。

此外，傑洛姆．懷特（Jerome White）和泰莉．懷特（Terri White）詳述過大部分非裔人士被迫接受的平庸劇本類型[10]，這些劇本也壓制了人類的自主性，造成庸俗劇般——而不是悲劇般——的人生結果。

就出現頻率而言，絕大多數人選擇的是平庸劇本，少數人背負悲劇性缺陷劇本，而毫無劇本的人可說是特例。

10. 原注：White, Jerome D., and White, Terri. *Self-Fulfilling Prophecies in the Inner City*. Chicago: Illinois Institute of Applied Psychology, 1970.

第 8 章　人生的基本培訓：無愛訓練

伯恩在《人間遊戲》一書中提到：「不管父母有意還是無心，都從孩子一出生就開始教育他們如何做人處事、思考、感覺和觀察。要從這些影響中釋放自己並非易事……唯有踏上自主之道，才有可能獲得解放；自主狀態就是擁有**覺察**、**自發力**和**親密**的能力，具備一定的判斷力，知道自己願意接受父母哪一部分的教導。」[1]

伯恩這段話指的是孩童從小就被迫接受系統式劇本編寫，我把這稱之為**基本培訓**。伯恩提到我們生來就具備覺察、自發力與親密這三種能力，也能在長大後找回來。

絕大多數的核心家庭都以壓迫態度教養子女，正因如此，我認為所有孩童在童年初期所接收的培訓，多少類似入伍新兵都必須經歷的軍隊基礎訓練。只要過了某個界線，軍隊生活和人生經歷就會大不相同，但基本上每個人入伍時都得從新兵訓練所開始，被教導非做某些事不可。家庭就像軍隊的基礎訓練一樣，必須學習各種艱難痛苦的教訓，做各種不想做的事，而且這全是由

1. 原注：New York: Grove Press, 1964; p.183.

單方面決定的。就像軍營基礎訓練一樣，培訓者和受訓者都認為這些事很重要，要變成一個「成熟」、有所成就的人，這些培訓不可或缺。

人生基本培訓系統化的打擊三項人類原始潛能：親密潛能——給予或接受人類之愛的能力、覺察潛能——瞭解世界與世人的能力、自發潛能——也就是讓自然型兒童盡情發揮的能力；這三部分基本培訓的結果，塑造了我說的三種人生劇本：無愛、無思和無樂。

人們最關切的主題，莫過於愛。然而本該研究人類行為與失能的心理學與精神病學，卻似乎不把愛當作值得研究或探討的主題。學術研究不太願意接受「愛」這個字，要是真有行為學家敢把它當作主題，在提到愛或愛情時，都會露出隱約笑意，好像在說：「啊！愛屬於詩人或哲學家，我們科學家絕不可能處理這個題目。」的確，有些科學家好像把愛視作一種獨特的意識狀態，具備暫時精神病症的特徵；愛是一個極為不理性、無可控制、難以定義的心智狀態。[2] 偏偏愛不只是人們最感興趣的話題，而且絕大多數人向心理治療師、牧師和其他以諮商為業的人士求助時，原因往往正是在情路上遇到挫折。愛讓世界轉動，但心理學和精神病學卻從未全面且認真地探討「愛」。

當伯恩把人類表達認同的單位稱作「撫慰」，可說成了人類情感研究的先鋒。「撫慰」是科學用詞，讓人類之愛幾乎成為一門受人敬重的研究。現在心理學家提起撫慰時，也許終能獲得一些科學社群的關注。要是他進一步宣稱撫慰讓世界轉動，說不定

2. 原注： Marcus, Joy. “Intimacy.” *Issues in Radical Therapy I*, 3 (1973): 18-19.

就有辦法獲得補助經費，測試一下這個假設可不可靠，也有機會發表幾篇科學論文。藉由發明「撫慰」一詞，也許伯恩讓人們終能理性地認識人類最基本的能力之一：愛的能力。

撫慰是人們表達認同的單位，可分為正面或負面，端看它引發的是舒服或難受的感覺。接下來我在本書提到「撫慰」一詞時，指的都是**正面**撫慰，當我說「負面撫慰」時，指的才是帶來不快的撫慰。這也許會讓讀者覺得，正面撫慰是真正的撫慰，或比較好、比較珍貴的，負面撫慰則剛好相反，而我的本意正是如此。人們必須獲得撫慰才活下去，無法得到正面撫慰時，人們就會接受負面撫慰；負面撫慰雖會帶來痛苦，但至少讓他們得以存活。

赫吉斯．卡佩斯和葛蘭．荷蘭德[3]指出，當人們的撫慰來源低於他們稱之為「維生額」的數量時，人們會愈來愈樂於接受負面撫慰，因為若想活下去，就得想辦法獲取撫慰，**不管是哪一種都好**。接受負面撫慰就像飲用受污染的水，當我們亟需生存必備的要素時，根本不會在乎裡面藏有多少有害物質。

一個毛茸茸的故事

很久很久以前，世上住著兩個非常快樂的人——提姆和梅姬。他們有一雙兒女，兒子約翰與女兒露西。想知道他們過著多麼快樂的生活，就得先瞭解當時的情況。在那個年代，每個人一

3. 原注：Capers, Hedges, and Holland, Glen. “Stroke Survival Quotient.” *Transactional Analysis Journal* 1,3 (1971): 40.

出生就會獲得一個毛茸茸的柔軟小袋子。任何時刻，只要把手伸進袋子裡，就可以掏出一個暖呼呼、毛茸茸的球。人人都想要**溫暖毛球**，因為一得到它，人們就會感到好溫暖、好舒服，就像被毛茸茸的東西裹住一樣。得不到溫暖毛球的人可能會得到一種背部病症，讓整個人蜷縮起來，甚至不幸喪命。

當時的人們輕而易舉就能得到溫暖毛球。如果有人想要它，任何時候，只要走到另一個人面前說：「我想要一個**溫暖毛球**。」他就會把手伸進袋子裡，掏出一個約莫女童拳頭大小般的毛球。毛球一接觸日光就會露出微笑，逐漸膨脹成一個又大又蓬鬆的溫暖毛球。只要把它放在對方的肩膀、頭上或腿上，毛球就會依偎著他的身體，融入肌膚，讓他全身都舒服極了。人們互相索取溫暖毛球，也會無條件的提供毛球給別人，取得溫暖毛球從來不成問題。溫暖毛球隨處可見，因此人們大多時候都很快樂，隨時隨地都覺得既溫暖又毛茸茸的。

有一天壞巫婆生氣了，因為每個人都那麼快樂，再也沒人想跟他買藥水和藥膏。聰明的壞巫婆想到一個非常邪惡的計畫，在一個美好的早晨，梅姬和女兒玩耍時，壞巫婆躡手躡腳地走到提姆身旁，在他耳邊呢喃：「提姆，你瞧瞧，梅姬給露西好多好多的毛球。你知道嗎，要是她把毛球都給露西，總有一天會把毛球用光，到時候她就無法給你毛球啦！」

提姆嚇了一大跳。他轉頭對巫婆說：「我們只要伸手到袋子裡就能掏出一個毛球，不是嗎？你的意思是，事實不是這樣？」

巫婆說：「不、不，當然不是這樣。毛球一旦用光，就再也沒有毛球了。你用光就再也得不到了。」說完，巫婆哈哈大笑地坐上掃帚飛走了，那不懷好意的笑聲隨著他遠去的身影四處迴盪。

提姆記住了這件事，每次梅姬給別人溫暖毛球時，他都很留心。他變得既擔心又難過，因為他很喜歡梅姬的溫暖毛球，不希望她把毛球都給別人。他覺得梅姬不該把所有的溫暖毛球給兒子、女兒和其他人。於是，每次看到梅姬給別人溫暖毛球，他就開口抱怨。梅姬很愛提姆，所以她不再隨心所欲地給別人毛球，只把它們留給提姆。

見到這一幕的孩子們，很快就學到了這件事：不管是有人要求還是自己主動想贈送，都不該隨意給別人毛球。孩子們也小心翼翼起來。他們嚴密地觀察父母，每當他們覺得其中一人給別人太多毛球時，他們就出聲抗議。這兩個孩子給別人毛球時，老擔心自己是不是給得太多。儘管每次把手伸進袋子裡都會摸到毛球，但他們愈來愈少把手伸進袋子裡，也變得愈來愈小氣。人們很快就注意到溫暖毛球減少了，不再像以前隨時隨地都感到溫暖和柔軟。他們的身子蜷縮起來，有人因為缺乏溫暖毛球而喪命。愈來愈多人跑去買巫婆的藥水和藥膏，雖然好像不太管用。

哎，事態愈變愈糟。看到這一切的壞巫婆其實不希望人們死掉（死人可不會跟他買藥膏和藥水呀），因此他擬了一個新計畫：他給每個人一個很類似毛球袋的袋子，只是這個袋子冷冰冰的，不像暖呼呼的毛球袋。巫婆給的袋子裡裝的是冰針。這些冰針不會讓人溫暖或毛茸茸的，而是變得很冷，渾身是刺。儘管如此，冰針讓人們不再蜷縮起來。自此之後，當有人說：「我想要溫暖毛球。」對方如果擔心自己的毛球存量，就會說：「我不能給你溫暖毛球，但我有冰針。你想要冰針嗎？」有時兩個人相遇，以為可以從彼此身上得到溫暖毛球，但總有人臨陣改變主意，最後雙方都拿到冰針。結果就是，雖然喪命的人減少了，但大家都不快樂，老是覺得冷冰冰的，渾身都不對勁。

情況變得很複雜。自從巫婆出現後，溫暖毛球就愈來愈少。人們以為像空氣一樣免費的溫暖毛球，現在變得珍貴極了。人們為了獲得溫暖毛球，什麼事也願意做。巫婆還沒出現前，常常會有三～五個人聚在一起，完全不在乎誰給了誰毛球。巫婆出現之後，人們變得兩兩成對，只把溫暖毛球給特定一個對象。若有人一時興起，把溫暖毛球給了別人，內心就會湧起罪惡感，擔心夥伴會因失去一個溫暖毛球而生氣。至於那些找不到大方夥伴的人，只得想辦法購買溫暖毛球，為了掙錢不得不超時工作。有些人變得很「受歡迎」，不需要付出就可以得到一大堆溫暖毛球。他們會把毛球賣給那些「不受歡迎」但沒有毛球就會喪命的人。

這時又發生了一件事，有些人會把免費就能取得且無窮無盡的冰針，包裝成一顆白色毛球，假裝它是溫暖毛球再送給別人。這些偽造毛球其實是塑膠毛球，這引起更多的麻煩。比方說，兩個人無償交換塑膠毛球，雙方都以為自己會覺得舒服，結果卻是兩個人都渾身不對勁。他們大惑不解，以為自己交換的是溫暖毛球，沒發現自己會覺得又冷又刺，其實是因為老是收到假的塑膠毛球。這種情況令人非常、非常絕望，全都是因為巫婆出現，讓人們以為終有一天當他們把手伸進溫暖毛球袋裡時，會吃驚地發現袋子空了。

前陣子，有個在水瓶座下方出生的大屁股年輕女子，來到這個不快樂的地方。她似乎從沒聽過壞巫婆的存在，一點也不怕溫暖毛球會用光。她心甘情願地發送毛球，甚至不用對方開口要求就會主動送出毛球，人們叫她「嬉屁女」。但大家看不慣她的作法，因為她讓孩子以為不用擔心溫暖毛球會用光。孩子都很喜歡她，因為在她身邊很快樂。孩子們又開始隨心所欲地發送溫暖毛球。

擔心的大人決定立下法令，以免孩子耗盡溫暖毛球。新的法律規定，若沒有取得許可執照就不能隨意贈予溫暖毛球，這是違法行為。但是很多孩子一點也不在乎，即使推動新法，他們還是隨自己心意贈送毛球，而且只要有人開口要，他們就會毫不猶豫地掏出毛球並送出去。這兒的孩童非常眾多，和大人數量幾乎不相上下，看起來孩子快要佔上風了。現在，誰也說不準接下來會發生什麼事，大人會不會強制施行法令，命令孩子停止魯莽輕率的行為？還是會加入嬉屁女和孩童的陣營，放手一搏，相信世上有用之不盡取之不竭的溫暖毛球？他們會不會回想起孩子們試圖找回的美好時光，那時人們不求回報的贈與溫暖毛球，因此它們隨處可得？

撫慰經濟學

伯恩在《人間遊戲》一書提及刺激渴望時寫道：「我們可按此推論一種生物連鎖反應：冷漠剝奪了情緒與感官，導致退化與死亡。這麼說來，對刺激的渴望就像對食物的渴望一樣，都與人類生存關係密切。」

從生到死，撫慰對人就像食物般不可或缺；但近期的溝通分析理論不夠重視這一點。因此我想重申這個事實：**撫慰就像其他人類賴以維生的要素，比如水、食物和棲身之所，如果不滿足撫慰需求，就會像其他基本生理需求未獲得滿足一樣，導致死亡。**

正如伯恩在《心理治療的溝通分析》（*Transactional Analysis*

in Psychotherapy）[4]一書中解釋撫慰的章節所說的，要操縱人類行為，控制刺激遠比暴虐或懲罰有效得多。因此，雖然少數家庭仍使用肢體暴力管教子女，但大部分的情況下，父母是藉由操縱撫慰迫使孩子接受禁令，而不是經由肢體懲罰；也就是說，撫慰成了一種社會控制工具。

正如伯恩所說的，賴希也認為人最深沉的內在「與生俱來就有群居性和性欲，會自發性地享受勞動，並且擁有愛的能力。」[5]他認為壓迫人類最深沉且善良的這一面，造成了「佛洛伊德的潛意識」，由性虐待、貪婪、縱淫、嫉妒和各種異常倒錯主宰。賴希熱衷於透過政治－經濟層面分析精神官能症，並創造「性經濟」一詞；根據他的理論，人們為了社會控制而操縱性能量。性能量的解放，也就是高潮，會釋放性欲深受壓抑的人類體制 。

「性壓抑與專制社會秩序之間的關係既簡單又直接：當孩子與生俱來的性欲一再受到壓迫，他的性格發展就缺了一塊；他必然會成為一個乖順的人，害怕所有的權威，完全無法反抗。」換句話說，孩童發展出不會尋求解放出路的個性結構。人生最早期的壓制其實在為後來每一項暴政鋪路。

賴希的結論是，壓制之所以存在，既不是為了道德教誨（傳統信仰的說法），也不是為了文化發展（佛洛伊德的說法），而是創造必要的人格結構，好讓壓抑的社會持續運作。

賴希寫下許多抨擊父系家庭的著作，他認為父親掌權的家庭

---

4. 原注：New York: Grove Press, 1961.
5. 原注：Reich, Wilhelm. *The Function of the Orgasm*. New York: Farrar Straus and Giroux, Inc., 1961.

是「製造權威意識形態的工廠」。[6]賴希認為，獨裁的家庭支撐獨裁的政府，對人民進行經濟剝削；獨裁家庭是整個壓迫體制中不可或缺的一份子，其功能就是藉由壓制兒童的性欲支持剝削行為。

赫伯特・馬庫色（Herbert Marcuse）也認為壓迫的社會與世人的痛苦有關。根據他的說法，人們按**表演原則**（performance principle）而活：這種強加於人類身上的生活方式，把人體去性欲化，將情欲集中在幾個器官，比如口、肛門和生殖器。佛洛伊德認為這是健康的發展順序，但馬庫色認為，這削減了人類追求歡愉的潛能。把歡愉限縮在少數幾個性感帶，使人變得膚淺、平面、失去人性。馬庫色認為，之所以把性歡愉限制在生殖器，是為了讓人體其他部位失去歡愉感。這樣一來，壓迫性體制得以製造出一群人（特別是男人），一群身體失去感覺、可以被他人當作機械一樣操作的人。「生殖力的正常過程被重整，一部分的衝動與其身體『區域』被徹底去性欲化，好符合某個社會組織的需求……」[7]

馬庫色和賴希解釋，人類之所以遭受身邊的人（包括家庭）的社會與心理操弄，這都與維持社會秩序有關。接下來的撫慰經濟理論也與上述說法類似，主張自由自在地交換撫慰既是一種能力，也是人類與生俱來的傾向和權利。但世界以人為控制撫慰，好培育出符合特定行為舉止標準的人們，廣大的社會「福祉」都仰賴這些人的存在，但這對他們本身不一定有利。絕大多數的人

6. 原注：Reich, Wilhelm. *The Sexual Revolution*. New York: Noonday Press, 1962.
7. 原注：Marcuse, Herbert. *Eros and Civilization*. New York: Vintage Books, 1962.

並非自願加入這場撫慰經濟學的操弄，事實上，人們從來沒有發現這種作法是為體制秩序服務，因此也沒有機會評估撫慰經濟學的控制中，哪一部分對他們有益，哪一部分對他們無益有害。

為了更生動的闡述這個論點，請讀者想像一下，每個人從出生那一刻就戴上一個空氣罩，每個人能獲得多少空氣都由這個面罩決定。一開始，這個面罩是開放的，嬰兒可以自由呼吸；但到了某個階段，當幼童可以做出某些人們想要他做的行為時，面罩就會慢慢闔起來，只有當幼童做出身邊大人希望他做的事，面罩才會打開一會兒。想像一下，孩童無法控制自己的空氣閥，只有其他人才能操作，而且是一群嚴格篩選出來的人。這種情況下，人們當然會盡力滿足那些空氣供應控制者的期望；只要懲罰夠嚴厲，就算移除面罩不是件難事，人們也不敢這麼做。

偶爾，一些厭倦面罩的人會把它們摘掉；但這些人都被視為失常、罪犯、愚昧或放蕩。人們為了確保獲得穩定的空氣，願意做很多工作、付出各種努力。那些不願工作或努力的人會被切斷空氣供應，無法自由自在地呼吸，只能得到少許的空氣，過著稱不上人的生活。

公開提倡摘掉面罩的人，都會被人們義正辭嚴地指控是社會根基的破壞者，社會根基創造了這些面罩，人們一旦摘除面罩就不會再理會那些期許與要求。人們會轉而尋求自私、只顧滿足自我的生活模式和人際關係，毫不猶豫地退出那些帶來很多益處、甚至社會賴以存續的活動，以面罩為基礎的社會就會岌岌可危。「摘面罩者」被視為社會的威脅，可能會面臨可怕狠毒的處置。在一個人人都渴求空氣，除此之外一切「運作自動而順暢」的社會，空氣替代物的價格水漲船高，人們還製作並販賣違反呼吸規則的精巧規避器來賺錢。

這個例子似乎可笑至極，但我相信這很接近撫慰的真實情況。我們的臉上沒有面罩，但我們對交換撫慰設下非常嚴厲的規範。大人藉由控制給予孩童撫慰的多寡來操控他們，同時，大人為了獲得撫慰而賣命工作，並回應社會的要求。世人多半處於渴求撫慰的狀態，許多公司向顧客兜售撫慰，比如按摩坊、伊莎蘭學院（Esalen Institute）[8]、美國菸草公司（American Tobacco Company）和通用汽車（General Motors）。（如「薑汁汽水帶來戀愛滋味」或「可樂才是**真**的」等廣告標語。）那些反抗撫慰經濟學的人都被視為社會的亂源，要是他們聚在一起的人數眾多，就會被國家安全視為威脅，就像那些在六〇年代末期留著長髮的花之兒女（flower children）[9]。

大部分的人都活在缺乏撫慰的狀態；也就是說，他們僅靠低於理想值的撫慰過活，就像營養不良的人一般。欠缺撫慰的程度可分為輕度和重度。有名酗酒者住在破敗的廉價旅舍裡，他就是撫慰嚴重不足的極端例子，但他絕不是特例。他自己說，從星期二到星期日，他每天從旅舍櫃台職員那兒獲得兩次撫慰；星期一他會去戒酒診所，在那兒他會和接待員及負責藥物的護士交換撫慰，一天之內大約可獲得三十個撫慰。他每個月與醫生會面一次，醫生會更新他的處方箋，他大約可從醫生身上獲得十幾個左右的超級撫慰。他全身的活力似乎都被抽乾殆盡，讓我想到那些只靠吃幾口米飯勉強維生的人。最終，撫慰不足讓他進入麻痺狀

8. 位於加州碧蘇爾的另類療養中心與共識社區。在六〇年代的人類潛能運動（Human Potential Movement）中扮演重要角色。

9. 六〇年代的嬉皮運動中，人們常手持花束、頭戴花冠，自稱花之兒女。

態，他再也不去戒酒診所，被人發現時他已在房裡斷氣多時。

當人處於營養不良、撫慰不足的狀態下，他所體會到的世界與養分充足者截然不同。這個人幾乎成了個機器，在他身上找不到任何一絲可被視為自主性或自決性的人格。不過大多數人都處於沒那麼嚴重的飢渴狀態，引發各種不同程度的憂鬱與焦躁。極為飢渴的人會變得無動於衷，但這些人不一樣，他們會表現出某種形式的焦慮或「搜尋行為」，這在輕度飢餓或動物身上也可看到。

人們被迫處在撫慰不足的狀態，因此他們在醒著的每一刻都想盡辦法取得撫慰。這引發了結構渴望——人需要建構最理想的時間安排，確保在社交情境中獲得最大量的撫慰。有些人毫不費力就能積攢一大筆錢，同理，也有些人不花多少心血就能獲得很多撫慰；這是因為他們形成撫慰壟斷，得以積存大量別人的撫慰。撫慰經濟體制就像以金錢為基礎的經濟體一樣，有錢人會變得更有錢，窮人會變得更窮，而大部分的平凡人每天都在想盡辦法挖東牆補西牆。

治療師（特別是團體治療師）就有機會壟斷撫慰的地位。讀者可在本書第13章看到維克夫對男人壟斷女人撫慰的論點。父母通常很想壟斷子女獲得的撫慰。不管壟斷撫慰的人是誰，他們都能從中獲利，同時推廣撫慰經濟的控制通則。

撫慰經濟學規則

無愛劇本的基本培訓就是教導孩童撫慰經濟規則。正如所有的人生劇本，無愛劇本的基礎是禁令與屬性。

撫慰經濟學的禁令如下：

1. **如果你有撫慰，千萬別給人**。這個禁令的理由顯而易見，目的就是禁止人們自由表現愛。

2. **當你需要撫慰時，千萬別開口要求**。這個禁令的目的也很明顯，它可能是傳授得最徹底的禁令。

3. **即使你渴望撫慰，也別接受他人給的撫慰**。這個禁令不像上述兩項那麼常見。這阻止人們接受別人給的撫慰，即使他們內心渴望也不能接受。

4. **當你不想要撫慰時，不要拒絕**。人們得到的撫慰中，有些會因某種原因而帶給我們不舒服的感覺，或讓我們不想接受它們，這種情況很常見。例如，那些所謂的「媒體」美女，也就是那些不幸符合《花花公子》（*Playboy*）雜誌對美的虛假標準，備受推崇的女性，常會因自身的「美貌」而不斷收到撫慰。她們常會討厭這種撫慰，尤其是長期收到這種撫慰之後，她們說，身邊的每個人一看到她們，首先想到的就是她們的美貌，甚至只會想到這件事。但美貌只是外表而已，老是收到這種撫慰實在令人絕望又不舒服。有這種感覺的女性通常不太會拒絕這些撫慰，甚至從來都沒有權利拒絕。

婦女解放運動的成效之一，就是讓女性得以表達：「我不想聽見你們說我很美；我早就知道這件事。除此之外，你還想對我說什麼？」也就是當事人獲得允許，得以拒絕不想要的撫慰。我們可以把這一點結合「請求自己想要的撫慰」，那麼女性在拒絕後可以說：「你何不告訴我，我很機智或很有力量？」

男性面對那些讚揚的撫慰，像是有力量、責任感、才智或努力等，可能也有一樣的困境。解放男性運動鼓勵男人拒絕這些撫慰並問：「我是個好人嗎？我敏感嗎？我美麗嗎？我值得被愛嗎？」

5. **別給自己撫慰**。人們禁止自我撫慰，也就是溝通分析說的自誇。孩子從小就被教導「謙虛最好」，自我稱讚或愛自己被視為某種邪惡的、可恥的、錯誤的事。

上面五項基本禁令迴盪在每個人的腦中，確保人們欠缺撫慰，進而強化撫慰經濟的運作。如前所述，長期欠缺撫慰就會導向憂鬱或缺愛。我接下來會討論世間最常見的痛苦和治療途徑。

父母傳達的訊息嚴格限制撫慰的自由交換，同時強化撫慰經濟，「自誇」就是個非常明顯的例子。如果我們叫一個人站起來，向一屋子的人自誇（也就是稱讚自己），幾乎所有人的反應都一樣，他們會立刻陷入驚慌。如果傑克決定試一試，他可能會覺得讚揚自己是不謙虛又不適當的行為，或者猜想其他人可能會認為他的自我讚揚對他們是種侮辱。傑克也可能發現，他不知道自己有什麼優點，甚至可說毫無優點，他找不到符合自己又有正面意義、指出自我價值的字眼。如果有人試著給他撫慰，他可能會用漠視拒絕一些、大部分或所有的撫慰。

如果有人說：「你的皮膚很好。」傑克內心的**家長**會說：「他們靠得不夠近。」

如果有人說：「你的笑容很迷人。」**家長**會說：「他們還沒見識你發火的樣子。」

如果有人說：「你頭腦很好。」**家長**會說：「說得對，但你很醜。」

我們也會觀察到其他迴避接納撫慰的機制，比如：表面接受撫慰，但馬上聳一聳肩，順勢讓撫慰滑落，而不是讓它「融入肌膚」。或者立刻給對方一個撫慰，但本質上說的是：「我不值得撫慰，我必須立刻回報才行。」

另一種拒絕撫慰的理由是：「這些人不瞭解你，他們的撫慰很虛偽。」即使每個人都同意只給予發自內心的真實撫慰，這種想法還是會阻止人們接受。

世上有各式各樣的禁忌阻止人們自由交換撫慰：同性戀禁忌阻止男男及女女之間的撫慰；異性戀禁忌則要求男女必須在特定關係裡，比如訂婚或結婚，才能交換撫慰；還有一些禁忌不讓大人與小孩有肢體接觸，除非他們都是同一個核心家庭的成員，而且限定在特定情況下。簡而言之，自由交換撫慰是受到管制的活動，阻斷人們滿足基本需求的途徑。結果就是人們失去愛的能力，並且利用人對愛的渴望控制他人，促使他們去做社會希望他們做的事。

我們從本章討論看出，解放自己、揮別撫慰經濟學的人與團體，會重新掌握得到滿足感的途徑，而滿足感是人最重要的需求；因此，他們通常會脫離大社會。立法者、政府官員面對年輕人、藥物和性文化的議題驚慌失措。如果說，別人決定我們工作與負責的定義，那麼人一旦掙脫撫慰經濟就會停止工作或不再負任何責任的說法，也許有幾分真實性。但是，有些人以為一旦進入自由撫慰經濟就會失去動力或變得像植物人一樣，這種擔憂倒是另一回事。很多父母的教養觀念是，人只要心滿意足就不會願意工作，也不會負責任。但事實恐怕截然相反。我認為，當人們的撫慰需求得到愈來愈高的滿足，反而更有動力追求自我成就，達成與自己、他人、自然的和諧，而我的經驗也證實了這件事。

無愛劇本的解藥就是滿足人對撫慰的渴求。只要我們理解撫慰經濟學並起身反抗，就能推翻無愛的平庸劇本。我們在本書後半段會討論如何在團體治療中達成這個目標（請見第22章）。

第 9 章　人生的基本培訓：無思訓練

覺察力

我們降臨到這個世界時，就宛如最早的穴居者般，對自然運作一無所知。從誕生那一刻到長大成人的數年間，我們接收了浩瀚資訊，理解力也大幅增加；要踏入這個複雜的世界，就必須具備這些知識與能力。

人類費盡千辛萬苦才獲得「知」的權利，在追尋知的過程中往往歷經很大的阻力。在歷史上，人們在某些時期被禁止爬山、解剖人體或照鏡子[1]；這些對知識的追尋，在不同時期都曾受到嚴厲的懲罰。很多時候，我們試圖瞭解或研究自然運作，並不是安全的事。即使現在，我們把學得的知識傳給下一代，在某些地區仍是非常危險的行為；例如在美國的某些學校體系中，老師如果教導人類性慾、演化論或社會主義，仍可能因此丟掉工作。

時至今日，科學家已透澈理解化學物質的運作與自然界無

1. 中世紀的信仰認為鏡子會讓魔鬼看到世界，1666 年俄羅斯東正教會禁止神父使用鏡子。

生命的各種力量（引力、重力、電磁力等），也能控制它們；每個想要開車的人都能輕鬆買車，而我們對自己卻還是一知半解。世上每個人都渴望愛，但我們無法確保每個人都能得到美好的感情。我相信，每個時代都有強大的壓力阻止人類運用自身覺察，即使遭遇強勁的阻力，人類還是學會恒星與行星如何移動，也明白物理和化學；我們仔細研究人體，獲得許多相關知識。

現在我們想瞭解的是自己與他人的心靈，那股曾在伽利略和達文西時代，阻止人們追求知識的壓力，我認為也存在於我們的時代，阻止我們認識自己與彼此。其中一股阻止我們認識自己的壓力來自醫學界，大部分的精神科醫師都告訴我們：人不可能瞭解自己，藉此阻撓我們認識自己。至於那些深信人類不需要精神科醫師幫助就能認識自己的人，都被精神科醫師忽略。

那些想要瞭解自己的身體運作，也想知道疾病如何影響自身的人，早就習慣被醫生潑冷水，他們充其量只會對我們說：「我才是醫生，把你的身體交給我就好。」最糟的情況則是，醫生讓我們以為自己不該保有治療的主控權，更不該（該死的）妄想控制我們自己。中世紀的人們被禁止攬鏡自照，若是這麼做就會受到懲罰。二十世紀的女性聚在一起，自行用鏡子做婦科檢查，但醫學協會認為她們都是可疑人士，宣稱這些沒有執照的婦女暗中從事醫療行為。

然而人人都有權利也有能力瞭解自身與自己的身體。瞭解世界——我們自己——的能力來自**成人**自我狀態。每個人的人格都有兩個**成人**自我狀態：一個是**第一級成人**，也就是兒童自我狀態裡的成人，也被稱為**小教授**；另一個則是**第二級成人**。這兩個**成人**狀態都擁有從世界收集資訊並加以處理的能力。

理想來說，**第二級成人**適合進行理性思考，瞭解符碼化、實體化的數據或資訊，也就是以文字或符號呈現的資訊。人們認為**成人**自我狀態是「科學的」，而非直覺的。把直覺視為不科學，但這其實大錯特錯：非理性思考向來是科學研究很重要的一部分。所有的科學研究都由突如其來的直覺和「不理性」的跳躍性思考推進，許多成就非凡的科學家都承認這件事。理性並沒有比「直覺」更科學，只有在握有可度量資訊的情況下，理性才比直覺精準些。相反的，若沒有可度量資訊時，直覺比理性更精準。

小教授是兒童中的成人自我狀態，也稱為「直覺」，適合處理或儲存沒有符碼化的資訊，這些所謂沒有實體、沒有形式、模糊曖昧的資訊其實非常實用。直覺力，也就是**兒童裡的成人**，主要在人的知識邊緣運作。正如伯恩的研究結果：直覺是強大的工具，只要善加利用就會帶來很多實用助益。雖然科學界認為直覺不是可信賴的資料來源，但大多數人隨時隨地都在發揮直覺。在沒有「實體」數據的情況下，直覺——以及傳統規範，這是**家長**自我狀態解決問題的途徑——是既實用又有效的工具。人類的心理運作過程相當缺乏「實體」數據，因此在人際關係領域，直覺格外實用。

這兩種**成人**自我狀態都會受到平庸人生劇本的基本培訓，本書第十三、四章為維克夫執筆的性別角色論述，其中也提到，家庭往往會從這兩種成人中擇一為主要攻擊對象，男性受到攻擊的是直覺，女人則是**第二級成人**，這是講求道理與邏輯的成人自我狀態，也就是我說的「理智」。理智和直覺都是人世的力量基礎，但世上男男女女的這兩種能力都被禁止完善發展，更不可能受到鼓勵。人們透過漠視與謊言打擊理智與直覺。

漠視

漠視是隨處可見的人際交流事件。漠視是一種交錯溝通，被漠視者的**成人**自我狀態向另一個人的**成人**傳達一個刺激，但對方則以**家長**或**兒童**回應。試想下例：小瑪麗在半夜走進父母的房間，叫醒母親。

媽媽：（成人）瑪麗，怎麼了？
瑪麗：（成人）我好怕。
媽媽：（家長）別害怕，快回去睡覺。

瑪麗的母親以**成人**自我狀態問她一個問題，瑪麗也以**成人**回應：告訴媽媽，她很害怕。接下來媽媽以**家長**回應，漠視瑪麗害怕的事實。此時瑪麗也許會變得更害怕，失去僅有的一點理智。如果她哭了起來，媽媽可能會發脾氣，也可能會讓瑪麗和她一起睡，不管母親會愛撫還是壓迫瑪麗，漠視都會降低瑪麗的**成人**思考能力。

試想下面的例子，並與上例比較：

瑪麗再次走進主臥室。

媽媽：（成人）瑪麗，怎麼了？
瑪麗：（成人）我好怕。
媽媽：（成人）為什麼？
瑪麗：（成人）我聽到一些聲音，我想家裡有小偷。
媽媽：（成人）啊，原來如此。我認為妳很安全。過去十年來，我們家附近沒發生過竊案。而且（家長）我希望妳回床上好好睡覺，好嗎？

瑪麗：（兒童）好。如果我又做了惡夢，我可以過來找妳嗎？

媽媽：（家長）可以呀，現在快回去睡吧。

第二個溝通例子中，母親沒有漠視瑪麗，沒讓瑪麗更加害怕，而且瑪麗得知幾個重要事實：她住在一個安全的社區，不太需要擔心小偷在夜裡遊盪；而且只要她害怕，隨時都可以來找母親；最後，她從母親身上學到遇到害怕的情況該如何應對。

漠視會讓人瘋狂。連恩親身體驗過漠視交流，他在《心結》（*Knots*）[2]一書中舉出各種例子呈現漠視對人的影響：

吉兒：我很害怕。

傑克：別害怕。

這就是漠視交流。漠視讓受漠視者困惑，不禁左思右想。

連恩列出她的思緒：

吉兒：當你告訴我，我不應該害怕，我就害怕自己害怕。
害怕。
害怕感到害怕。
不怕感到害怕。
不怕。

2. 原注：From Knots, by R. D. Laing. Copyright © 1970 by the R. D. Laing Trust. Reprinted by permission of Pantheon Books, a Division of Random House, Inc.

害怕自己不怕。

不怕自己不怕。

瞧瞧另一個例子：

吉兒：看你那麼難受，我也難受。

傑克：我一點也不難受。

這也是漠視，吉兒再次不知所措。

吉兒：看你難受我也難受，但其實你不難受，這令我難受。

吉兒不是唯一被傑克漠視的人。終有一天，傑克不得不面對一再漠視吉兒感受的後果。

傑克：我不難受時，妳因為我難受而難受，這並不令我難受，結果妳難受了，這讓我也難受了。

最後的這個心結呈現漠視和無法思考、愚笨密切相關：

吉兒：你認為我很笨。

傑克：我不認為妳很笨。

這也是漠視。

吉兒可能出於直覺感到傑克在某方面不尊重自己的智能。傑克繼續漠視吉兒的感受，儘管吉兒是個聰穎的女子，她再一次徹底地被搞糊塗了。

吉兒：我認為你覺得我很笨，如果你沒這麼想，那麼不是我太笨了，就是你在說謊。

不管如何，我都笨得要命！

認為我自己很笨，好像我很笨。

認為我自己很笨，好像我不笨。

認為你覺得我很笨，即使你不這麼認為。

吉兒的這些思緒，有些會被精神醫師（或心理醫生，或任何人）貼上「妄想症」的標籤。人們也許認為這些思緒造成不好的影響，一直遭到漠視並默默承受的人，的確容易發瘋且「展現」妄想症狀和其不良影響。無思人生劇本最極端的後果，就是讓人們發瘋。

父母和其他人藉由漠視，干擾孩童認識世界的潛能，打擊孩童逐漸成長的理解力。兒童最常受到漠視的覺察力有三種：直覺、情緒感受力與理智。

漠視直覺

人們能對他人的心理狀態迅速做出不經思考、出於直覺的評估；換句話說，就是人具備讀心的能力。我們知道某個人是快樂、哀傷、興奮、害怕、愧疚、自信還是心生懷疑，我們可以看出一個人是處於防衛性或攻擊性狀態，也可以判斷一個人說的是謊言或真話。

讀心是相當重要的能力，決定我們能不能與他人相處順利。善加利用從直覺獲取的資訊，這個過程與**成人**運用資訊不太一樣。（接下來的**成人**指的都是**第二級成人**，也就是我們的理智。）

我們運用**成人**資訊時都相當有自信，舉個實例，當我們買2美元的汽油，以一張20美金的鈔票結帳時，我們有99.5%的把握，**知道**會收到18美金的零錢。我們的**成人**知道這一點。

換個例子，想像一下，我們在街上與一位朋友巧遇，直覺告訴我們：她很哀傷，精疲力竭，備受挫折，此時可能會拒絕他人溫暖的招呼。我們並不**知道**她是否真會這麼做，但我們可以猜測她的反應並依此行動。我們的結論可能是，她拒絕我們撫慰的機率是60%，因此我們帶著謹慎的微笑，等待她的反應或回饋。如果她對我們報以大大的笑容，我們會立刻調整原先的估算並放手一搏，接著隨情況調整自己的反應。這就是善用直覺的實例，直覺並非100%準確，因此我們會隨對方的應對而調整。

我們的結論也可能是，她必會拒絕我們，因此我們沒有打招呼就與她錯身而過。這就是沒有善用直覺的實例。如果我們太仰賴直覺，不按照他人的回饋加以調整，人們就會說我們有妄想症。即使我們認為自己的直覺幾乎總是正確，還是得謹慎使用。

當一個人的直覺老是遭到漠視，也就是說漠視者一次又一次地提出不同資訊，駁斥受漠視者的**小教授**直覺，受漠視者就會感到沉重的心理壓力。

被漠視者有幾個選擇：忽略自己的直覺；忽略漠視者；或者試圖同時按直覺和漠視者的行動做出反應，但這些選項都不盡完美。忽略我們的直覺會讓我們失去覺察力，放棄思考，感到自己很愚蠢。忽略漠視者讓我們變成「妄想症患者」，失去社交能力，難以與人相處。若試圖同時按直覺和隨漠視者的行為做出應對，則讓我們迷惘困惑。

面對漠視，最有效的應對是「正視」，我們會在第23章詳細解釋。

漠視個人情感

漠視還會攻擊另一種重要資訊，那就是一個人對自身感受的理解，我們會對身邊的大小事件不斷湧起各式各樣的感受，隨著當下發生的各種事件會生氣、難過、愧疚或開心，但身邊的人有時會排斥我們的感受，特別是當我們還是年紀尚幼的孩童時。

有些父母不喜歡孩子難過，有些不喜歡孩子快樂，還有些父母不喜歡孩子生氣，或者不喜歡孩子的依戀，所以當孩子表達這些情感時，父母會經由各種方式忽略它們，或表達不認同，促使孩子收回感情。有些家庭會漠視憤怒，有些則漠視恐懼，每個家庭各不相同，與此同時，家庭會鼓勵特定「扭曲的感覺」（憤怒、哀傷、挫敗感……等），並利用每個情況激生這種感覺。就像漠視其他能力，漠視孩子的情感也會帶走他身上一項重要的資訊來源和理解力。

連恩[3]指出，當自身感受無法得到別人認可，就會引發心理疾患。漠視的結果就是人們內在出現分裂：自身的一大部分，也就是他們的感受情緒，一再遭到否決，最終他們也許再也感受不到這些感覺。但這些感覺依然存在，而且會深遠地影響當事人的身體和行為；未能表達的憤怒、羞愧、恐懼、哀傷累積起來，終究還是會找到發洩的出口。有些人會在一場「情緒性進食」中發洩所有積壓的感受（也就是點數）。有時，這些壓抑的感受會從身體症狀或日常行為中暗暗流洩，就像有些男人在睡覺時會磨牙或有些女人的嘴唇會不斷顫抖。

情緒感受遭到漠視的人也有下列三種選擇：

---

3. 原注：Laing, Ronald D. The Divided Self. New York: Pantheon, 1969.

1. **忽略自己的感覺，假裝它們不存在**。這會讓人們脫離自身感受。男性常會做這個選擇，變得「冷淡」和不動感情。

2. **保有感覺，忽略漠視者**。這麼做的話，人們會說這個人太過感性，不夠成熟。女性常選擇這條路，變得情緒化且「不理性」。

3. **試圖保有感覺也接受它們被漠視**。這會讓當事人迷惘困惑。選擇這條路的人會變得舉止古怪，容易焦慮。

漠視理智

家庭中最常遭受漠視的是孩子的直覺和／或感受。然而孩童的理性思考，也就是**成人**自我狀態的功能，也會被漠視；大人常干擾孩子對明顯事實的清楚認知與邏輯聯想。舉例來說，一位個案表示她小時候常看到母親多麼懶惰和不負責任，她思索著母親表裏不一的行為而提出一個很有邏輯的問題：「媽媽，妳自己把一堆碗盤放在水槽裡，為什麼妳卻那麼氣爸爸沒除草呢？」小女孩的**成人**做出了合乎邏輯的直率觀察，卻迎來母親強烈且憤怒的怨氣：「姑娘，妳再對我耍妳的小聰明，我就會打爆妳的頭！」這個宣言是清晰且強勢的禁令，阻止兒童的**成人**發揮邏輯思考能力。受到這種嚴厲禁令的限制，孩童在未來就難以循邏輯和理智思考。這會演變為強大的「別思考！」禁令。

另一名女性則回憶說：每次她從學校回家，提到最喜愛的老師鼓勵她以邏輯思考，或分享學到的艱深詞彙和概念時，父母就會大發雷霆。這種衝突愈演愈烈，後來她只要用了比較艱深的詞彙，父母就會怒不可遏。直到有天，她父親對鄰居做了一個自以為是的評論，她說：「這是偏見！」父親轉頭對她說：「偏見？我就以偏見看妳！在**這**屋子裡妳少耍聰明！」接著打了她一巴掌。父親那句「在**這**屋子裡妳少在耍聰明」深深刻蝕在女孩的心上。對她來說，使用那些比較難的詞彙，運用自己的智力，是一種蠻橫的表現。這在她後來的人生帶來很多困難，當她進入大學，她父親的言論化為內心的**豬父母**訊息，再次迴盪在她的耳際：「這些東西都太重要了，妳學不會的啦。妳以為妳是誰？真自以為是！」

家庭也會透過應對難題的方式，來漠視並阻止孩童**成人**自我狀態的運作。伯恩[4]指出，當事情出了差錯，有些家庭的父母會發火、感到受傷或變得憂鬱；但在其他家庭中，父母則會尋求解決問題的方法。大人很少教小孩如何理性的解決個人難題，父母通常選擇用**家長**或**兒童**的解法。

艾倫・希夫與雅克・希夫[5]描述過漠視如何影響解決問題的能力：當問題浮現時，人的反應各不相同。一個人可能會說：「這裡有個問題，我會解決它。」人們也可能會說：「這裡有個問題，但我解決不了」或「根本沒有問題」，漠視自己的理智和解決問題的能力。

如果父母不鼓勵孩子解決問題，孩子就會發展出欠缺思考、愚蠢、被動等反應，面對難題時也沒辦法動腦思索。阻礙解決問題能力的人生劇本往往在當事人遇到情感困境時浮現。人們常覺得人生「由天注定」，不可能改變，有些人甚至覺得在個人生活

4. 原注：Berne, Eric. *What Do You Say After You Say Hello?* New York: Grove Press, 1972.
5. 原注：Schiff, Aaron Wolfe, and Schiff, Jacqui Lee. "Passivity." *Transactional Analysis Journal* I,1 (1971): 71-78.

運用**成人**的理智力，會抹殺生活的浪漫或與日常生活脫節。他們會問：「非得徹底分析每件事不可嗎？難道再也沒有神聖的事物了嗎？」抱持這種態度的人，其父母通常致力於壓制子女的**成人**力量，編寫他們的人生劇本。

有些人覺得，思考解決方法簡直就像詛咒自己。那些流連在頹敗街區的酗酒者相信，吹噓自身成就的人會被下「酒咒」。有些人則單純認為，**成人**的觀察推敲能力會抹殺美好的事物。但事實剛好相反，拓展覺察力其實就是拓展能力與增進自身福祉。我們必須先瞭解才能影響世事的走向，我舉個更常見、更符合日常經驗的例子：

布魯托先生的人生規畫是長期賣力勞動直到死於心臟病，他過著離不開工作的規律生活。他每天都先在擁擠車陣中開50分鐘的車去上班，一路上吸著污染嚴重的空氣。他辛勤工作一整天，中間只有兩段各15分鐘的休息時間喝杯咖啡和抽根菸，還有一段的午餐休息時間，他會在此時重整精力好迎接下午的工作。週末時他會加班，有空的話就修修水電。他告訴自己，他有一份好工作（他的時薪有7美元），還有很多加班費（雖然他其實沒有不加班的權利，他**必須**盡量加班才行）。對他來說，唯一的問題就是失眠毛病，還有他愈來愈容易頭痛，而且每隔一陣子就會不受控制地大醉一場。因此他一直無法升職（他可以理解這一點），也老是有未能還清的一點債務，每個月他付完帳單後就一毛不剩。儘管如此，他還是付清了車貸與房貸，把孩子教育成盡責的好員工，雖然有時他會擔心，懷疑他們有「用藥」。他希望自己有多點時間好好看書，但他根本無法集中注意力，因此晚餐時他會看電視新聞吸收知識。他覺得自己看太多電視，但他停不下來。

布魯托先生加入團體治療時，他覺得酒精毀了自己。他一再聽到人們說酒癮是無藥可救的病，因此他對戒酒不抱希望。所以當他聽到酒癮不是病，更不是無藥可救時感到非常驚訝，求知若渴的他全力吸收關於自我狀態、撫慰、心理遊戲、扭曲、點數、權力爭奪和人生劇本的資訊。他說：「這就好像原本蓋在我眼前的布簾被拉開了。」他的覺察力大幅躍進，對團體成員的生活方式產生興趣，也想瞭解他們如何看世界。

當人們說他可能有個死於過勞的人生劇本，這抓住了他全部的注意力；當他明白自己對退休與生活保障的期待全是毫無根據、促使他繼續勞動的幻夢，而且很有可能會讓他退休沒多久就一命嗚呼，說不定他撐不到退休那一天，他大為震驚。

有人提出酒精和電視是促使他繼續演出人生劇本的幫凶，全是阻礙思考的鎮靜劑，這立刻引起他的共鳴。他人生的主要禁令就是：「別思考」，而他被施加的屬性則是：「你工作勤奮」。對他來說，比較難以接受的是自己對香菸、咖啡、助眠藥上了癮；他就像那些傳聞中的「毒蟲」般，放不下這些東西。當有人提到工作可以帶來樂趣，他深受震撼。他活了大半輩子，一直深信工作不可能有趣，也不該懷抱這種期望。工作後才能玩耍，可惜的是他無法從事物中找到樂趣。他知道「只用功不玩耍，聰明孩子也變傻」的俗語，然而，他再一次覺得自己改變不了這件事。他覺得自己**是個**無趣的傢伙，真希望知道**該如何**玩耍。

布魯托是工會成員，因此知道資方剝削勞工，但他覺得自己的處境沒那麼糟，因為他的薪資不錯。他聽到一些團體成員認為他的工作很糟糕（一整天都操作同一台機器，十分單調），而且受到超乎自己想像的剝削，也令他目瞪口呆。他最難接受的是內心想要反抗工作、辭職，想要罷工的傾向其實是好的；這是他應該自由追求的方向，只要有適當的支持，遵循此路將幫助他揮別酒癮。他察覺這件事後，就訂下計畫不再開車通勤，也不再用酒精、香菸和咖啡尋求慰藉，另找尋生活的樂趣、培養休閒活動，確保自己能活過六十歲。他放棄累積多年的工廠年資，重新找了一個離家較近、薪水較低但工時也較短的工作。他專注於水電副業。週末他會從事休閒活動，停止喝酒和抽菸。他思索自己的人生出了什麼問題以及該怎麼改變生活，並和心理治療團體成員討論自己遇到的難題與解決辦法。

他開始安然熟睡，享受性生活；他賺得比較少，花得也比較少，工作時間短了，看的電視也少了。加入團體治療十六個月後，他回顧過去不禁大感驚奇，不需要用什麼花招，他就逐漸掌握自己的生活。他感到自己很強大，不再感到無助。他覺得「自己有時間思考，想清楚一切事情」。他沒有把這稱為覺察力，但就我看來，拓展覺察力是推動他改變的第一步。另一個重要因素則是：治療過程遇到困難時，團體成員對他的支持。

沒穿衣服的國王（或女王）

為什麼父母干涉子女的理智與覺察力？我相信最主要的原因是：父母覺得自己「不好」，而且不希望被家中的孩童發現、看穿或理解。身為人、父母、提供者的他們對自己感到羞愧，要是讓別人發現他們覺得自己不好，他們會更加難堪。

就像沒穿衣服的皇帝一樣，父母指望子女不會縝密地觀察自己，擔心子女看出自己某個嚴重缺陷。然而孩童的世界多半繞著父母轉，最主要的互動對象也是父母，父母佔據他們大部分的注意力。好奇的孩童一直注意父母，要是不加以設限，父母可能會感到不舒服，於是父母給孩子「別看我」、「別討論我」、「別討論我們家」等等禁令，最後要孩子「別跟別人討論你自己」。這些禁令都來自爸媽其中一人身上的**豬父母**，最終導致孩子看不清這個世界的真實樣貌，特別是人際世界。這種基礎平庸培訓的結果就是，等到兒童長成青少年，他瞭解自身、他人和世界的能力已被大幅削弱。

擁有覺察力的人，對自己和他人的能力都有信心，通常能靠自己獲得想要的事物。系統化地攻擊覺察力會讓人們陷入無思劇本，總是感到迷惘困惑，覺得自己理解力低劣，在自身感受與他人告知應該有什麼感受之間不斷拉扯，也不知道自己對世界的理解對不對，還是他人描述的世界才是對的。

說謊

除了漠視，謊言也會破壞孩童的覺察力。人與人之間，謊言與其說是例外，還不如說是定律。我們都明白那些掌權者、媒體老是說謊，還有些人不管我們需不需要，都想盡辦法說服我們花錢購買產品，這些人都在對我們說謊，但我們往往忽略日常生活中人們說的謊言遠超過真話。

字典對謊言的定義是：「說謊的舉動或情況，一個意圖矇騙的虛偽說法」。大多數人都同意這個定義，但這顯然並不完整。它暗示謊言出自人的嘴巴；當一個人有心且刻意地說出一個自知不符真相的言論，就是在說謊。然而，即使把謊言的定義設得如此狹隘，人們也不斷對彼此說謊。除了厚顏無恥的謊言之外，如果我們也把那些半真半假的言詞和省略真相的舉動視為說謊，很顯然謊言絕對是孩童基本生活經驗的一部分。

人們必須在整個童年和青少年期都受到長期培訓，才會習慣說謊且不發異議地接受謊言。當大人告訴孩子，嬰兒是鸛鳥帶給父母的，聖誕禮物是聖誕老公公送來的；面對日常生活的大小事件，當大人只給孩子虛假、不符真相的解釋與理由，就是在告訴他們悖離事實的謊言。當大人覺得事實對孩童「易受影響」的心智來說太過猛烈、激烈，因而省略部分真相，就是藉由隱瞞對孩童說謊。

當孩童問父母：「嬰兒是怎麼生出來的？」父母回答：「是鸛鳥啣著嬰兒送過來的。」這是個明顯的謊言。但是，即使父母說「嬰兒是從母親肚子裡出來的」，或者轉換話題，這也都算是說謊。父母握有孩童渴望的資訊，要保持真誠，父母就該講真話，或者在不說謊的前提下，解釋為什麼自己不提供孩子渴望的資訊。

「告訴你這件事實在太令人害羞」→不是謊言

「你年紀還太小」→是謊言

「我擔心你聽了會不舒服」→不是謊言

「等你準備好我再告訴你」→是謊言。

人與人之間很難達到徹底坦承，而要大人對小孩徹底坦白，幾乎可說是前所未有的事。

我們不應該說謊，但只要檢視這條守則，就會發現它包含無止盡的例外。人們不容許的似乎只有一種謊言：對高自己一等的人（我們的父母、師長、老闆、政府）說謊，以及低我們一階的人對我們說謊（我們的孩子、學生、員工，受我們統治的人）。我們可能會對我們的學生、子女、員工和選民說謊，而我們認為父母、師長、老闆和政客對我們說謊是理所當然的事。

正如漠視，謊言和半真半假的說詞都會侵蝕孩童的覺察力。孩童聽到什麼就相信什麼，當他們聽到的真相彼此衝突，頭腦就會「當機」，讓他們覺得自己很笨，不擅思考。

宣言和謊言可能出自嘴巴，也可能來自行為舉止。一個人可以嘴巴說一套，實際做的又是一套，彼此牴觸。比方說，約翰記得父親曾對他說：

1.「我愛你媽媽。」（**口說**）

2.「只要你愛上一個人，就不會再欣賞別的人。」（**口說**）

3.「我眼中看不到別的女人。」（**口說**，對妻子說）

然而，約翰看到爸爸對媽媽做了流露恨意的行為、咒罵媽媽，他也知道爸爸與鄰居眉來眼去，因為他看到他們在洗衣房接吻，因此約翰的生活至少有一個內建謊言。上面的第三項宣言絕對是謊言。第一項可能是謊言。第二項可能是真的，也可能是假的，端看第一個宣言的真假而定。由於爸爸說的第三項宣言顯然是假的，因此其他說法也啟人疑竇，令人懷疑第一、二項的真實性。

照理來說，孩童長大會成為真誠的大人，但成長環境讓他們不太可能如此發展。「華盛頓砍倒櫻桃樹」本來是鼓勵兒童說實話的寓言，但它本身就是由機智精明的書商梅森・洛克・威姆斯（Mason Locke Weems）[6]一手創造的謊言。小孩被灌輸聖誕老人之類的謊言，父母一想到孩子終有一天會知道真相，明白聖誕節的真正意義或至少一部分，父母就不禁難過懊悔。世人盡其所能地阻止孩童認識人類的起源和其生物運作方式，拖得愈久愈好。大人對孩子遮掩自己的身體並隱藏所有的情慾徵象，只要孩子在場，就會扭曲、隱瞞大人的對話。理所當然地，大人也一再鼓勵孩子別說出內心真正的感覺，也別去思考自己的感受，別思索自己在想什麼。

我們處在一個消費型社會，按**買者自付責任**[7]的原則為基礎，進行買賣交易，身處其中的我們深深沉浸於各種謊言之中，不知道自己購入與販售的究竟是什麼。商品銷售和公共關係就是透過謊言向人們兜售貨物的專業。我們用謊言出賣自己。電視和報紙都靠銷售（謊言）而生存。不靠譜的廣告法規只限制了言語建構的謊言，但管不到那些藉由圖像和隱瞞真相所傳達的謊言。不只如此，我們不但不期望廣告實話實說，就連廣告之外的資訊，像是新聞或政治宣言，我們的期望值也很低。我們知道自己被謊言包圍，但不知該怎麼辦才好，因此，當我們長成有教養的大人，我們不只準備好說謊，也準備好接受別人的謊言。人們被動地接受當選者[8]、廣告公司和媒體的謊言，其實這一點也不奇怪，畢竟我們從童年初期就受到毫不留情的謊言培訓。

公立學校小心翼翼地迴避某些話題；老師透過歷史或政治學教導學生人際關係方面的知識，卻不考量人們的日常生活、個人

---

6. 原注：Wise, David. *The Politics of Lying: Government, Deception, Secrecy and Power*. New York: Random House, 1973.
7. caveat emptor：在買賣的過程中，買者若疏於查驗購買的物品，則應自己負責採購的風險，賣方不負責任。例如賣方主張「貨既出門，概不退換」。
8. 原注：請參閱前面提到的大衛．懷斯（David Wise）著作《謊言政治學：政府、欺騙、祕密與權力》（*The Politics of Lying: Government, Deception, Secrecy and Power*），書中提到民選官員的各種謊言，令人心寒。水門案只是冰山一角。

經歷、政治處境、自不自由等情況。學校的謊言多半是隱瞞部分真相，但刻意包裝成事實的謊言也相當常見，特別是當師長教導孩子關於學校、城市與國家的運作方式與行政事務時，根本是謊言連篇。在這種情況下，很多謊言都被包裝成事實，舉個例子，學校會向孩童灌輸對政府的特定觀點，比如老師告訴學生：政治人物都經由民主程序而當選。有些人認為企業用利益買通政客，選民則人云亦云地支持他們，但有多少學校會告訴學生這些事並加以重視？隱瞞真相的謊言，是教育體制慣用的技倆，學校是傳授進階謊言的高級訓練場。卡門．科爾[9]提過教育的「美好」手段；基本上就是「這豈不是美好極了？」的心理遊戲。老師們似乎認為，只有正面、美好、令人興奮的事實，才值得納入學校課程。他們謹慎地不讓學童注意到負面、可怕、令人難過的真相。

沒受過訓練的孩子很少會說出虛偽的話；同樣的，要他們不說真話也是一樣困難。說假話和不說真話都違反人類天性。幼童一旦開口說話，即使只會講極為簡短的句子，馬上就受到說謊和不講真話的培訓。按理來說，大人都鼓勵孩子不要說謊，小孩說謊是不好的。當孩子說了謊或被拆穿謊言，就會遭到處罰或羞辱。就我所見，被稱為真誠的孩子只是懂得（如大人一般）巧妙編織謊言的孩子；若沒學會世人認同的說謊技巧，講出粗糙、矛盾的謊言，就會受到懲罰。換句話說，大人教育小孩的「真誠」，只是一種比較高明的謊言，而拙劣、樸實的謊言則會受到

9. 原注：Kerr, Carmen. “Teaching Psychology to High School Misfits.” Issues in Radical Therapy I,3 (1973): 24-25.

懲罰。

既然如此，真誠與說謊有何不同？說謊的真正定義，其實比較接近字典對「虛假」的闡釋；也就是「與事實或真相不符，刻意營造的假象，虛偽的說法」。說謊不只是刻意說出虛假言論，也包括欺瞞、偽造或詐騙。這個定義不只涵蓋刻意說出的假話，也納入所有造成錯誤印象及維持錯誤印象的行徑。

因此，我認為說謊的定義是：一、刻意的行為。二、包含虛假與不正確的說詞。三、省略事實以及會打破錯誤印象的說詞。也就是說，不只是說出不符實情的話才是說謊（這是包裝為真相的謊言），省略真相也是說謊的一種，藉由維持虛假不實的印象騙人。

說謊和守密都有強大的影響力，促使人們陷入無思人生劇本，謊言再加上漠視就足以引發被稱為「思覺失調」的心智困惑狀態，我個人傾向把這種狀態稱為瘋狂。

瘋狂

據說美國有1%的人口會在人生某個階段被送進精神病院，也就是說，美國有1%的人會失去理智、發瘋、得到「精神疾病」。我們都知道這個叫做「瘋狂」的鬼魅。有些人曾經暫時性的發瘋，有些人一直處於瘋狂狀態；有些人認識瘋子，也許是他們的家人；有些人讀過描述虛構角色發瘋的文學作品，有的則讀過歷史人物發瘋的實例，比如梵谷（Van Gogh）或維吉妮亞·吳爾芙（Virginia Woolf）。有些人覺得發瘋是個笑話，他們會緊張地嘲笑瘋子；其他人則覺得瘋狂是令人深感恐懼或引人同情的心理狀態。

瘋狂是令人恐慌的可怕經歷，發瘋者在夜裡不是翻來覆去無法成眠，就是被惡夢、無止盡的恐懼與煩惱包圍；等到天亮了卻無法行動，或不願移動，被他人鄙視與虐待，受迷惘、慌亂、懷疑、絕望折磨，一再浮現一了百了的念頭。「喪失心智」的人覺得自己是討人厭的低等人類，被別人瞧不起，遭受各種冷漠的質問與檢視以及荒唐的粗心對待，不受尊重、被監禁；住進精神病院，只能遵循軍隊般的日程表，被迫飲食、服藥與接受電擊治療，甚至會被施行腦葉切除術。

經歷這些悲慘過程的人被稱為「精神病患」，他們的精神診斷結果通常是「思覺失調」。雖然得了思覺失調症的人很多，但精神科醫師自己也承認治療途徑很少，他們相信大量的重鎮定劑能讓思覺失調患者維持「正常運作」，住院「有幫助」，但思覺失調症不可能康復。精神科醫生把思覺失調患者視為不完整的半人，值得同情憐憫。

我相信上面提到的心理狀態，也就是瘋狂狀態，其實是因為當事人在童年和青少年時期就備受漠視與謊言摧殘，沒有獲得支持與關懷。瘋狂的解藥是覺察力、認同和人們的支持。

可幸的是，人們具有追求健康的強烈本能。孩童的成長環境除了家庭與許多社會壓力之外，也身處在一個有許多其他力量的世界。世上有許多富有同理心和愛心又擅於體諒的人們，他們會正視別人的感受。一個孩子可能在一個足以令人發瘋的家庭中長大，但他常常會遇到某個正視他感受的老師、牧師、姑姑、阿姨或爺爺、奶奶（也可能會遇到某個治療師），或者讀到某本書，看了某部電影，他從這些事物找到自身感受的合理解釋，或者他們讓他知道，不管發生了什麼事，他都很好，他不是得了無藥可救的精神疾病。

思覺失調不是病。他們只是文明世界裡一群不幸的人士，而醫療工作者把他們貼上這個侮辱性標籤。「被診斷」得了思覺失調症，就像被迫在脖子上掛一塊牌子，讓所有人一眼就能看到「保持距離以策安全」。年輕人經歷一連串的打擊後，被送到精神科醫師或治療師面前，接著被貼上思覺失調的標籤，這是壓垮他們的最後一根稻草。這個標籤——思覺失調症——是終極酷刑，自此之後，當事人深信自己「思覺失調」，被當作思覺失調病患，他也許會被送進精神病院，然後可能被關在那兒很久。家庭和治療師都是共犯，結果就是讓受害者確實陷入絕望又無法思考的困境。[10]

瘋狂可能是安靜的、激動的、可悲的、可怕的或戲劇化的。最戲劇化的瘋狂被稱為「妄想型思覺失調症」(paranoid schizophrenia)。

妄想

精神病學對妄想症的官方定義是：一種持續出現妄想的精神病症，妄想內容以誇張化或受壓迫的情節為主，並且會創造「假社群」(pseudo-communities)。這個簡單扼要的妄想症描述值得我們好好檢視。出現妄想症的人，常常覺得有一群人用各種計

10. 原注：這種思覺失調症觀點已非新鮮事。連恩、湯瑪士・薩斯(Thomas Szasz)與提奧多・沙賓(Theodore Sarbin)都表達過類似看法。而我在研究所時期曾根據心理測驗判斷人是否得了思覺失調症。

謀迫害自己，對方可能是聯邦調查局、黑幫、聯合愛迪生能源公司或通用汽車等等，背後的原因通常是自己具備某種獨特的重要性。因此妄想症定義提到誇張的內容，也就是誇大自己的重要性，以為整個聯邦調查局或黑幫，或兩者同時，都視他為非常重要的人物。

妄想症患者常覺得，許多不同但彼此有聯絡的人，組成不同團體聯手謀害自己，這就是「假社群」的意思。比方說，妄想症患者可能認為自己的精神科醫生和聯邦調查局、共產黨攜手合作，打算除掉他。

妄想症的特色是：患者的智能完好無缺，他的行為與感情反應符合他的思路。妄想症患者並不覺得自己的妄想是錯覺或出了差錯，因此他不會尋求治療，也不歡迎醫療人員出手協助。

傳統精神病學多半認為妄想症可能與外界壓力有關。諾曼・卡梅隆[11]在《美國精神病學手冊》提到，外界挑戰、激烈的競爭情境或長時間與同性別者親密相處，以及欠缺社交生活，都是催化妄想症的因素。卡梅隆也提到引發妄想症的可能原因，包括羞辱、挫折與失敗，失去主要安全感或滿足感來源，重要的人過世或遭到遺棄，實際上的拒絕、忽略或欺騙，經濟損失或失去身體部分功能。然而，後來他卻說了下面這段話，推翻上述說法：

> 這絕不是說激烈競爭和性誘惑，生命中的挫折和失敗，親人突然離世或被社會孤立、失去安全感或滿足感等情況，會引發成人

11. 原注：Cameron, Norman. "Paranoid Conditions and Paranoia." In *American Handbook of Psychiatry*, ed. by Silvano Arieti. New York: Basic Books, 1959.

的妄想反應，這些都只是催化因素。它們顛覆長久以來不穩定的平衡，這個平衡仰賴的是嬰兒式的防禦機制，再加上當事者缺乏現實檢驗能力，對他人無意識的反應特別敏銳，且具備難以抗拒的投射傾向，並會創造假社群。儘管如此，臨床上這些催化因素的動態很重要，因為它們會激發妄想症病程，而病患因為人格機制不健全，恐怕無力阻止。

也就是說，即使有證據指出外界壓力與壓迫環境會催化妄想症，但精神病學依舊認為妄想症患者「缺乏現實檢驗能力」，其「人格」處於「嬰兒期」。

我對妄想症的看法不太一樣，我認為，精神科醫師稱之為「妄想型思覺失調」的病症是種心理狀態，它的起源是，當事人在童年時期和現在生活中都一再面對系統化的謊言與壓迫。就連卡梅隆也說：「當一個人投射自己否認的事物時，他並不是隨便亂投射。那些極少流露無意識衝動的人，會被他形容成表現強烈敵意和性衝動的人。由於每個人或多或少都有暴力衝動……因此選擇性高敏感的妄想症患者很容易就找到投射對象。**因此妄想症患者的指控中，多少有一絲的真實性。**」卡梅隆在這裡以向來困惑難解的精神病學術語，指出了妄想症最重要的一項事實，以我的話來說，就是：**妄想症是一種強化的覺察狀態**（但他只蜻蜓點水地提了一下）。

我們每個人都懷有一點點的妄想。我們可能覺得自己被鄰居欺負，或者想像人們在背後對我們議論紛紛。我們不信任政客，認為石油公司欺騙我們，或者覺得有人竊聽我們的電話。我們大部分的妄想都受到控制，不會陷入精神錯亂。我們不會隨便分享這些事，要是別人駁斥這些看法，我們也不會特別生氣；事實上，我們多半認同別人的冷處理，與之和平共處。我們之中只有少數人會陷入狂亂，出現嚴重妄想。極端妄想症的狂野幻想，是一種名副其實的瘋狂。然而，嚴重妄想與輕微妄想的起源與來源都一樣，每個人多多少少都受到它們的影響。

我們都有敵人，他們會在我們背後指指點點；我們都受到陰謀唆使而亂花錢，投票給這個人或那個人，同意或不同意某個政治人物。舉例來說，廣告公司推出薄荷口味的香菸行銷企畫，在我們眼前呈現一幅美好的戶外景色，年輕貌美的健康男女抽著薄荷菸，這就是一個企圖影響我們判斷力的陰謀，引誘我們去抽薄荷菸。同理，當政客在檯面下達成協議，為某個總統候選人塑造特定形象，而在場的每個人都知道這個形象不符合他的真實個性，這也是意圖左右人們思考的陰謀。當我們買車、房子或電器時，眼前的銷售員多半與我們的利益衝突，而使出欺瞞技倆說服我們掏錢購買。當一名妻子小心掩飾對其他男人的興趣，因為內疚而假裝深愛丈夫，她也正用計欺騙枕邊人。我們都清楚這些陰謀的確存在，也相當有把握的說，世上還有更多我們一無所知的陰謀，畢竟陰謀的本質就是必須保密，其目標對象自然難以察覺。

六〇年代末期，新左派（New Left）組織挺身要求停止越戰，被視為「妄想狂」的地下報紙中，有些人宣稱美國暗中轟炸柬埔寨，還提到理查·尼克森總統（Richard Nixon）和司法部長約翰·米切爾（John Mitchell）聯手密謀剝奪異議人士的憲政權，電話遭到監聽，有人非法偷渡……等等。相信這些事的人都被貼上妄想狂的標籤，絕大多數人都沒把他們的言論放在心上。如今，那些曾被視為妄想的事件已獲得證實。我把「新左派」當作通例，大體而言，妄想症就是如此。換句話說，妄想症是一種高強度的覺察狀態，此時當事人開始意識到某些事實，比如他被社群（他的家庭、白人、「大企業」、政治人物等等）迫害，這些人透過某些計謀欺壓他。不論是警察密謀對抗政治運動人士，白人密謀對抗黑人，男人密謀對抗女人，還是被家人親友與他們的領袖密謀對付，這些人都恍如大夢初醒般意識到其他人試圖壓迫自己——而這種覺察力以妄想症的形式顯現。

當這種妄想般的高強度覺察力遭到他人漠視，不斷地被否認、拒絕，那麼正如前述，當事人必須做一個選擇，他們可以接受人們的漠視，也可以忽略漠視的人，依照來自外界的資訊獨立運作。**小教授**的理解力敏銳，會注意到人們外在的行為與動機，並發揮智力建構繁複的說詞，詮釋自己察覺的事與自己遭到他人漠視的原因。當這些說詞夠縝密完善，再加上足夠的想像力和一點過度誇大，就會演變為徹頭徹尾的偏執妄想，也就是我們在那些完全發瘋的人身上看到的狂想。然而，這些偏執妄想都摻雜幾分真實性，而瞭解它們的唯一途徑，就是視它們為當事人因自己的認知一再被人們駁斥，不得不加油添醋捏造一連串的誇張情節。

從這個角度去看，我們就會漸漸明白妄想症和妄想型思覺失調，其實和精神病學的描述完全不同。我們可以理解那些被送進精神病院的病患想法，為什麼他們認為自己的食物都被下了毒，牆裡有竊聽器錄下他所說的每一個字，或者相信共產黨與精神科醫師聯合密謀，要用X光摧毀他的腦袋。當我們檢視實際情況就會發現，病患每天都被迫服下有害的過量重鎮定劑，護理師在紀錄表上一絲不苟地記下，病患之間與病患對醫護人員說的每一句話，病房的醫護人員正考慮是否要對他施行電擊療法。這些真實發生的壓迫行為，才是妄想症的源頭，而不是「嬰兒式的情感」、「缺乏現實檢驗能力」等等。我們發現，只要不再否認這些事實，轉而採取接納、正視的態度，妄想症狀就會減退。就像其他形式的瘋狂，當事人只要獲得關懷，只要他的感受被人重視，就會回復理智。我們將在第23章討論如何面對無思平庸劇本。

第 10 章　人生的基本培訓：無樂訓練

當人們自省人生，不再認為自己長久以來努力追求的事物是好的或對的，這時就可能得面對一些難題：如果他人告訴我們什麼是對的，但其實不一定是對的，那什麼才是對的？我們該如何決定自己該做什麼，和不該做什麼？

有些人認為，人該做什麼、什麼是對的，從傳統中可以找到這些問題的答案。抱持這種觀點的人參閱傳統文件或聖書，比如《聖經》、《可蘭經》、班傑明．斯波克醫生[1]的著作，或某些用文字或非文字流傳下來的法則，從中尋求解答。有些人則相信我們應該講求邏輯、以理性探詢，找出這些問題的答案。

世上還有第三種觀點，直說就是：一樣事物對自己好不好，最珍貴的答案就藏在每個人身上，但許多人難以認真看待這種說法。這種觀點相信人生來就清楚自己需要什麼，什麼對我們有益或有害，只要不受外界干擾，人們會依循自身核心前進，也就是他們的**中心**（Center），找到與自己、他人和自然和諧共處的正

1. Benjamin Spock（1903-1998）美國知名兒科醫生，其著作《嬰兒和兒童保健》（*Baby and Child Care*）是美國史上最暢銷的書之一。

確道路。

這種說法也許對讀者來說太過震撼，我們身邊的每件事都證明事實並非如此。如果沒有外力干擾，人們可能會任意妄為、燒殺擄掠、強暴他人，沉浸於放蕩與藥物過量的日子。人類真心渴望做的事似乎總脫不了暴力、縱慾、濫用藥物、性虐待，這就是為什麼我們需要法律、規範和紀律，不是嗎？我們應該相信哪種說法呢？

溝通分析相信人們很好，也就是說，人類是善良的、美好的、關愛的、樂於合作且渴望幫助他人，美麗、健康又充滿智慧。那麼，為什麼有人做了那麼多壞事？為什麼有人一天要抽三包菸？為什麼有人會暴飲暴食？為什麼有人用酒精和海洛英毀掉自己？為什麼有人對他人那麼差勁？為什麼有人偷拐搶騙？或放任自己被他人虐待剝削？我們深信，這都是因為他們遵循自己的人生劇本演出。不只如此，我相信人一旦背負劇本，那些從中獲益的人就會鼓勵我們按劇本行動；食品業和醫藥業慫恿我們抽菸、喝酒、飲食和濫用藥物。我們之所以變得愛爭好鬥、只關心個人利益，全是因為這會讓我們成為易於剝削的勞動力和人民，我會在後面解釋這一點。

但人生劇本不只讓人們順從他人建議做出某些事，還讓人們忽略自身內在的建議。人生劇本不只列出我們該做的事，還切斷我們與內在羅盤的聯繫，而內在羅盤是我們的**中心**，是人體的智慧之聲，它告訴我們身體何時舒服，所以這件事是好的；身體何時感到不快，代表這件事是壞的。許多人全然忽略自己的身體，有些人甚至認為肉體是自我中比較低劣的一部分，甚至認為擁有身體是詛咒。對他們來說，帶來愉悅的事是壞事，一件事愈舒服就愈惡劣。比方說，性是其中一項帶給人極致美妙感受的活動，但對某些人來說，這是最「糟糕」的一件事。愉悅是種罪孽。

我相信，只要好好感受事物帶來的感覺，我們就會知道什麼對自己好：只要傾聽身體就會發現香菸令人不舒服；新鮮空氣帶來愉悅；飲用過量的酒精會讓身體不適；合作的感覺很美好；謊言令人痛苦；被愛圍繞帶來幸福；得不到撫慰或不給人撫慰都令人難過；有些工作帶來樂趣，有些則帶來痛苦；少了關懷的性，不會帶來快樂，少了性的關懷有時也讓人難受，自慰讓人舒服。暴飲暴食一開始會引發身體被充滿的舒適感，也有鎮靜效果，但只要注意身體的反應，就會發現隨之而來的是不適。只要傾聽身體，就知道自己何時想要獨處，何時想要與某個人在一起，何時想要睡覺，何時想要散步、坐著或躺下來。

我們每個人或多或少與自己的身體脫節，但我們也都與身體某些部位維持良好的聯繫。遇到某些危險情況，我們會自然而然地保護自己，這就證明身體有些部位仍與我們的**中心**聯繫順暢。碰到燒燙的爐子時，大部分人都會立刻縮手，因為我們與手的聯繫緊密，一感到痛苦就會把手縮回來。有些人受不了暴飲暴食；有些人喝太多的酒就會吐；有些人一抽菸就忍不住咳嗽；有些人無法坐太久，每隔一會兒就得動動筋骨；有些人受不了嚴重污染的空氣；有些人不喜歡阿斯匹靈、助眠藥、興奮劑的副作用，有些人吃不下加了味精、糖精等添加物的食物。

上述每個例子都證明，身體某個部分和人的**中心**（決定什麼對自己好或不好的自我，也稱為**意識**）保有良好的聯繫，一旦受傷，人就會立刻反應。與身體保持順暢聯繫會幫助我們瞭解什麼對自己有害，什麼對自己有益。當我們專注自己的**中心**，會注意到純淨的水很美味，新鮮的空氣舒適宜人，也知道自己需要的是什麼樣的食物。身體會告訴我們需不需要運動，當我們順從身體的指示，回應它的需求，就會感到很舒服。性需求也是如此，在這種情況下，會讓身體產生舒服感的就是好事。

但你會問，如果真是如此，那為什麼海洛英讓人感覺那麼舒服？為什麼深吸一口香菸的感覺那麼美妙？為什麼喝得醉醺醺會帶來那麼多樂趣？要解答這些問題，我會解釋無樂人生劇本（也就是與身體脫離）如何導致藥物濫用。尼古丁、酒精、鴉片劑、鎮定劑和興奮劑等強烈藥物，其實都是通往**中心**的捷徑，它們會在短時間內接起身體各部位與**中心**的聯繫。它們會暫時「擊昏」不希望我們舒服的**豬父母**，讓我們的身體（至少一部分）與**中心**連接起來。不同的身心脫節狀況會讓人使用不同藥物，這就是為什麼人們偏好某些特定藥物，對其他則不感興趣。可惜的是，藥物帶來的身心聯繫非常短暫；用藥者過一會兒就體驗到痛苦的副作用，得需要再加一劑才能激發幸福感。

這種身心聯繫稍縱即逝，藥物卻殘留於人體內；隨著藥物在體內逐漸累積，副作用也愈來愈明顯。有些藥物（所有帶有鎮靜效果的藥物：酒精、巴比妥酸鹽類、鴉片劑藥物和某些鎮靜劑）必須隨使用次數逐漸加重劑量，才能創造身心相連的效果；人體若充斥大量藥物就會出現強烈反應，一旦停止用藥就會大病一場。過量的藥物會讓身體的調節機制失靈，而且有些藥物的後果特別嚴重。就這一點而言，巴比妥酸鹽類、海洛英和酒精最糟糕，大麻則是副作用最低的藥物之一（諷刺的是，吸食大麻的懲罰特別嚴厲，會帶來很多的麻煩）。

讓人們脫離身體的禁令與屬性，就這樣引發藥物上癮。

沒染上藥癮的人則過著不快樂的人生，我們——也就是自我，我們的**中心**——深深被困在頭腦一角，遠離身體體會到的各種歡愉與痛苦的官能體驗。我們感覺不到歡愉，所以過著無樂人生。我們感覺不到痛苦，所以不會善待身體，直到痛苦強烈得不容忽略，到時候往往已經太遲，就像那些吸菸者，等得了癌症才發現肺部不舒服；一再暴飲暴食的人忍受過重的痛苦，直到心臟舉手投降。

這種引發毒癮的機制，還會導致另一種上癮症頭，我們可稱為「消費主義」。買東西讓人愉悅；擁有新車、新洗衣機或衣櫃帶來幸福感；購物就像吸食藥物，是通往喜悅的現成大道。有些人對藥物上癮，有些人則對消費上癮；他們時不時就會瘋狂購物一回，難以克制地想買某個東西，這種渴望很像酗酒者對酒精的渴望。消費成癮的人也會在縱情購物後出現難受的「隔夜宿醉」，也就是帳單；正如酗酒者和毒癮者是藥物的奴隸，消費上癮者就這樣成了消費的奴隸。

不幸的是，企業利用無樂劇本剝削勞工，滿足自己的利益。媒體大力鼓吹藥物使用與消費主義，不快樂的人們購買藥物和其實毫無用處的消費物品，這樣一來許多人才有工作做、有飯吃。我們只要留神一下，香菸產業面臨威脅時，菸草種植者發出的怒吼，就會明白國家的經濟命脈仰賴的其實是人們的不快樂。這是惡性循環，數以百萬計滿心飢渴的消費者以移動住所、沙丘越野車、越野摩托車旅遊數十億英哩，在鄉野間咆哮來去，浪費能源，污染空氣，尋找刺激，但其實他們只要停下來，往內在尋找，探索身邊的彼此和自然大地，讓**中心**與身邊的一切事物溝通，就會找到渴求已久的快樂。

美國人對經濟擴張深感自豪，瘋狂地賺錢、花錢、製造、販賣、消耗能源，但我們終將耗竭所有的資源。國民生產毛額製造了一個無邊無際的垃圾場，被廢物團團包圍的我們卻竭盡全力尋求甜美氣味、純淨空氣、開闊空間、燦爛陽光和美好人生。

無樂人生劇本的禁令和屬性

限制孩童自由表達各種感官覺受，可說是對人體完整性最主要的攻擊，這導致了人生最初也最重要的身心分離。佛洛伊德和他的追隨者非常重視嬰兒期的性慾。我認為孩童的確有性慾，但佛洛伊德的理論過度延伸，不符現實。

這是相當重要的分歧。佛洛伊德派的觀點讓人們以為我們壓制孩童的性慾，同時暗示除此之外，孩童的日常生活不太會遭受其他壓制。然而編織無樂平庸劇本的過程中，壓制性慾只是一個相當微小的層面。壓制感官覺受，也就是打斷所有感官與意識（也就是**中心**）的橋樑，這才是對人生影響深遠的因子。孩童的性慾尚未發展成熟，不管是否背負無性的人生劇本，性慾直到少年期才會全面綻放。但我們踏入少年期時，可能早已徹底與身體感官脫節。

我們的視覺與聽覺變成理智的奴僕，受到嚴重限制，無法發揮潛能。孩童的視覺原本清晰鮮明，但長大卻退化了。當我們望著玫瑰，看不到花瓣芬芳柔嫩的細毛，藏匿在褶痕間的晶亮露珠，以及層次豐富的深紅色。我們只看到一朵玫瑰。玫瑰是一朵玫瑰，即一朵玫瑰。[2]就像羅納德・雷根（Ronald Reagan）這麼形容我們的大果紅杉：「你看過一株，就等於看過全部。」

當人生的目標是表現、生產力、競爭力和賺錢，太過清晰鮮明的視覺只會扯你後腿，忘了它吧！我們就這樣遺忘了它，我們也忘了什麼是傾聽。我們聽見字詞，但聽不見它們的音調；聽見引擎、喇叭、噴射引擎、汽笛、鐘聲，但它們沒什麼意義，於是我們跟著忘記聆聽縈繞不去的旋律，人們快樂或哀傷的語氣。我們只剩下以字母編碼、可供電腦讀取的黑白文字。我們的視覺和聽覺都被包裹在理智的外殼下，失去90%的感知力。

我認為許多年輕人試圖用迷幻藥和搖滾樂擊破這個外殼。只要音樂放得夠大聲，你會感覺到音符在你的身上流竄，而母親的搖籃曲曾帶給你一樣的感受。迷幻藥、南美仙人掌毒鹼、皮約特仙人掌素帶回我們忘記如何使用的視力；一朵玫瑰再次變成一個富有不同質地、顏色、香氣的美好宇宙。

我們感官受到的限制，不只在於如何感受，還擴及能感受到**什麼**。兒童不能看見裸體，不能聽見或看見性和憤怒，不能觸摸別人的身體或自己身上的某些部位。孩童本來擁有探索身邊一切事物的傾向，但這種傾向被嚴厲的剝奪，不容探索的清單有一長串，像是禁止觀看或觸摸自己和他人身體的某些部位，不能從中體驗歡愉的滋味；更極端的情況則是，有些孩童睡覺時得把雙手放在棉被上；人們告訴孩子，生殖器和身體某些部位是骯髒的；孩童學到自慰是有罪或危險的；雖然用詞不一，但人們都告訴孩童不應該愉悅地觸摸（自己和他人）的肌膚。

孩子熱愛奔跑、跳躍、蹦跳、打滾，也愛尖叫、哭泣、大笑，自由自在的表達心情，表露情緒帶來快樂，但父母往往不認

2. 出自美國詩人葛楚．史坦（Gertrude Stein）的＜聖潔艾蜜莉＞（Sacred Emily）一詩。

同這些行為，孩子的豐沛能量或全然坦誠令父母感到不快。當父母單方面鎮壓並剝奪孩童表達情感的自由，也連帶奪走了孩子的喜悅，這就是建立無樂人生劇本的禁令與屬性。

受到訓練的孩童努力在難受處境中生存。孩子沒有機會選擇做讓自己舒服的事，只能做他人指定的行為，因此經常處於輕度或重度的不安狀態。穿戴不舒服的衣物，安靜坐正，不能表達內心的不快樂，只能忍受恐懼與傷痛——孩童從小就得經歷這一連串的痛苦情境，於是他們學會默默承受痛苦，不說一句抱怨（男生的情況特別嚴重）。

人體組織會隨壓力與痛苦而調整適應，這是非常重要的事實。吸入第一口菸時，我們的身體可能會出現激烈反應，但呼吸系統只要再承受幾次同樣的打擊，我們就不會再感到痛苦或推拒，因為身體適應了噁心的刺激物。不管是哪一種痛苦，人體都會慢慢習慣，包括因恐懼或未能發洩的暴怒所帶來的痛苦，吸入污染空氣造成的痛苦，或是賣命勞動帶來的痛苦。

乍聽之下，習於痛苦似乎是種優勢，但這會造成相當嚴重的傷害。我們必須與受到壓力的身體部位脫節，才能適應各種大大小小的痛苦，也就是說身體部位與我們的**中心**脫離。**中心**其實就是我們認為自己所在的位置，也就是組成自我的地方。要習慣壓力，**中心**就必須脫離受到壓力的身體部位；當我們適應壓力的同時，可能也永遠告別身體的許多部位。

除此之外，大人也鼓勵孩童用藥物製造快樂或免除痛苦，像是生病時，不讓身體好好發揮能量，對抗疾病並修復自己。相反的，孩子從身邊的榜樣學到，生病了就是消極的服用藥物；他們還學到服用藥物也是創造愉悅最直接的途徑。

以上就是把人生寫成無樂平庸劇本的因素，我們會在第24章探討如何治療這類劇本。

第 11 章　拯救遊戲：無能為力的平庸劇本

人生劇本剝奪了人們的自主性。人生劇本越全面，當事人對人生的掌控力就越低，也會受越強烈的無力感折磨。當人們覺得自己無能為力，就無法好好思考，也無法表達自己，難以工作或學習，喜歡不了自己，克制不住抽菸或喝酒的習慣，早上醒不來或晚上睡不著，不是哭不出來就是止不住地哭泣；有些人隨時隨地都覺得自己無能軟弱，有些人只在某些時候會湧起無力感。

我在前幾章闡釋人生基本培訓如何利用撫慰經濟、漠視和身心脫節，攻擊人們去愛、思考和感覺的能力，在本章，我會解釋拯救遊戲（Rescue Game）以及它如何加重孩童內心無能為力的感受。

拯救遊戲

我相信互助合作是人的天性，人們發自內心渴望與他人一起工作、互相幫助。社群團體中，一人需要幫助而另一人伸出援手的情況，相當常見，幫助他人、體驗互助合作的滋味能帶來愉悅和深刻的滿足感。我希望幫助大家分辨正面的互助體驗與我稱之為拯救的心理遊戲，後者不但令人不快而且具備殺傷力。

下面就讓我們來分析拯救遊戲：

命題：拯救遊戲的主旨是一項事實。人們有時必須仰賴他人相助，才能實現自己的渴望，而拯救遊戲就以此為中心運作。玩拯救遊戲的人深信，那些需要幫助的人其實無藥可救，他們連自己也幫不了。

伯恩提過，他把某些遊戲稱之為人生遊戲（Life Games），它們「比其他心理遊戲帶給人更多發展終生職涯的機會」。拯救遊戲就是一種「職業」遊戲，許多醫師、護理師和其他加入「助人」這一行的人，都會玩這個心理遊戲。其實，幾乎所有人都會玩它，只是玩得可能沒上述這些人那麼激烈。

拯救遊戲有三個角色，分別是：拯救者、迫害者和受害者。只要把他們排成三角型，就可看出人們會輪流扮演這三種角色，在這三者間不斷轉換（見圖8）。

受害者的人生立場是：「我不好，你很好。」（我無助又絕望，拜託你試著幫幫我）。

拯救者的人生立場與受害者互補，也就是：「我很好，你不好。」（你無助又絕望，不過我會試著拉你一把。）

迫害者的人生立場也是：「我很好，你不好。」（你無助又絕望，這都是你的錯）。

一個人可以在不同角色間變換，並隨著角色不同而產生相應感受。處於受害者角色的人會感到無助且羞慚；處於拯救者角色的人感到內疚；處於迫害者角色的人感到憤怒。拯救者不但不會成功，且通常會導向迫害。雖然每個人都可扮演這三個角色，但

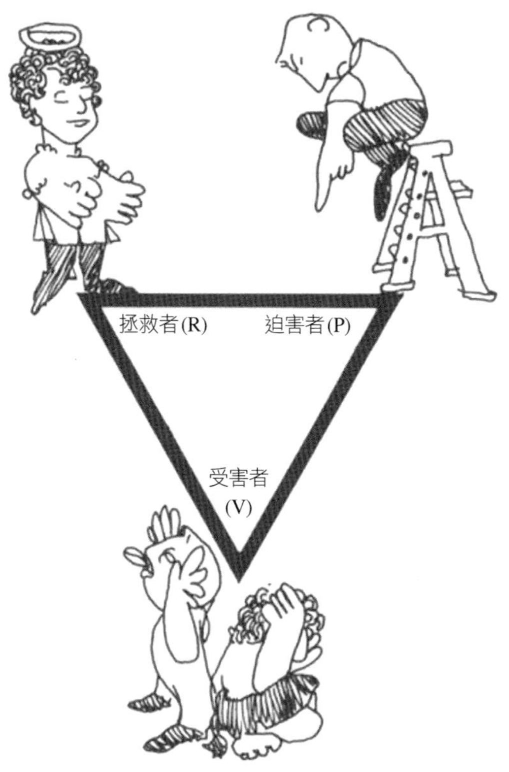

芭芭拉．布朗（Barbara Brown）繪製

圖 8　拯救三角

通常會偏好其中一個角色和其相應的感受（也就是扭曲感受），而這個角色也許正是反應其平庸人生劇本的核心。

伯恩在《人間遊戲》一書解釋了各種心理遊戲和其包含的角色，這也是精神病學文獻首次提到拯救者、迫害者和受害者。伯恩主張人們可以扮演不同角色，某人會在某場遊戲扮演一個角色，會在另一場遊戲扮演不同角色。舉個例子，他提到團體遊戲「你何不——說的對，可是」（詳見第1章），由一人扮演受害者，其他人則扮演拯救者。受害者以自身無能為力的立場提出問題，拯救者努力提供答案。每當建議被受害者駁回，拯救者就會提供新答案，直到拯救者終於發火，轉而迫害受害者。

伯恩主張，遊戲參與者都會輪流扮演其他角色，在某一場扮演受害者的人會在其他場遊戲中扮演拯救者，再扮演迫害者。伯恩發現在酗酒者遊戲中，這種現象格外明顯，受害者（酗酒者）會在不同時候、與不同對象進行的心理遊戲中，分別扮演拯救者、迫害者、連結者及膽小鬼。在精采的「戲劇三角」（The Drama Triangle）[1] 一文中，卡普曼整合上述的伯恩觀點，進一步提出心理遊戲的三種基本角色是迫害者、受害者和拯救者，它們形成一個三角形，每個人都在不同角色間轉換身分。

無能為力

維克夫指出（請見第1章），家庭就是拯救遊戲的訓練場，

1. 原注： Karpman, Stephen B. "Script Drama Analysis." *Transactional Analysis Bulletin* 7,26 (1968): 39-43.

拯救遊戲的目的就是培訓出感到無能為力的人。孩童被強制安插為受害者角色，同時父母以自身榜樣教育孩子拯救者和迫害者的角色。

孩童在很多領域都擁有各式各樣的潛能，但父母出手干涉，訓練孩子成為無能為力的受害者。幾乎每個家庭都會攻擊三種領域：首先是愛的能力，也就是與他人往來相處的能力。其次是思考能力，就是理解世界的能力。最後則是享受自我的能力，是指體驗自己的身體與感受，加以全面發揮的能力。

這呼應了我在第6章提到的三種平庸劇本。孩童原本能盡情去愛，也能理解世界和自己，但他們被禁止做這些事，被迫踏入受害者的角色，而父母不是扮演壓迫孩子能力的迫害者，就是扮演拯救者，為孩子做他們禁止孩子自己做的事。例如，一個七歲的小男孩只要不受干擾、擁有盡情學習的機會，那麼一整天內，他可以自己起床、更衣、整理床鋪、自己準備早餐和午餐、倒垃圾、洗自己使用的碗盤，接著獨自出門去學校。他也可以做些清桌子、掃地的簡單家事，去商店買自己需要的東西。當他回家時，萬一家裡沒人在，他會猜想媽媽也許出門拜訪她的知心好友，他會打給查號台，找到媽媽朋友的電話。打完電話後他可以自行計畫和朋友吃晚餐或在朋友家過夜。

上面列出的每一件事，一個七歲大的孩子都可以做到，但大人通常不允許他們做這些事；也就是說，大部分家庭不會讓七歲孩子盡情揮灑自己的能力，因此大部分的七歲小孩都由媽媽叫起床、為他們準備早餐、帶他們上學、接他們放學、帶他們回家、為他們煮晚餐，他們的娛樂活動和社交生活也交由媽媽安排。在這種情況下，大人讓孩子成為一個被迫害的無能受害者，當人們為他做各式各樣他原本可以自行處理的事，就是在拯救他。

從上述的拯救例子，讀者想必注意到幾件事，第一：不讓孩童自行與他人社交往來，自己決定在什麼時候與誰相處，是訓練他在人際關係中感到無能為力。第二：不讓孩子接觸那些他必須瞭解世界才能做出決定，並好好思考的情境，是訓練孩童失去認識世界的能力。第三：不讓孩子瞭解自己，學習什麼帶給他愉悅，坦誠認識自己的感受並做出反應，是訓練孩子失去這方面的能力。

很多家庭都會培育無能為力的孩子，只是程度強弱和領域的差異。比方說，有些家庭不太限制愛的能力，而是打擊思考或瞭解自己的能力。大部分家庭以大不相同的方式對待兒子和女兒，把兒子培訓成不瞭解自己、失去愛的能力的人，另一方面則把女兒訓練成無法瞭解世界的人（參見第13章）。被訓練成受害者的孩子，長大後都會出現程度不一的殘缺和失能。絕大多數的人都因童年初期的訓練而失去一部分的能力，有些人則變成徹底的受害者，把人生耗費在尋求拯救者出手幫助；但在拯救者身邊，他們內心的無力感又一次次加劇。

這種挫敗感太過劇烈的人，就會成為那些被貼上「有精神疾病」、「思覺失調」等標籤的人，或是憂鬱症患者，也可能會用藥成癮。他們都受過無能為力的人生基本培訓，這種訓練是為了確保孩童長成溫順、易受控制、欠缺自主性的大人，然而培訓過程出了差錯。他們是「過度無力」的案例，接著社會就把他們送進精神病院，交給精神科醫師和獄守處理。

要維持壓迫的社會，重點就是確保人民無能為力；不幸的是，家庭常常抹殺孩童的力量與自主能力，灌輸他們服從紀律和專制規範。讓孩童扮演拯救遊戲的受害者，培訓出無能為力的孩童，這讓人在成長過程中充滿「無力改變世界」的無奈。無力感襲來時，人們會說：「投票（或示威、寫信給民意代表）有什麼用？這也改變不了任何事，」或「每個人都只為自己著想，做個慷慨（或慈愛、善良）的人又有什麼用處？」

核心家庭的拯救三角

我們在傳統的平庸家庭劇本中，處處可見拯救三角的實例；爸爸扮演迫害者，媽媽扮演拯救者，小孩則是受害者。這種情況下，三個角色接著會轉換成：爸爸傷害小孩後，媽媽迫害父親，此時爸爸是媽媽的受害者；接著小孩趁機利用媽媽的溫柔，她就成了小孩的受害者。當爸爸試圖對媽媽施暴，媽媽默默屈服，這時小孩也許會拯救母親。拯救三角就這樣在家庭中不斷輪迴。小孩長大後逐漸脫離父母獨立，掌握力量，就會發洩長期身為受害者的怨懟，開始迫害父母。爸媽的拯救與迫害愈嚴重，孩子就會愈激烈地反擊。因此，當一個家庭不斷重複拯救與迫害，小孩經常會陷害爸媽，讓他們不得不面對各種惡劣困境。

中產階級家庭的小孩陷害爸媽的方式通常是：在學校表現頑劣，拒絕聽話做事，染上藥癮和／或警察逮捕。小孩知道父母最恐懼的事，就是他們被警方逮捕，父母就得面對警察、律師和法官的羞辱。怨恨父母拯救的小孩通常很享受被捕、被關進監獄的滋味，這讓他們的爸媽、警察、法官和所有被牽連的大人都變得像是一群傻瓜。這就是稱為「高飛自豪」（High and Proud，簡稱 HIP）的心理遊戲，位居低位的弱勢者以此報復大人長期的拯救與迫害。

跟上述例子相比，父母更常為了下列原因拯救孩子，只是事態發展沒有上述例子那麼戲劇化。父母很容易湧起自己失職的愧疚感，特別是夫妻離婚的家庭中，他們因此過度保護子女，不敢對孩子提出任何要求。此外，父母也往往低估了孩子的潛能，對他們的期望很低。

父母對孩子的期望主要是他們的學校表現，這是為了踏入勞動市場做準備，因此父母多半只要求子女遵守紀律和學習課業，孩子也在這兩件事上耗費最多精力。而父母把精力投注於培養未來的勞動力，供產業加以剝削和交易；就像農夫認真把牲口養肥一樣，只是父母不像農夫，不會從中獲益，唯一的回報就是自豪養大一個辛勤工作的兒子，或培養了一個能幹持家的女兒。

成長過程一直被拯救三角陰影籠罩的孩子，會成為深陷這三種角色的大人，逃脫不了拯救者、迫害者、受害者的輪迴。拯救三角是個效用強大的訓練場，參與其中的每個人都比某人高一等，但又比某人低一階，因此受過這種人生培訓的人會臣服於權力結構之下。

等到我們長大成人，都已從扮演受害者的過程中習慣低人一等的地位，但沒人喜歡低人一階。拯救三角不會讓人們平起平坐，每個人不是比某人強勢一點，就是比別人軟弱一點。因此體驗過一次無力感後，我們就會跳到拯救者或迫害者的位置，藉由扮演這兩種角色奪取高人一等的權力。

觀察父母如何拯救和迫害自己後，我們也想辦法遵循他們的榜樣。民間傳說和迷思也一再歌頌拯救者（如：好心的撒馬利亞人[2]）和迫害者（不打不成器）的重要性。

三種角色

拯救者

我們的社會偏愛吹捧拯救者，慷慨無私和為他人奉獻都是備受世人尊崇的特質。在這些造神運動中，連合作也受到讚嘆，但我們忽略的是，即使遇到愛騙人、自私小氣、不願與我們合作的人，社會依舊鼓勵我們當個無私、大方、合作的人。比如，拯救傾向讓人們樂於「合作」、助人、辛勤工作，因此掌控國家的政客和超級富豪得以輕輕鬆鬆地一再剝削勞工和小人物。

母親和妻子是兩種特別受拯救者角色壓迫，又不知該如何掙脫的身分。世人認為放棄拯救者角色對受害者有害無利；繼續拯救被視為無私、慷慨、樂於合作的表現，不會造成傷害。這是因為社會灌輸婦女性別角色的程式，把她們塑造成無薪的勞動力，這樣一來男性的日子才會好過些。比方說，酗酒者的另一半無止盡地犧牲自己，「無私」地奉獻自己，一再原諒酗酒者，默默承受對方虐待，事實上這對酗酒者百害無一利，但他們對此毫無自覺。

扮演拯救者讓我們產生高人一等的感覺，這就是拯救的唯一樂趣——它讓我們脫離低人一階的受害者角色。扮演迫害者也會給我們高人一等的感覺，但我們無法隨意成為迫害者。一般來說，我們必須具備某個正式的職稱或地位才能扮演迫害者，有壓迫他人的合理理由。

2. 出自《路加福音》的寓言，引申為見義勇為的善心人士。

迫害者

拯救者和受害者必定會創造迫害者，當一個人藉由助人扮演拯救者，對方卻沒有出力自救時，拯救者一定會生氣。另一方面，受害者每次得到他人拯救時，都清楚自己低人一等，拯救者的救援讓受害者擺脫不了低人一等的地位，阻止受害者運用自身能力強大起來。因此扮演受害者的人面對扮演拯救者的人也會無可避免地湧起怒火。因此我們可以說，每個拯救者－受害者的互動最終都會引發迫害者－受害者的互動。

受害者

受害者不是受害者，是遭受壓迫的人；有些人是「純粹」或實際受害者，他們低人一等的地位並不是自己造成的。被貨車撞倒的人是受害者，遭到搶劫的路人也是受害者——這些人都是真正的受害者，但當人們感到自己是受害者時，其實在絕大多數的情況**受害者**本身也是共犯；他們順勢踏入**受害者**的角色，沒有抵抗錯誤的事。

當我們被他人或某個情勢制服或壓迫，同時漠視自身受迫的感受，而且／或者不使出全部能力扭轉低人一等的劣勢，就是**受害者**；一個與他人勾結傷害自己的共犯。為了分辨不同的受害者，我們**以一般字體**表示**真正**被壓迫的受害者，以粗體字表示多少因自行屈服或沒有掙扎而受到壓迫的**受害者**。

拯救者

同樣的，我們也用粗體字代表**拯救者**。他們不是真正的救人者，比如職責是拯救真受害者的消防隊員和救生隊員。拯救者與

拯救者的差異在於：前者以救人為目標且通常辦得到，後者早就認為自己會失敗，通常也真是如此。

拯救者、受害者與拯救者、受害者這兩組人物還有一個差異，那就是受害者通常會由衷感激拯救者的幫忙；相反的，被拯救者幫助的受害者往往會回過頭迫害他們。

沒有人喜歡低人一等的感覺，但當自己跳脫這個角色、讓別人接手時則會感到愉悅。有時候不用玩心理遊戲，我們就能讓別人暫時接手受害者的角色，特別是當我們保證等會兒就會轉換情勢時。然而，身為無能為力的受害者會被難以承受的痛苦折磨，而那些出手拯救的人，藉此附議我們的無能為力，這只會讓我們更加痛苦。不管我們覺得自己多麼軟弱，若能聽到別人說我們並非徹底的一無是處，還是會感到舒服些；當有人真心向我們伸出援手，要求我們發揮自己的力量，期待我們盡一己之力改變自己，這其實會激發我們的活力。

我們怨恨自己被塑造成無能為力的人，特別是這並非我們自己要求的；當我們發現一直為我們做大小事的人其實並非真心想這麼做，就會感到羞恥與憤怒。

若想擺脫受害者的定位，可以要求別人不要拯救自己，並且要求那些出手幫助的人必須誠實。有些人的拯救傾向很嚴重，一旦停止拯救就會湧起難以承受的內疚，我們就得一再要求他們停止拯救我們。

拯救遊戲加劇無能為力的感受，這種無力感是心理治療的強敵。只要避免落入拯救遊戲的三個角色，人們就會發現自己擁有意想不到的能力，也能發展自己從沒想過的技能。女性也可以講邏輯、懂機械、擁有強健的體魄、走得跟男人一樣遠，跑得一樣快，健行一樣久。男性也可以心思敏銳、感情豐富、溫柔體貼，也能學會放鬆，體會內心的愛意，享受人生。避開拯救三角的角色扮演，從我們的**中心**運作，就能奪回掌控人生主權，也不會再阻止他人掌握他們的人生。我會在第19章講述該如何達成這個目標。

第 12 章　競爭：不平等的平庸人生劇本

拯救遊戲永遠有個覺得自己很好、高人一等的人（**拯救者**或**迫害者**）和一個覺得自己不好且低人一等的人（**受害者**）。在人際關係中，唯有雙方都抱持「我很好，你很好」的人生立場，才能平起平坐。平等關係與一人高、一人低的不平等關係差異甚大。一般家庭除了會教子女拯救遊戲之外，也會傳遞另一個深具美國獨道特色的概念：競爭意識。

「人人生來平等」，這句話傳達的正是「我很好，你很好」的人生立場。沒有人比任何人優秀；每個人都一樣複雜、有趣、珍貴，長期下來，每個人的重要性都不相上下。我們都擅長某個領域，但對其他領域所知甚少；我們都是某些領域的佼佼者，也對某些領域一竅不通；法官、基督教義、國家憲法、老師和政治人物都這麼說，但我們對此仍抱持懷疑。我們就是覺得自己比某些人優秀，也覺得自己比某些人差勁，這種觀點難以抗拒。真心認為且相信自己與他人完全平等，是個難以實現的理想，更遑論長期保有這種信念了。

我們之所以難以相信自己與其他人類全然平等，是因為我們受到競爭意識與個人主義的平庸人生訓練。身為北美白人，我們都被徹底灌輸個人主義和競爭意識——自人生初期，我們就被教育這兩者是眾人渴求的特質。大家告訴我們，只要勤勞不懈，個人主義和競爭意識會引導我們走向幸福與成功的人生。就這樣，這些特質被納入了我們的人生劇本。

這種迷惑人心的說法，主要目的是把我們培養成逆來順受、統治階級輕而易舉就能剝削的勞工，把我們的競爭力轉化為產能並從中獲利。我認為，競爭與個人主義其實摧毀了我們與自己、他人及自然和諧共處的能力。當我們瘋狂地朝高處頂端爬，我們忘記如何去愛、去思考，再也不知道自己是誰，也搞不清楚內心渴望的究竟是什麼。

我們的人生有如一座梯子，有人踩在我們頭上，我們也踩在別人頭上，身邊只有兩三個人與我們踩在同一階，平起平坐。有時會有一些人成功往上爬，他們志得意滿地往下瞧；有時則有人被摔落谷底；但大多時候，我們都卡在某個灰色的中間地帶，掙扎地向上爬，一次踏上一階，一步步朝遙遠的頂點邁進，也可能只是不想被拋到後頭。我們有太多高人一等與低人一階的經驗，以為這合乎自然，沒什麼好意外的，我們必須竭盡一切努力，確保自己「領先」他人。其實，我們之中大部分人都不喜歡競爭，也不想競爭領先，只是當其他人越過我們愈爬愈高，我們若不想落後，就只能勉力跟上。儘管費盡心力，我們還是被囚禁在無止盡的競爭與權力爭奪戰中。

大家最大力吹捧的兩項「好美國人」特質，就是競爭意識和個人主義，因此它們被寫入每個人的人生，干擾人與人之間的合作精神，讓人們感覺不到生而平等。

個人主義

受到個人主義影響，當我們實現某個目標時，總以為這全憑一己之力，沒有別人幫助；同樣的，一旦失敗，我們也會認為這全是自己的錯，不是受到他人影響。我們被個人主義蒙蔽雙眼，看不出我們如何幫助彼此，也互相傷害。就這樣，個人主義美化壓迫，讓人忽略合作的重要。個人主義讓我們疏離，無法團結起來，組成團體對抗壓迫勢力。個人主義不只讓我們易受影響，而且一旦越界就只能單打獨鬥地對抗惡勢力，很容易遭到反制。當我們不快樂或不滿足，個人主義確保我們孤立自己，不會去找其他人，齊心協力想辦法對抗壓迫，而是孤獨地忍受挫敗感的折磨。每個人都困在自己孤獨無依、無能為力、猜疑困惑的世界裡。我們與他人往來時，也擺脫不了備受讚揚的個人主義，但個人主義可說是最傷害自己的行為。

我想要強調的是，**個體性**（獨特性：自我認同或自我意識）和**個人主義**（自私：對他人冷漠，追求私利的行為）大不相同。個體性包括了尊重與關心他人，不會變成個人主義。我們不需要剝削或忽略他人，就可以做自己。個人行為或重視自我的行為，可以同時帶給本人和他人益處。本書後面（第23章）會提到，要與他人順利合作，自我肯定是非常重要的必要條件。不過，我認為不該教或鼓勵孩子個人主義（個體性的反面）。

我認為不該把個人主義當作超級優秀、人人都該追求與欣賞的特質。有些人和他們的個人行為，的確帶給他們本身和他人極大的益處，學校大力讚揚許多領導者、科學家和政治人物令人景仰的行為，表面上藉由這些實例說明個體性的重要，實際目的卻是灌輸年輕學子個人主義和競爭意識。學校沒有教我們，個人主義和競爭意識會造成多少傷害，而合作多麼珍貴。

競爭意識

個人主義與競爭意識密不可分。如果一個人能否昂然挺立，還是墜落深淵，全看個人努力而定，那麼我們自然深信身邊每一個人都和我們一樣奮力求勝，在這場瘋狂向上爬的爭戰中，他們必定也渴望取得領先，站上高我們一等的位置。我們難以忍受低人一等的感覺；在這個社會，不想低人一等的話，就得保持高人一等的優勢。我們並不瞭解平等的真義，甚至根本不會想到「平等」兩字。我們的文化從幼兒時期就開始灌輸競爭意識。

研究競爭的學者已取得一些相當有趣的成果[1]。競爭研究顯示，即使營造一個與他人合作就能獲得獎賞的情境，美國白種都市的孩童還是會選擇一爭高下，即使這麼做就拿不到獎賞也沒關係。年紀較大的孩子比幼童更積極競爭，顯然孩子是受了競爭教育，才會在即使對自己不利的情況下，仍選擇競爭。然而，並非全部受過教育的人，就會習於這種競爭生活。同一份研究指出，與盎格魯血統的美國孩童相比，墨裔美國孩童比較不會做對自己有害無益的競爭。但在講求個人主義與競爭意識的社會中，比較不愛競爭的人會跟不上他人腳步，長期處於低人一等的地位，最終遭到孤立。這是因為社會一再宣稱：競爭意識是一種優秀特

---

1. 原注：Nelson, Linden L., and Kagan, Spencer. “Competition: The Star-Spangled Scramble.” *Psychology Today* 6,4 (1972): 53-57.

質。當每個人都想盡辦法一較高下，要是沒有高超的競爭技巧，就不可能得到幸福。

除了個人主義與競爭意識之外，唯一一條創造幸福的道路，就是一群生而平等的人團結起來攜手合作。我們受過深刻的競爭訓練，但不熟悉協力合作，不知如何與人平等相待。我透過各種情境（社群與人際關係）觀察人們如何努力合作，與他人建立平起平坐的關係。可惜的是，絕大多數的努力都失敗了，人們太過熟悉競爭與個人主義，他們編寫的平庸人生劇本終究佔了上風。

稀缺性

競爭的前提是，資源有限，無法滿足每個人。如果人類需要的某種原料數量稀少，那麼人類為了生存當然非競爭不可。假如有二十個家庭每天都只能共享一條吐司麵包，此時每個人顯然都餓得不得了。要是其中有一人的競爭力特別強，為他的家庭贏得一整條吐司麵包，他的家人就得以生存，但其他人都得挨餓。在資源稀缺的情況下，競爭意識對贏家有利，一旦取勝就能確保整個物種的延續。但當稀缺性已成過去式，就像現在的美國，競爭意識反而會造成稀缺與飢餓。競爭意識激發的囤積行為，讓一小部分的人擁有遠超過實際需求的物資；與此同時，許多人陷入窘境。其實只要前者分享過多的物資，就能滿足後者的需求。競爭與囤積行為，都是建立於害怕欠缺的焦慮，但這其實不符合現實情況。囤積者壓迫別人之餘，本身也深受焦慮煎熬。撫慰經濟學指出，撫慰雖是人們賴以為生的一項基本需求，卻因人為操作而變得稀少。人們缺乏自我認同感（也就是「我很好」的立場），也很難覺得自己是聰明的、美麗的、健康的、善良的、正確的，唯有證明別人比自己差，才能獲得這些舒服的自我認同感。好似美麗、才智、健康和善良都是限量物資，只有少數人才能擁有這些特質。人們囤積食物與撫慰，也會囤積自我認同感，為了得到自我認同而彼此競爭，引發自我認同感的稀缺。

1969年秋天，我第一次親身體驗競爭與合作之間的關係。那是在聖塔克魯斯（Santa Cruz）的山林中舉辦的一個心理抗戰營。有天傍晚，參與者全都圍坐成一個大圓圈，中央則放了給所有人食用的晚餐。在我深受稀缺性影響的眼中看來，那些食物不可能夠所有人吃。我很擔心今晚會餓肚子，可說是坐立難安。大家開始分發食物，一道道菜色在眾人間傳送，想吃多少就拿多少。食物就這樣傳來傳去，令我震驚的是，事實上食物份量充足，我飽餐了一頓。因為我受過稀缺、競爭與個人主義的訓練，過去的經驗讓我焦慮不安，唯恐自己吃不飽。於是，當食物傳到我的面前，我拿了其實超過自己需要的量；我的心頭湧起愧疚；我甚至思索該怎麼讓某些菜色再次傳到我這裡；我望著食物傳來傳去，擔心它再也不會被傳到我的面前。我吃了過量的食物。簡而言之，對稀缺的恐懼與競爭意識牢牢掌控了我，我未能全心享受這頓餐點。

到了下次用餐時間，我決定相信主辦單位準備了足以餵飽大家的食物。這回我心裡湧起鮮明的滿足感與幸福感，一切都奠基於：**只要合作就能滿足每個人的信念**。想辦法爭取多一點份量並不會帶給我這樣的幸福。

這個小故事顯示：我們被塑造成好爭愛鬥、只在乎己利的人，深信競爭與個人主義有益。事實上人類歷史發展到此，我們已不用再擔心物資稀缺。

父母與學校很早就教育我們競爭的重要性，特別是學校。運動、成績、考試都在訓練我們的競爭技巧，模擬稀缺情境，好讓我們適應商業世界、裝配線和勞動市場。男孩受到的競爭訓練最為露骨；女孩則被教育透過比較隱而不顯的心理形式一較高下。在平庸競爭培訓中，父母無意避免兄弟姐妹之間的競爭問題，這是相當重要的一件事。父母鼓勵兄弟姐妹彼此競爭，而幼童通常也在這種情境中，首次認識競爭與個人主義，此後他會一直在不同情況下體驗類似事件，強化競爭意識與個人主義。

權力爭奪戰

權力爭奪把個人主義與競爭意識拉進基本人際往來之中。權力爭奪交流指的是：一個人不顧對方意願，就從對方身上獲取自己渴望的事物。（關於權力爭奪的完整討論，請見第 17 章。）

權力爭奪可能很直接粗魯，透過肢體強迫對方；也可能隱而不顯，藉由言語或手段壓榨他人來獲取自己想要的東西。最粗糙直接的權力爭奪實例，就是一個人奪取他人的麵包，如果對方反抗就以肢體力量反制。但人們也能施展心理、精神手段去奪取原本屬於別人的東西，達成同樣的效果。

權力爭奪可透過肢體和心理進行，兩者都能達成同樣目標。不管是哪一種情況，權力爭奪都會使其中一方失去原本屬於自己的東西，落入他人手中。以權力爭奪為基礎的感情關係，會讓人們陷入一連串悲慘痛苦的對立、衝突，甚至引發每個人都慘敗的浩大戰爭。

孩童每天都一再面對權力爭奪的情境，這些情境形塑了他們的平庸人生劇本，踏入高人一等或低人一階的生活模式。

平庸人生劇本的基本訓練課程，包括了撫慰經濟學、漠視、身心脫節 、拯救遊戲、競爭意識、權力爭奪和性別角色（我們接下來就會討論性別角色），這些都會干擾孩童自主性的發展。本書第五部的「美好人生」會討論如何拋開這些過去受到的人生訓練。

第三部

感情關係

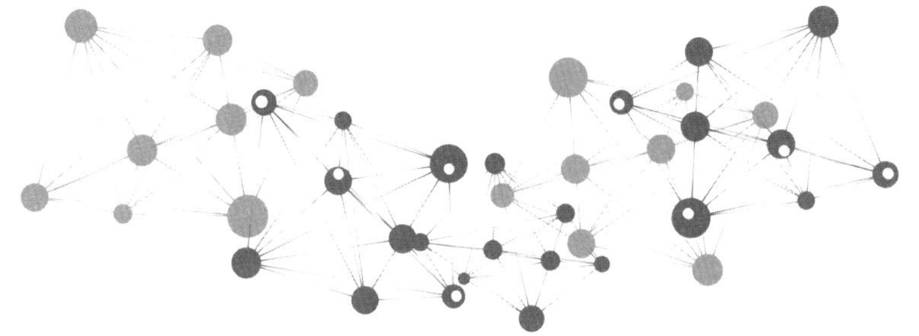

第 13 章　性別角色的人生劇本

荷姬．維克夫／著

接下來的第13~14章由荷姬．維克夫執筆。這兩章是平庸人生劇本理論的基本原型，因此納入本書。

社會化過程促使男性和女性發展某部分的人格特質，同時壓制其他部分。這種人生的程式設定預設了一個僵化且重覆生活模式，也就是本書提到的平庸人生劇本（請見第7章）。這些常見的性別角色劇本侵入我們日常生活的每一分鐘，讓我們過著庸庸碌碌的生活。

從出生第一天開始，社會化過程就將男性與女性角色的定義灌輸給孩童，而且在我們的人生過程中不斷強化這些定義。傳統上，男人「應該」理性、生產力高，而且辛勤工作，但他**不**應該情緒豐沛、對自己的情感敏銳或太溫柔親和。相反的，女性不該理性思考，深諳數學運算或強壯有力。女性可向心儀的男性提供他所欠缺的情緒與感受能力，他則替她處理事務。當然這是極端的性別角色特質，不是所有人都徹底符合，但大體而言，人們習慣把社會訂下的男性陽剛與女性陰柔特質套在自己身上。

男女性別角色訓練造就的後果之一是：人們的潛能受到限制，兩者間的鴻溝讓人無法成為**完整**的人，傷害身心健康。世上的男男女女常因找不到異性的另一半而覺得自己不完整，因此不斷從他人身上尋求滿足感。除了覺得自己不完整之外，他們還覺得自己沒辦法經營一段感情，所以自己不好。就像兩片拼圖或兩個半圓，男人與女人往往把精力投注在尋找契合的另一個人，也可能（滿懷恐懼地）緊緊抓住一段已存在、已建立依賴感的感情。

性別角色結構分析：男性

只要觀察人們的自我功能，一眼就能看出男性被命令（不只如此，還受到壓力或強制）按照某些人生劇本過活。男性大力發展**成人**自我狀態，好成為理性、擅長數學與科學的人，比較擅用邏輯思考。然而，社會阻止他們發展**關懷型家長**，不能運用這個功能照顧他人或自己。比方說，大部分的男孩想像的自我形象都不包括照顧小孩、親身照顧或安慰他人等能力。讓男孩覺得自己很好的自我形象，主要奠基於「處理事務」的能力和力量強大的特質；若他得照顧別人，也是運用**成人**能力間接地照顧別人。男孩受到的教育就是好好發展**成人**，沒必要（甚至不該）發展強大的**關懷型家長**。然而人們常常對男人說：他們**應該**照顧別人、當他人的人生支柱、參與孩子教養，因此若他們不想這麼做，就會被罪惡感淹沒，於是他們扮演**拯救者**；也就是說，男人為了他人去做原本不甘願做的事，因為內心的**豬父母**告訴他們，他們**應該**樂於這麼做。不只如此，男性也被禁止與內心的**自然型兒童**接觸。大眾傳達的訊息要他們漠視感覺，別去感覺；事實上，我們一直被灌輸男人最好別太「情緒化」的謊言。情感豐富的男孩就很難專心致志的比賽，打橄欖球時也不會心甘情願地受傷，因為他可能會害怕競爭或害怕受到傷害。

社會告訴男人，**兒童**自我狀態中直覺敏銳的**小教授**對男人來說不太重要，不需要與**小教授**保持聯繫。比方說，瓊斯先生進行商業談判時，只要施展**小教授**的能力，也許就會感覺到布朗先生的恐懼，知道這場交涉談判令他非常緊張。不只如此，要是瓊斯先生與內心的**關懷型家長**溝通順暢，就會發揮同理心，覺得自己得講求公平，讓布朗先生休息一下。這樣一來他就不會競爭，而會渴望體諒對方，互助合作。

只要好好傾聽自己的感受，男人不只無法剝削他人，也無法剝削自己，虐待自己的身體；他們不會去做那些令人不舒服又單調乏味的工作，不會願意冒生命危險，也不會從軍殺害別人。因為男人與自身的情感脫節，因此往往比女人更容易濫用藥物。男人通常按無樂劇本過日子，身心一分為二（身心脫節的討論請見第10章）。

男人身上的**豬父母**最主要任務，就是監控他們的**成人**保持運作狀態，做**豬父母**要他們做的事，當個「真正的男人」。也就是說，與他們的關懷、直覺或愛好樂趣等情感與覺知徹底失聯。

圖9呈現平庸性別角色的人生劇本對男性自我發展造成的影響。

性別角色結構分析：女性

加諸於女性身上的預設程式要她們成為高生產力男性的另

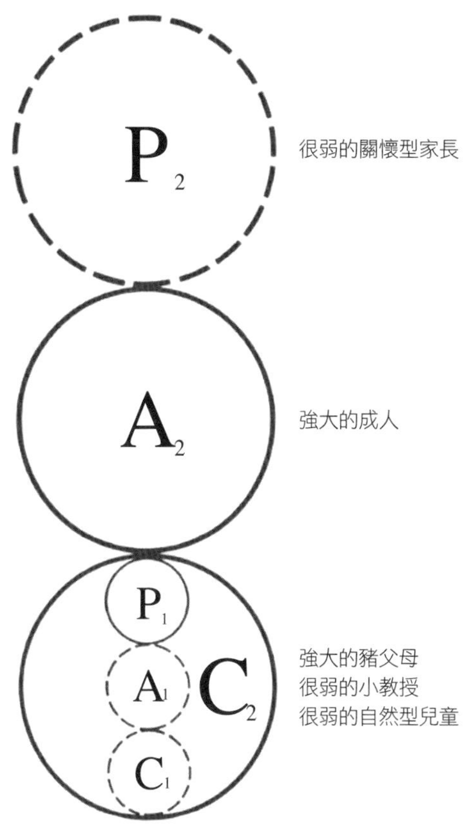

圖 9　男人的性別角色人生劇本

一半，與男性互補。更精準地說，男人是殘缺的一半，有了女性填補，才能成為完整的個體——女性得補足男性，但男性不用補足女性。女性受到的訓練是，要成為順從的人。她們被要求發展強大的**關懷型家長**：養育小孩、照顧他人（特別是「她們的」男人）、付出關懷都是她們的責任。沒人要求或鞭策她們發展**成人**。人們不會在意女性搞不懂稅單、數學很差或對機械一竅不通，她們也不用合乎邏輯地理性思考。阻止女性發展成人很**重要**，這樣一來她們才會發揮自己的功能，當男人的助理或祕書、擔任義工、做無薪的家務等。正如男人，女人也必須有個**豬父母**，強制她們按人生劇本的「法則」度日，也就是確保她們處於低人一點的地位。

社會對女性設定的大部分人生劇本，目的都是讓女性感到無能為力。以自我狀態結構分析而言，就是讓我們失去**成人**的力量，容易失去理性，難以為自己的決定與行動負責。如果遵循常見的人生劇本，我們就會尋找願意拯救我們的人，特別是男人；而且我們不相信自己和其他女性有辦法好好處理世上的大事。但是女性可以全力發展**小教授**，擅用直覺，對他人觀察敏銳，這樣她們才會知道何時該關懷他人。女性只要徹底發揮這方面的長才，那麼別人不用開口要求，她們也會滿足對方的期望（這也是拯救遊戲中女性經常扮演的角色）。女性也被禁止擁有自然型兒童；不然我們就會明白自己真正渴望的是什麼。

常見的女性身體劇本符合媒體塑造的「美女」印象；要擁有迷人外表，但不需要由裡而外地感到自信與風采。「理想」女性，也就是所謂的「芭比娃娃」，通常都有虛弱無力的雙臂，阻礙手部動作的長指甲，腰肢纖細，腹部平坦，不太強壯但漂亮的纖長雙腿，站得不太穩的瘦弱雙腳，還有感覺不太敏銳的胸部。

女性胸部是個特別重要的議題。人們一再評判婦女的胸部，把它們與媒體宣傳的美麗胸部比較，以致女性的胸部常常失去自覺；它們像是脫離了女人，受到他人的掌控，而它們的外形價值也全屬於他人。外界也說服女性覺得自己不好，生理期時她們的感覺變得更加敏銳，情緒也變得更加強烈，但她們沒有享受這份情感覺察敏銳的滋味，反而因此憂鬱。

圖10的女性自我狀態發展圖，呈現平庸性別角色劇本對女性的影響。

性別角色與家庭

核心家庭的標準設定中，男人和女人以各種不同方式不斷地拯救彼此（見第11章）。爸爸維修車子、負責報稅，每週工時長達四十小時（但他痛恨這份工作），藉由處理這些事務拯救家庭。媽媽提供家庭所需的一切關懷與溫柔，隨時留意他人感受，在家人開口要求前就滿足他們的需求，為孩子鞠躬盡瘁遠遠超過可能的回報，藉此拯救家庭。

除此之外，丈夫在性生活付出過半的努力以此拯救妻子，大多時候，夫妻的性生活都由丈夫主動起頭，也由他決定如何進行。最終，妻子可能會因性只是性而滿心怨恨（特別是她沒感到高潮的話），因為他沒有給她足夠的柔情。這是因為丈夫的男性劇本讓他與自身的情慾感受脫節，變得遲鈍，不知道她想從他身上得到什麼。另一方面，她不會對他坦白這些事。她的**豬父母**告訴她，一旦表達真實感受，就會不討人喜歡，特別是關於性的需

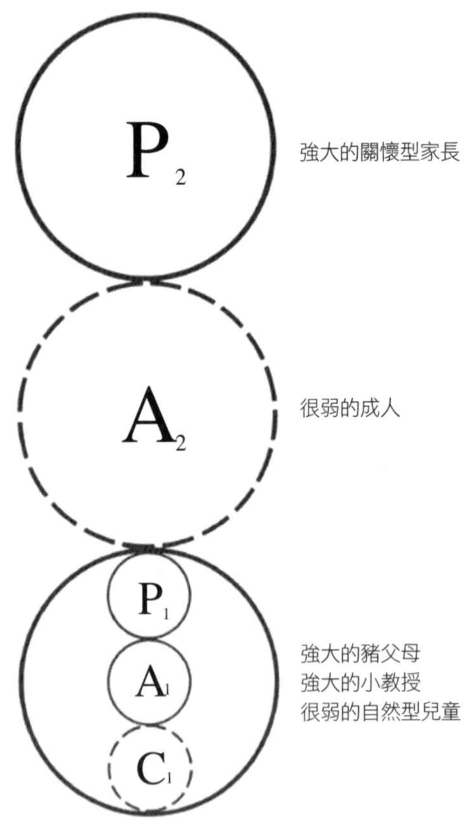

圖 10　女人的性別角色人生劇本

求，因此她會「順應」他人，怨懟一點一滴地累積，接著迫害丈夫。惡性的拯救循環，就這樣週而復始。

就像前面說的，拯救三角就像旋轉木馬般轉個不停。在這個例子中，妻子是性生活的受害者，丈夫是拯救者；妻子則藉由隱瞞真實感受來拯救丈夫；接著他們會把累積的怨懟點數兌換成迫害時段。妻子對丈夫生氣，表現「性冷感」；而丈夫不是偷偷渴望勾搭其他女人，就是對妻子表現「性無能」。

丈夫也漠視自己，但男人通常沒發現他們漠視自己。他們往往不太清楚自己想要的究竟是什麼，自己感覺到的究竟是什麼，因為從小受到的教育讓他們與自身感受脫節，這樣才能好好表現、與他人一較高下。要打破這個惡性循環非常困難，因為男性一旦重新體會自身感受，通常第一個湧上的感覺都令人不大舒服，比如恐懼和內疚（請見第27章）。男人為了避免不愉快的感覺，乾脆放棄體會各式各樣的感覺，封閉自己。丈夫不喜歡傾聽內在的聲音，因為他向來不喜歡自己聽到的內容。

正如連恩提到的，漠視讓人們殘缺；女性獲准發展直覺強烈的**兒童**，因此她們也比較容易成為漠視的受害者。

瑪麗說：「我覺得你不愛我了。」

弗萊德感到內疚，也許他真的與她疏離，因此他回答：「才沒有，我愛妳。」

弗萊德的回應讓瑪麗覺得自己似乎瘋了。她的內心浮現這樣一段對話：「我不懂。有個強烈的直覺告訴我，他不再愛我了，但他說他愛我。這種感覺來自何處？我不想這麼困惑。」這就是為什麼許多女性失去直覺力，身邊的人讓她們覺得自己不好，而且發了瘋。

直覺力是一種非常重要的個人力量，但唯一安全運用直覺且讓自己獲益的途徑，就是另一個人願意開誠布公地證實這種直覺其來有自，然而這個人必須願意冒險與自己內心的感受接軌才行。我們已在第9章深入分析，為什麼把妄想症視為強化的覺察狀態，是很重要的觀點。我們可藉由正視（詳見第23章）來證實彼此的直覺。**正視**就是對彼此坦誠，沒有任何祕密，分享彼此的瘋狂妄想（令我們恐懼、發自直覺的猜疑），同時也正視彼此的妄想中多少藏有「一絲真實性」，以正面態度回應對方。

性別角色與感情

如果不算**豬父母**對**豬父母**的交流，男女之間最強烈的溝通管道是**自然型兒童**對**自然型兒童**。男女愛情的唯一基礎，往往是**兒童**與**兒童**的聯繫。人們之所以愛上彼此，通常源自激發**兒童－兒童**交流的性愛吸引力。然而這種聯繫無法讓男女長期維持感情，前面提到的各種情況都會在一段感情中加上太多令**兒童**不堪負荷的壓力。

這就像兩個快樂的孩子共享美味的草莓餅乾，盡情歡笑。他們開開心心地吃著餅乾，心無旁騖，但很快就把餅乾吃光了，這讓他們一時之間既驚訝又難過。他們發現自己不能一邊**吃**餅乾又**擁有**餅乾[1]。這對戀人都是受過徹底訓練培育出來的消費者，看不清自己的需求也無力滿足。他們知道如何吃下**這個**餅乾，但不

1. 譯注："They can't seem to have their cake and eat it too" 這句俗語通常翻譯為魚與熊掌不能兼得，這裡為配合上下文而直譯。

知道該如何保存它，創造更多甚至更好的餅乾。

我們受到的教育讓我們像對待可丟棄的玩具般消費彼此；當人們枯竭、壞掉或無法正常運作，我們就丟掉他們，出門逛街找下一個。我們身後有座堆滿心靈屍體的可悲垃圾場，都是被我們剝削殆盡就隨手丟棄的他人。我們對他人的感情投資就這樣被浪費了！這種行為讓我們遠離彼此，無法好好合作並得到遠比自己想要還更豐富的事物。

第9章提到的漠視也是催毀兩性感情的幫兇，且對女性心理造成格外嚴重的傷害，其中一部分的原因是男性的**小教授**發展得不夠完整。

瑪麗和弗萊德攜手走過十年婚姻後，

瑪麗說：「我認為你不愛我了，弗萊德。我感覺不到你愛我。」

弗萊德回答：「這太荒唐了。別傻了，我當然愛妳。」

或者，瑪麗說：「你出遠門時，我很害怕一個人在家的感覺。」

而弗萊德回答：「別害怕，沒什麼好怕的。」

這正是男女感情的典型困境。他漠視她的感受，沒有察覺她體會到的感覺可能是真實且重要的。他的**豬父母**引發罪惡感，它告訴他**非愛妻子**不可，使他與內心真實的感受脫節，瑪麗反倒對他的真實感受比較敏銳。他漠視自己的感受與妻子的直覺感知能力。正因如此，瑪麗陷入困惑、喪失理智，而弗萊德被罪惡感壓得更重，進一步遠離內心感受。這種模式催毀了許多本有機會持久的美好感情。

性別角色陰謀

男性和女性的人生劇本被美化成宛如甜酸醬般，大不相同又密不可分的關係，把男女說成冷與熱，陰和陽。這本該是個巧妙又美麗的比喻，問題是，人們不像電視劇《一家子》[2]（*All in the Family*）中的邦克夫妻那樣完美互補。事實上，僵化的性別角色讓男人與女人把彼此當作謎團，而不是互補。人們常說，男人讀不透女人的心思。而女人也搞不懂男人的想法。對當代性別角色迷思的盲從成了這場兩性關係陰謀的幫凶，由於兩性在各方面的溝通都支離破碎，以致無法建立真正成功的感情。

世上的男男女女之所以無法擁有圓滿又持久的關係，源自兩個重要障礙：一、男女往往無法建立良好、親密、關愛彼此的愛情。二、雙方難以發展平起平坐且激發滿足感的夥伴關係。

圖11A呈現兩性可能的溝通模式，我們可從此圖看出兩性溝通失敗的緣由。

男女常用的溝通方式，是女性**關懷型家長**與男性**兒童**的交流，然而男性的**關懷型家長**卻很少與女性的**兒童**交流。雙方的**成人**也很少溝通，因此難以發展健全的合作關係，也無法從中營造親密感。同時，雙方的**關懷型家長**沒有聯繫，因為男性的**關懷型家長**發展不全，而女性的人生劇本讓她們擔下大部分養育子女的責任。雙方的**小教授**也很少往來，當男女無法交換對彼此和他人的直覺觀察與感受，就難以產生親密感。

當我們把這兩個人放在一起，讓他們「合而為一」，就會發

2. 美國七〇年代的知名電視劇。

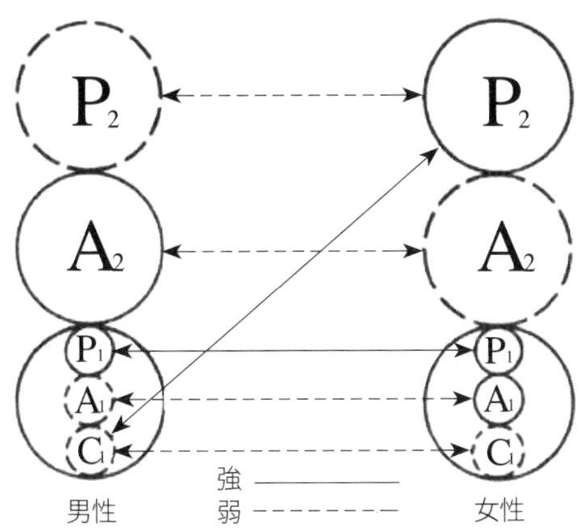

A. 一個女人與一個男人：符合性別角色的溝通模式

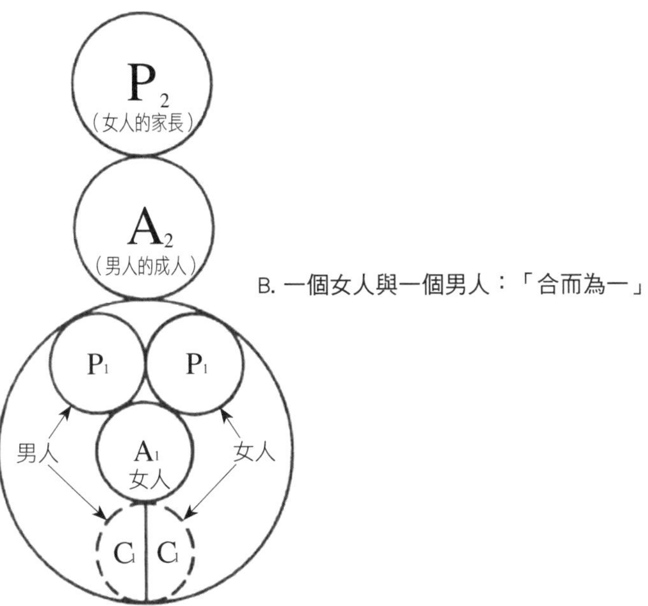

B. 一個女人與一個男人：「合而為一」

圖 11

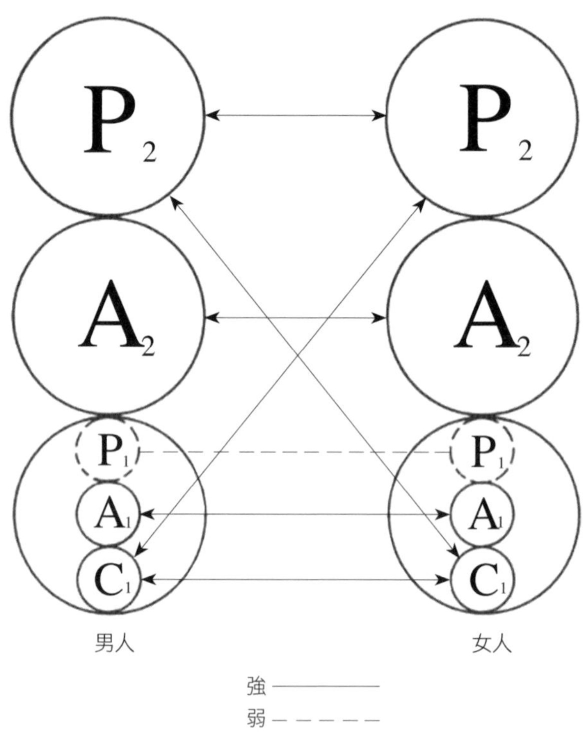

圖 12　一個女人與一個男人：自由的溝通

現他們組成兩個殘缺的人。事實上，他們的人格（圖 11B）相加後會形成一個**關懷型家長**，一個**成人**，一個**小教授**，兩個各只有一半的**自然型兒童**，同時卻有兩個**豬父母**——的確成了自覺渺小悲慘的人。

對抗性別角色

男女若想找回自己身為人類所擁有的全方位能力，就必須合作互助。女性得找回**成人**力量，也就是理智思考的能力，做自己想做的事，停止拯救：別再付出沒有回報的關懷與撫慰，特別是別再去愛那些不愛她們或沒有付出等量愛的人。女性要善待自己，就是根據自己所得到的而去付出等量的愛，把過多的愛投注在自己和愛她們的人身上，這樣才會停止怨恨男人。男性必須做自己真正想做的事，不要被內疚的罪惡感驅使去做那些不得不做的事。男女雙方都必須擺脫內心壓迫自己的**豬父母**。

當男女奪回三種自我狀態的力量，好好發揮這些能力（圖 12），就能建立各種有效溝通，包括**關懷型家長**對**關懷型家長**，**關懷型家長**對**兒童**，**成人**對**成人**，**小教授**對**小教授**，以及**自然型兒童**對**自然型兒童**。男女之間增加了這麼多的溝通管道，才能以此為穩固基礎，創造合作且平等的愛情關係。

第 14 章　女性的平庸劇本

荷姬・維克夫／著

（第13~14章由荷姬・維克夫執筆。這兩章是平庸人生劇本理論的基本原型，因此納入本書。）

女性除了被父母寫下人生劇本，被媒體鼓勵扮演特定角色之外，值得注意的是，性別角色設定可追溯至古代，從希臘神話的女神形象就可看端倪：雅典娜是「**男人背後的女人**」原型；赫拉是童謠中的「**哈伯德老奶奶**」[1]；阿芙洛黛特則是「**塑膠女**」。精神學家也將性別角色實體化，比如卡爾・榮格（Carl Jung）就提出阿尼瑪和阿尼姆斯[2]的概念。接下來我會列舉幾個常見的女性人生劇本，呈現受過人生訓練的她們如何接受自己的不完整、能力不足、天性依賴的錯誤形象。我選擇的劇本都具備容易引起共

---

1. 英文童謠 *Old Mother Hubbard* 於 1805 年首次印刷發行，第一段的歌詞如下：「哈伯德老奶奶朝櫃子走，要拿根骨頭給她可憐的狗兒；走到櫃子前面，櫃子空空如也，可憐的狗兒什麼也沒得吃。她去麵包店買麵包給牠；等她回到家，狗兒早就斷了氣。她去葬儀社買棺材給牠；等她回到家，狗兒笑哈哈。」
2. Anima 指的是男性無意識中的陰性面，Animus 是女性無意識中的陽性面。

鳴的特質。進行團體治療時，我一再看到婦女遵循下列劇本過日子。

我想提醒讀者的是，一名女性可能同時懷抱兩三種劇本，或者與下列劇本的主題相近，但細節略微不同。描述這些平庸的人生劇本時，我會先列出命題，也就是她的人生規畫，包括她的親密、自發和覺察三種能力如何受到壓迫，她會如何反擊，她所參與的消遣，以及人生劇本指明的悲哀結局。其他項目則類似本書作者克勞德列出的劇本清單（請見第7章）。

哈伯德老奶奶（也稱為隱身家庭的女人）

生命歷程：她窮盡一生照顧、體貼每一個人，就是沒有善待自己。長期以來，她付出的關愛遠遠超過自己所得，但她安然接受這樣的不平衡，因為她自認是整個家庭最不重要的一員，她的價值建立在自己為別人付出多少之上。電視、女性雜誌等大眾媒體一再歌頌家庭主婦和母親的角色，合理化這樣的不平等。她不在乎自己所需的撫慰和人生意義，她的付出也難有回報，她只在乎滿足家庭的需求，也就是給她的丈夫和子女撫慰，成就他們的人生意義。這個人生劇本很安全，所以她選擇這樣過日子，迴避做完整且獨立的個體與隨之而來的恐懼和風險。每當她試圖反抗，做自己想要的事，丈夫和子女就會生她的氣，所以她還是循劇本而活。

她會扮演拯救三角的所有角色，但她最熟悉的是**拯救者**（請見第11章）。為了能從家人那裡得到一點回報，她常常太多話（吸引他人的注意力）；她不會開口要求，但當丈夫和孩子沒有表達足夠的愛意或應允她的期望，她就會想辦法引發他們的罪惡感。除此之外，她也拒絕與丈夫行房，老是以太累或頭痛為藉口，希望他轉而給她一點撫慰。她會讀女性雜誌，羨慕那些身穿華服的纖瘦模特兒，覺得比不上她們的自己很差勁。她老是煮美味的料理但又不得不節食，困在惡性循環中。她愈覺得自己不好就愈想反抗，煮美味的菜色再狂吃一頓。到了人生後半段，她常覺得憂鬱寂寞，沒人欣賞她的付出。子女不喜歡她，丈夫對她失去興趣。她被家庭消耗殆盡。大部分的時候，子女視她為麻煩根源，就像小說《波特諾伊的控訴》[3]中主人翁的母親。當她對其他人的任務與用處已完成，此時她也差不多到了更年期，她會迎來心靈之死（被貼上初老憂鬱症的標籤），經歷了漫長艱辛的勞動之後，可能還得面對粗暴的驚嚇（電擊治療）。

劇本轉折：她找到工作，看似成了獨立女性，打破預設的人生模式，可惜的是為期短暫，因為家裡事務已經夠她忙得團團轉，負荷不了更多工作。

禁令與屬性：當個好母親
溫柔
為他人犧牲

抉擇：哈伯德奶奶年紀輕輕就決定，比起追求個人事業或挑戰獨立，自己寧願當個好母親和好太太。

神話人物：她愛看很久以前的電視影集《我記得媽媽》[4]，

3. *"Portnoy's Complaint"*，美國小說家菲利浦．羅斯（Philip Roth）於 1969 年出版的作品。

4. 1948 年上映的電影 "I Remember Mama"，美國導演喬治．史蒂文斯（George Stevens）執導，奪得五項奧斯卡獎。

喜歡貝蒂妙廚[5]的廣告，熱愛「大地之母」的圖像。

身體元素：她通常超重，很少運動，沒有滿足身體需要的運動量。她的身體多半很鬆軟，身材矮胖，讓人感覺很親切。如果她來自下層階級和／或第三世界，她可能會忽略自身的健康，比較在乎子女的健康。

心理遊戲：折磨[6]

性冷感的女人[7]

瞧瞧我多努力

治療師扮演的角色：他告訴她：別發火，要調適自己，給她鎮靜劑好讓她舒服些，繼續留在「原地」。他要她注意飲食，給她能讓她變瘦、快樂和冷靜的藥物，最後可能再以電擊治療終結她。

對抗之道：她開始傾聽自己的渴望並加以重視；得到自身理應獲得的撫慰，而不是以自己付出多少來換取撫慰。她徹底拒絕**拯救**別人，要求他們開口請求，但她絕不會過度付出，超過自己所得。她得把自己和自身需求排在首位，而不是他人。她注意自己的身體狀況，但不是為了讓自己變美、符合「媒體」標準，而是因為她愛自己，渴望感到自信美好；她定期運動。她修習女性研究，吸收女性歷史、學習汽車機械、練合氣道。她把自己的身心健康列為優先。

---

5. Betty Crocker：美國食品公司通用磨坊（General Mills）創立的子品牌與代表人物，販售食品及食譜。
6. 原注：我認為這些心理遊戲隱含性別偏見。可惜的是，由於伯恩早逝，我來不及與他深入討論。
7. 原注：Aldebaron, Mayer. "Fat Liberation." *Issues in Radical Therapy* 1,3 (1973): 3-6.

一旦踏入人生劇本就很難抵抗它，因為對一名養育四個孩子的過胖婦女來說，人生選擇有限。但只要真心渴望改變，找回人生的控制權，她們就能改變軌道，創造**自己想要**的人生，也可以與其他同樣努力扭轉命運的女性一起合作，支持彼此。她們可以攜手撫育子女，輪流照顧。最後，她們可以加入行動組織，為了改善照護系統與社會福利而共同奮鬥。

塑膠女

生命歷程：為了獲得撫慰，她用塑膠物品包裝自己，穿戴鮮豔飾品、厚底高跟鞋、性感衣物，噴灑散發魅力的香水，化上誇張的妝容。她試圖花錢購買美貌和「我很好」的感覺，但老是失敗。長期以來，她迷戀女性雜誌和電影裡面的女人，自認比不上媒體美女。她會獲得一些撫慰（通常來自店員），因為她用心打扮自己又是個聰明的消費者，她把上班之外的所有時間都投注於此。消費者的角色帶給她安全感；當她以消費者的身分做決定，還有買下自己想要的東西時，她都感到自己充滿力量。她一走出百貨公司就覺得自己無法控制人生走向，因此最常扮演拯救遊戲的**受害者**。她建構時間的方式多半是化妝、在家裡試穿各種裝扮、瀏覽電影和時尚雜誌。她覺得如果沒有穿上芭比娃娃裝，也就是盛裝打扮，就會被人們忽略，她藉此再三證明這個人生劇本正確無誤。她一直無法獲得自己真正渴望的事物（因為金錢買不到），因此她也許會用偷竊來反擊；或者，她一生丈夫的氣就靠不斷花錢洩憤，好像打算用信用卡刷死丈夫，不然就是花丈夫的錢向心理分析師購買撫慰。當她再也無法藉由購買堆疊表面的美麗，就會陷入憂鬱：她無法從自己或他人身上得到內心真正渴望的撫慰。她可能會用酒精、鎮靜劑或其他化學品來填補空洞。當她步入老年，瑣事佔據她的人生，她的房子會堆滿各種裝飾品。

劇本轉折：每當她節食了一陣子，買了幾件新衣服，打扮得容光煥發，在燈光朦朧的晚宴或酒吧享受讚賞的目光，她感到非常愉悅；這個人生劇本看似帶給她不少快樂。當午餐喝的小酒還在她體內流竄，此時無論是在家裡或工作場所，她都會沉浸在喜悅之中。但這種興奮感轉瞬即逝，空虛和不滿足很快又會湧上她的心頭。

禁令與屬性：別老去
別做妳自己
當個可愛的女人

抉擇：她讀高中時就決定在校外打工賺錢用來買衣服，放棄花心力編輯校內刊物，追求寫作方面的興趣。

神話人物：她迷戀歌手桃麗絲・黛[8]和類似的電影明星，菲莉絲・狄勒[9]、瓊・瑞弗斯[10]和卡蘿・錢寧[11]等人，他們帶給她很多樂趣。

身體元素：她身材瘦削但皮膚鬆垮，憋腳的鞋子傷害她的雙腳，日光浴導致她肌膚乾燥。

---

8. Doris Day（1922-2019）：美國演員、歌手，提倡動物權利，被譽為五、六〇年代的電影票房女王。
9. Phyllis Diller（1917-2012）：美國喜劇演員，長年從事脫口秀。
10. Joan Rivers（1933-2014）：美國喜劇演員，也是作家、製片與主持人。
11. Carol Channing（1921-2019）：美國女演員，以《你好，多莉！》奪得東尼獎最佳音樂劇女演員獎。

心理遊戲：你這倒楣鬼

買個東西給我

酗酒者（或用藥成癮者）

治療師扮演的角色：他開藥方給她，幫她安排漫長的心理治療療程。根據他的診斷，她不能參加團體精神治療（因為她太「神經質」）。每週他會與她一對一面談三到四次。

對抗之道：她決定喜歡自然的自己。她意識到，消費者身分帶給她的力量只是假象，她決定擔起開創人生的責任，找回生活的主控權。她不再用藥物麻痺對人生的不滿，加入心理問題解決團體，學習如何真正改變自己。她在乎的不再只是外表，也用心發展自己的其他面向，獲得自己和他人的欣賞。她開始享受運動，加入健行俱樂部，認識新的朋友。她用心關注內在的感覺，而不是外貌打扮。

男人背後的女人

生命歷程：她丈夫的能力往往比不上她，但社會的性別偏見要求丈夫的事業必須比妻子成功，因此她把自身所有的才能都用於支持他，他的事業發展是她的唯一動力。一般說來，她不會生小孩；她現身雞尾酒會時總看起來聰明又機智，也是個絕佳的女主人和活動企畫經理。她是女版的西哈諾・德・貝傑拉克[12]，

12. Cyrano de Bergerac（1619-1655）：法國軍人、作家、哲學家，法國劇作家愛德蒙・羅斯丹（Edmond Rostand）根據他的生平寫下同名劇本，中文世界多半譯為《風流劍客》（Cyrano de Bergerac）。1990 年上映的電影《大鼻子情聖》就是根據這個劇本改編而成。

因先天缺陷（性別）而無法發揮天賦，社會不允許她登上高位，她只能隱身幕後。為了支持另一半，她給予他大量撫慰，也把本該屬於她的撫慰都讓給他。比方說，她丈夫的書都由她操刀，但享受名利與光環卻是丈夫。她必須為他鼓掌，這是她唯一展現光采的時機，她只能藉此得到滿足。比起成為「女強人」、被貼上「男人婆」標籤、面對艱難的競爭現實，她覺得幫助丈夫功成名就簡單多了。

如果另一半很成功，她會花很多時間閱讀丈夫收到的粉絲來信，看他上電視節目，隨時留意他的競爭對手，負責室內裝潢，規劃高雅的晚餐派對，用花言巧語勸誘上司幫老公升職。當她以自己的名義投稿卻遭出版社拒絕，或者找工作時永遠都被安排祕書一職，再三證明她跳脫不了這樣的人生劇本。當她不滿這種不平等，就會暫時拋下助理一職，藉此強調自己對丈夫事業的重要性，或者考慮與丈夫的競爭者來場外遇。

最後，當丈夫接近頂峰，不再那麼依賴妻子，他也許會想要離婚，因為與年輕女子往來會帶給他高人一等的感覺，或者他會選擇更容易到手的性對象。

劇本轉折：與其他人生劇本相比，這個劇本的主人翁看起來受到的剝削似乎最少，因為女主角成為**男人背後的女人**時，她也會獲得一定的讚賞與嘉許。只要丈夫真心欣賞感激她，她多半覺得很快樂；一旦他視她為理所當然，她就會變得嫉妒與滿懷怨恨，同時又認為自己不該出現這種感覺。

禁令和屬性：幫助他人
不要居功
站在妳的男人身後

抉擇：在人生的某個階段，她決定暫停學業。休學後她找了份工作，幫助另一半完成學業。她決定當個支持丈夫的好妻子，她不該比丈夫風光。

神話人物：愛蓮娜．羅斯福（Eleanor Roosevelt）的生平令她著迷，她對帕特．尼克森[13]、蘿絲．瑪麗．伍茲[14] 和賈桂林．甘迺迪（Jacqueline Kennedy）很好奇。

身體元素：她有點駝背，習慣聳肩和聳起背部，讓自己看起來不顯眼，不具威脅性。

心理遊戲：老天爺，你太厲害了，教授
樂於助人
要不是為了你

治療師扮演的角色：看到治療師，她就想起身為女人所受到的限制和支持丈夫的責任。若是提到離婚，他會告訴她，她不該在離婚交涉過程中對丈夫生氣或渴望報復，不然就成了悍婦。

對抗之道：要擺脫劇本，她得開始以自己的名義運用天賦，獲得應得的認可與功名。她必須停止當膽小鬼，讓丈夫站在前線，承擔所有責任。首先，她必須停止那些宣稱當個強大有力的女人是不好的內在訊息；接著，當別人恐懼她的野心，試圖貶抑她時，她必須嚴正駁斥。她開始為自己工作，建立自己的工作模式，請先生雇用祕書或家管人員。她必須下定決心，若她渴望成功，就得靠自己去贏取並付出相應的代價，而不是透過別人獲得榮耀。

13. Pat Nixon（1912-1993）：美國第 37 任總統理查．尼克森之妻，於 1969-1974 年擔任美國第一夫人。
14. Rose Mary Woods（1917-2005）：尼克森的祕書，從 1951 年起上任直到他的政治生涯結束。

可憐又渺小的我

生命歷程：她一直扮演**受害者**，終其一生都在尋找**拯救者**。她的父母為她決定一切，因為她是女生（女生就該無助），這讓她變得柔弱，全然依賴父母，也受父母控制。她曾經對此掙扎但最後還是放棄，她相信他們是對的，她就是個無用的人。她嫁給一個地位崇高的男人，通常是精神醫生，扮演拯救無助小姑娘的爹地。當她展現力量、感覺自己很好時，她不會得到撫慰，唯有柔弱無助時才能獲得撫慰，因此她揮不去「我不好」的感覺。想當然爾，她得到的撫慰是甜中帶苦，不會帶給她實質的慰藉。

當她以**兒童**自我狀態面對他人的**家長**自我狀態時，她會從中得到一點親密感，但幾乎從未體會過雙方平起平坐的親密感。因為她獲准保持孩子氣，她可以像孩子一樣隨興得無可救藥，也能發揮創意展現瘋狂。她學到只要告訴別人自己遇到的麻煩，事情就會發展得比較順利，因此她很努力維持這種形象。她花很多時間抱怨事情多麼煩人，希冀別人會想辦法做些改變。她創造很多情況，施些手段讓別人為她做他們本來不想做的事；當他們對她起了怨言，她就會受他們迫害，以此證明自己是個**受害者**。當丈夫扮演柔弱女子的好爹地，她會撫慰他；當她欣賞丈夫，就會給他性撫慰；最後，當她的心已不在丈夫身上，她會因丈夫盡責扮演烈士而給他撫慰。當她想要反擊這個劇本，她會「發瘋」，在公共場合失控，讓丈夫尷尬不已；她還會在往來社群中製造懷疑丈夫能力的流言，可能質疑他身為人夫或治療師的角色。最後她無法再自行生活，不是被囚禁在一段依賴的感情中，就是被送進精神療養院。

劇本轉折：當她嫁給演出英雄救美的丈夫時，他**拯救**了她並推進她的人生劇本，看起來她的生活一帆風順。

禁令與屬性：別長大

爸媽說什麼就做什麼

別思考

抉擇：父母對她施壓或強迫她忽略自己的意見和感受，年紀還小的她決定相信爸媽懂得最多，也就是他們懂得比她多。

神話人物：她小時候非常喜歡讀《灰姑娘》和《孤女安妮》之類的故事。

身體元素：她的身體柔弱，平衡感不好。她總是睜大眼睛，臉上最常出現的表情是驚訝或哀傷。

心理遊戲：這實在糟透了

笨蛋

為我做件事

治療師扮演的角色：他扮演**拯救者**，而當她短暫進步後又退回原點，他會變成**迫害者**，說她欠缺動力或得了思覺失調。

對抗之道：她拒絕再扮**受害者**或玩「為我做件事」的心理遊戲，不再尋求輕鬆的捷徑。她決定自己必須長大，發展**成人**，自行處理事務，這會帶給她很多好處。她展現實力、覺得自己很好後，開始收到相應的撫慰；她不再接受因扮演**受害者**而得到的撫慰。她不再喜歡低人一等、老是受傷的形象。當別人拯救她，她清楚意識到對方只是透過遊戲展現高高在上的態度憐憫她、壓迫她，因此不管在任何時候，她都確保自己出一半的力，明白拯救就像海洛英般有害無益。自身力量開始帶給她有如上癮般的快感，她藉由運動擺脫困在體內的恐懼，學習空手道好讓自己走在路上時感到既安全又強壯。她要人們別再叫她的名字「蘇西」，改用中間名「瓊安」喚她。

美人精

生命歷程：她符合所謂「媒體美女」的標準，但她不太喜歡自己，從不認為自己漂亮，她認為表面下的自己空洞膚淺又醜陋。照鏡子時她只看到自己的瑕疵和缺陷，看不見自己的美。這被稱為「美女症候群」，有趣的是，出現這種症狀的人通常只專注於自身某些分開來看時可能沒那麼迷人的部位，並因此深信自己不美。她覺得自己欺騙了那些認為她很美的人，在她眼中他們都是一群被矇騙的傻子。因為美麗的外貌，她獲得過量的撫慰，但她漠視它們。她希望人們喜歡她本身，但沒人願意看穿她外在的美麗。與她交往的男人，會因摟著一位尤物而獲得撫慰。她總是在尋找終結自身困境的白馬王子，期待他用純粹的愛讓她化身為真正美麗且有價值的人。人們只欣賞她的外貌而不是她的人，這令她火大，她在好友面前猛抽菸、打扮邋遢，藉此反擊世俗。她吸引眾多男性，但她從來不交出自己。大多時候，她都覺得自己是**受害者**。其他女人多半視她為厲害的競爭者，與她爭奪男性青睞，同時羨慕她的美貌。她的姿容讓她多半能輕鬆得到想要的東西，這種特殊待遇讓她不用學習與他人合作，因此有時候她的行為舉止宛如大牌明星。當她遇到白馬王子時，由於她不懂得運用**成人**經營感情，因此他終會讓她徹底心碎。隨著年華老去，她失去媒體美女的優勢，但面對他人時她依舊展現一如既往的敵意，只是此刻人們覺得她是個無理取鬧的婊子。最終她孑然一身，不愛任何人，連自己也不愛。

劇本轉折：當她與白馬王子陷入濃情蜜意時，她看似非常幸福快樂。但這場美好感情只維持半年左右，當他的興趣轉移到其他新鮮美女身上，就漸漸失去光采。

禁令與屬性：妳的美麗很表面
別與人們親近
別做妳自己

抉擇：人們似乎只是因為她的美貌才理會她，而不是她這個人，因此她決定，既然自己無法被當作一個實質的社交個體，那不如用性目標推銷自己，藉此獲得她想要的東西。

神話人物：她對傳奇人物瑪麗蓮．夢露懷抱病態的迷戀，羨慕知名的電影電視明星。

身體元素：她擁有美麗的身體，但她少有感覺。她很緊張，身體常常處於緊繃和僵硬的狀態，有時她難以達到性高潮。她微笑時只會動動嘴角，免得眼部起皺紋。

心理遊戲：挑逗
要不是為了你
（對自己）吹毛求疵

治療師扮演的角色：她引起治療師的性慾，他探詢她的意願，接著她就會漠視一切他可能會說的話。

對抗之道：她拒絕接受別人因為她的外表而給她撫慰，開始要求人們欣賞她的特質，並依此給她撫慰。她不再對自己玩吹毛求疵的心理遊戲，逐漸喜歡自己，享受自己內在與外在真正的美好。她開始做對自己有意義的事，加入婦女團體，學習如何藉由合作達成目標。她決定運用**成人**，與把她當作一個完整個體欣賞的男人建立合作互助的感情。她按心意創造自己的生活方式，開始享受自己的力量，也瞭解她必須努力改善與自己的關係。

護理師

生命歷程：她是專業的**拯救者**，醫療體系剝削她，工作量已逼近她身體所能負荷的極限。一開始，她對他人的關心促使她幫助人群，但這很快就變成一種對自己的壓迫。過去的訓練讓她的直覺敏銳，隨時感知他人的需求並照顧他們。但接下來她希望別人也用同樣的方式滿足自己的需求；也就是說，她希望別人理解她的心思，就像她能一眼看穿他們的心思，她期望別人用她的方式照顧她。但這個期望落空了；她不會表達自己的渴望，也就得不到想要的事物。她所得到的多半是心懷感激的病患和其家人送的「撫慰糖」。太多拯救讓她受傷且憤怒。由於得不到自己想要的東西，因此她變成**迫害者**，利用所謂的「專業超然的態度」掩飾迫害行為，這常以反拯救的形式出現（請見第11章）：「別人沒說，我就不給！」

她花很多時間抱怨醫生和上司多麼可惡，但既沒時間也沒精力對抗他們，或者由於擔心可能會被怪罪，而不能反抗。她可能覺得為了養家活口，自己非向環境低頭不可，因為她是整個家的經濟支柱，也許她是丈夫的**拯救者**（他可能是個酒鬼），但也可能因為她是單親媽媽。當愛情觸礁時，她總認為自己應該做更多才對（**拯救**）。諷刺的是，當她漸漸年老，她待在醫院的時間反倒更長；為了救別人的身體，她終其一生都被迫剝削自己的身體。她可能在照顧一名摔倒的病患時，傷到了自己的背；為了在白天全力以赴，她服用太多興奮劑，晚上又得靠大量鎮靜劑和酒精來放鬆。

劇本轉折：從護理學校畢業後沒多久，她就得到第一份工作，看起來她選了一項可敬的事業，每件事似乎都如她所願。當她覺得自己付出太多愛卻得到太少，心裡隱隱產生不快，對工作的熱情也逐漸消散。她在癌症病房工作時感到非常絕望，必須服用安眠藥才能入睡，免受惡夢傾擾。如果她是白人且／或出身中產階級，她可能會與年輕帥氣的醫生約會，結果不是他已婚，就是他娶了她，但一結束受訓期就與她離婚。

禁令與屬性：照顧別人為優先
別提出妳的渴望
辛勤工作

抉擇：她很年輕時就深信，把他人的需求放在首位才是個好人，在乎自身需求是「自私」的，不是好事。

神話人物：她幻想自己成為一個受苦受難、永遠傾聽他人的偉大女性，比如珍．亞當斯[15]或南丁格爾。

身體元素：太常站立讓她的雙腳太過操勞，有靜脈曲張，因攙扶病患而傷到背部。

心理遊戲：你何不——說的對，可是
這實在糟透了
要不是為了你

治療師扮演的角色：他告訴她，她得繼續賣命工作，照顧別

15. Jane Addams（1860-1935）：美國社會工作者、改革家，美國第一位贏得諾貝爾和平獎殊榮的女性，推動美國婦女投票權的領導者之一。

人，不只如此，她也得支持醫生的父權角色，這都是理所當然的事。他開給她藥方，好讓她繼續工作：白天服用興奮劑，晚上服用鎮靜劑。由於她擅長傾聽又體諒人心，他甚至會向她傾訴他的煩惱。

對抗之道：對她來說，最重要的一件事就是學習提出自己的要求，優先處理自身需求。除此之外，她也得下定決心停止拯救，學習建立沒有拯救遊戲的感情。她可能得辭去醫院的工作，轉為兼職或從事私人護理服務，好讓她有時間照料自己。她必須學會怎麼照顧自己，尊重自己的需求和身體。過一陣子後，她可以集結其他的護理師攜手推動改革，讓護理師不再受到嚴重剝削，爭取支持放棄醫界的拯救遊戲，與病患討論患者的權利與責任，這些都會帶給她很多助益。

胖女人

生命歷程：她耗費大半人生斤斤計較體重計上的數字，體重計左右她的人生，她一再節食，試圖藉由餓肚子找到對自己的一點肯定。她還是個小女孩時就學會不正確的飲食習慣，人們鼓勵她吃大量碳水化合物；當她表現優秀時，她獲得的獎賞總是食物。人們要她吃光盤子裡所有的餐點，因為浪費食物很差勁——「想想中國有多少人在挨餓」（但別去想你撐得飽飽的肚子）。她不知如何宣洩內心的憤怒，說「不」更是艱難無比的任務，因此她吞下一切。過重帶來的好處是讓她覺得自己穩固而龐大。她不擅長拒絕也不知如何表達怒氣，因此肥胖的身軀幫助她遠離那些她不喜歡的男人。她的肥胖還扮演**木腿**（Wooden Leg）

的功能：充當做不到某些事或達不到人生目標的方便藉口。她渴望獲得關於外貌的撫慰，卻一直得不到。她的自發能力都用在何時吃和吃什麼兩件事上。她覺得自己是這副軀體的受害者，欠缺自制力讓她難過，別人對她體重的看法也令她傷心。她用大吃一頓反抗後，就用嚴酷的節食懲罰自己，形成沒有出路的惡性循環。她深信自己太胖，所以不好，一再失敗的節食證明自己欠缺自制力（也就是說，她是上了癮的無助受害者）。她的人生都耗費在擔心體重，因為得不到渴望的撫慰而傷心難過，最後她得了心臟方面的疾病，但醫生早就警告過她這件事了。

劇本轉折：當她節食一陣子，體重減輕了一些，穿得下十二號的洋裝時，她的人生看似相當順利；但事實並非如此，她總是覺得餓，她的人生繞著體重計的數字團團轉，而且她還是難以表達憤怒和說「不」。結束節食後，一遇到麻煩她就會吃太多，因此減輕的體重又馬上回到身上。

禁令和屬性：別說「不」
別生氣
別愛你自己

抉擇：她從十五歲就深信自己一定過重，怪自己自制力不夠。

神話人物：她喜歡魯本斯（Rubens）的畫作，關注伊莉莎白・泰勒的精采人生和她的身材煩惱。

身體元素：她的脂肪是她的盔甲。她難以從事運動，容易得到腳踝扭傷等輕傷。

心理遊戲：酗食者
木腿

這實在糟透了

治療師扮演的角色：他對她說，她得學習如何增加適應力，也就是說她得學會處理自己的問題，並為她開減肥藥丸和食之無味的節食菜單。他討厭她的身體，舉止態度暗暗透露對她的厭惡。

對抗之道：她擺脫人生劇本的出路，就是下定決心接納自己的身體，學習愛自己的身體和照顧它（請見梅耶．亞德拜朗的著作《解放肥胖》一文）[16]。她可以發揮覺察力，注意人們強加於肥胖者的壓迫，對此表達憤怒。她在愛惜身體的同時也學會觀察身體，傾聽身體並停止虐待身體。她學會健康的飲食習慣，吃既美味又讓身體舒服的食物。她也得學會怎麼說「不」，對那些壓迫她的人生氣，特別是那些批評她身材和體重的人，不再默默吞下別人丟給她的一切。她可能永遠也無法瘦到媒體的標準，但她可能會減輕一些體重，感到由內而外的身心舒暢，而不是一直陷在饑餓與內疚的輪迴之中。

專注中心（請見第24章）會帶給她很多益處，讓她與身體重建順暢的聯繫，身體就會告訴她：需要或不需要哪些食物；也會告訴她：自己對別人的渴望是什麼，她不想要的又是什麼。她必須停止怨恨自己，別再吞下內心的怒氣。而且她必須確保不付出超出自己得到的撫慰，因為陷入撫慰赤字正是讓她吃太多的原因之一，她向食物尋求慰藉。她必須學會如何關懷自己，不靠食物麻痺也能好好放鬆身心。

16. 原注：Aldebaron, Mayer. “Fat Liberation.” Issues in Radical Therapy 1,3 (1973): 3-6.

老師

生命歷程：她之所以決定教書，不是因為她真心想從事教育，而是因為她認為，若要把大學主修科目的知識運用在實際生活中，並賺取穩定收入，教職是唯一的出路。終身職的安全感吸引力強大，這把她困在繼續工作的囚牢中。在這個社會，她扮演雙重功能。她是一個學識深厚的保母，同時灌輸孩子社會價值系統，為他們未來加入勞動力做準備，藉此幫助社會。她教學童競爭、排隊、接受命令和服從。她被迫遵循大量自己不喜歡的規則，而她也把這些規範強加於孩子身上。她的主要困擾是大多數時間都花在教育孩子身上，以致很少與同事往來。如果她結婚了，她被困在孤獨的一夫一妻制婚姻關係裡；如果她未婚，她來往的人很少，難以滿足自身需求。學生給她**兒童**對**家長**的撫慰，但這並不夠，她付出遠超過自己得到的愛。當欠缺撫慰讓她心生怨恨，她可能再也無法享受教育的樂趣，漸漸厭惡孩童，轉變為**迫害者**的角色（只偏愛幾個「乖寶寶」學生）。

劇本轉折：每年秋天學校開學，每個人都很開心見到她的時候，或者當她準備在春假去歐洲，期待認識新對象時，這個人生劇本看起來非常美好。但在漫長而寂寞的冬天，還有當她對自己說難聽的話時（「唉，俗話說得好，有些人〔男人〕擅長教書，但有些人〔女人〕就是不會教，我還真被說中了」），她特別強烈感受到這份工作的現實。冬季降臨時，她真希望自己是自由之身。

禁令與屬性：當個獨立的人
別做你自己
遵循規則

抉擇：她還是個小學生時，就渴望發展事業，當個獨立的女性。而她深信實現目標的唯一之道，就是從事教職之類的「女性工作」。

神話人物：她很喜歡四年級的導師查普曼太太，也很欽佩經濟獨立的伊索兒阿姨。她也愛讀柏拉圖和蘇格拉底的作品。

身體元素：她很容易頭痛，常常覺得眼壓很高；她在學校不快樂，因此常在生理期間感到憂鬱。

心理遊戲：要不是為了你
你何不——說的對，可是
有天他們會慶幸遇到了我

治療師扮演的角色：他告訴她，她必須學會克服這些困擾。當她因撫慰不足而陷入更年期憂鬱，他說那是她的問題，她本該用不同方式與男人相處，也就是說，她應該配合他們。他要她更專注於工作，別再抱怨，別再顧影自憐；至少她還有一份穩定保障的工作，每年夏天都能旅遊度假。

對抗之道：若想打破這個人生劇本，她不能再過度付出，她必須和學生與同事建立更加平等的互助合作關係。她必須下定決心，把社交生活列為優先，這和經濟保障與／或物質舒適一樣重要。對她最好的選擇，也許是努力存下大部分的薪資，不要接受終身職，或者每教個兩、三年就暫停一陣子。有時從事別的工作，多接觸成年人，可能對她大有益處。她可以發揮創意，安排反學校的另類聚會，舉辦以合作原則為基礎，對象涵蓋大人小孩的活動，大家都能自在學習真心想學的事物，教授真心想教的主題，主持各種大家想參與的節目。這不只讓她有機會從事有意義的工作，也增加與同事互助合作的機會。

游擊巫婆

生命歷程：她清楚自己握有影響他人的力量並加以運用，但她的力量很神祕又有魔力，有時會超出她的控制（就心智狀態結構而言，這份力量來自她的**小教授**和**兒童**，而她的**成人**對此的覺察力不夠），她無法理性且目標明確地運用它。面對男人的**成人**和**批判型家長**，她利用自己宛如巫婆的直覺與隱祕力量加以反擊，但欠缺**成人**的計畫。雖然她享受身為女人的滋味，但她很容易與其他女人一較高下，大多時候都單槍匹馬行事，不會與其他女性團結合作。她認為自己握有特殊力量，因此與眾不同。就根本而言，她一直從低人一等的位置戰鬥，覺得自己位居下風。她感到恐懼，對他人猜疑；別人則認為她易怒，而且是男人婆。她生氣時會從下位往上奮力攻擊，對男人更是如此，這讓她感到得意。她喜歡扮演**迫害者**，她膽量很大，隨時準備酣戰一場。

她花很多時間閱讀魔法、神祕學、星座學之類的書籍。當她未能從別人身上獲得想要的東西，就會藉由「弄糟氣氛」和說他人閒話報復。她生氣時會以巧妙手段在惹她生氣的人與其他人之間，散佈雙方的閒話（請見第4章的巫術）製造事端，創造彼此猜疑的氛圍，煽動糾紛。最終，她對每個人都心懷怨恨，因為她無法獲得自己想要的事物。她心機深，把自己絕大部分的力量用於製造麻煩，而不是建立她渴望的生活。

劇本轉折：她在一家公司擔任祕書，成功地對她痛恨的主管下咒（或者她自以為成功了），此時她似乎擁有一帆風順的人生劇本。後來，主管在她身邊老覺得渾身不自在，容易緊張；由於她把所有心力都花在削弱他的自信與力量，最終他開除了她。她覺得自己的力量只會帶來毀滅，不會改善任何事，也不會為她創造一個令她感到平等又充滿力量的工作環境。

禁令和屬性：別信任他人
別與他人親近
你很特別（與眾不同）

抉擇：她年輕時就認為自己無法說服父母給她想要的東西，但她也發現可以施展手段，巧妙地誘使他們做她期望之事，最有用的作法就是，讓父母為了她而吵架。

神話人物：她喜愛讀關於吉普賽和妖精的故事。她最喜歡的電視節目是影集《神仙家庭》（Bewitched），女主角珊曼莎表面上是家庭主婦，私底下其實是巫婆。

身體元素：她的身材瘦削，全身肌肉都很緊繃。她把指甲留得很長，常有睡眠困擾。

心理遊戲：不如你和他們打一架
這下逮到你了——你這混蛋
吵鬧

治療師扮演的角色：基於她的行為和想法不合乎主流價值，他告訴她，她有思覺失調症，並開托拉靈藥物[17]給她。這讓她怒不可遏，最後他因為害怕而拒絕繼續治療她。

對抗之道：首先，她必須下定決心，放棄她特有且外顯的高人一等立場，也就是「我很好，你不好」的態度，下定決心把自己視為人類的一份子。她必須與其他女性合作，欣賞她們，才能從中獲得力量。她可以在其他女性的協助下發展**成人**，讓**成人**

17. thorazine：一種學名是氯普麻的抗精神病藥物。

以清晰的策略，主導她的直覺力與**兒童**力量。她也必須認清，自己的需求和渴望其實與大多數人都一樣，只要信任他人、互助合作，就會增加她滿足自身需求與渴望的機會。她也得審視自己對他人的猜疑，藉由確認事實降低自己的妄想。當她逐漸能安心與他人往來，就能以有建設性的態度認識自己內心的渴望並提出請求。

女強人

生命歷程：父母教她當個獨行俠，不要相信或依賴任何人，因為他們這個小家庭正陷於生存的苦戰中（「我們對抗整個世界」）。父母灌輸她很多常見於男孩身上的程式，要她與他人競爭，做個成功的人。她關切自身的生存，因此她會照顧自己，但只滿足自己最低限度的需求，忽略其他被她視為末節的渴望與關懷。她以陽剛、堅強、冷淡的態度打理自己。她多半喜歡競技型運動，甚至可能是個宛如男生的超級運動迷。她的人生大半都在怨恨那些高她一等的男人（他們總是跑得更快更遠），她也氣那些擁有女性優勢的女人，她認為她們都屈服於性別偏見，全被出賣了。若她有朋友的話，多半都是男人。

有些人會因她的膽識與獨立而貶低她，面對這些人她會以**豬父母**反擊（說他們不好），嘲笑他們。她很擅長演出**迫害者**的角色，因為它讓她感到力量強大——特別是面對那些害怕她的強悍的人。人們總是在某個時候令她失望，她藉此證明自己不該相信任何人；但她其實也是幫兇，因為她從不清楚表達自己的渴望，只有必須「處理生存相關的事務」時，她才會說出來；另一個原因則是，她一直散發自己不需要任何人的訊息。男人視她為男人婆，迴避她；女人不喜歡她，因為她老是露出高人一等、降尊紆貴的態度，因此最終過著苦澀孤獨的生活。

劇本轉折：當她與自己欽慕的男人墜入情網，看起來她打破了人生劇本中無法建立親密感情的障礙，但隨著時間過去，她難以忍受自己對他的依賴，而且她認為在兩性關係中一再向另一半提出請求，實在太麻煩了。

禁令與屬性：別信任別人
反擊
先顧好自己

抉擇：她從人生初期就覺得，別太需要別人是好事也比較安全，因此她決定自己一個人就可以好好過人生。

神話人物：她欽佩貝蒂・戴維斯[18]，瑪琳・黛德麗[19]，凱瑟琳・赫本[20]和愛蜜麗亞・艾爾哈特[21]等女性。

身體元素：她的身體強壯堅韌，堅強的外殼阻斷她的感覺。當她的身體出現問題，通常會是腸胃方面的症狀，比如結腸炎。

心理遊戲：這下逮到你了，你這混蛋
吵鬧
法庭

---

18. Bette Davis（1908-1989）：美國女演員，曾兩度榮獲奧斯卡最佳女主角獎。
19. Marlene Dietrich（1901-1992）：德國演員兼歌手，在柏林踏入演藝圈，並於三〇年代進軍好萊塢。
20. Katharine Hepburn（1907-2003）：知名好萊塢女演員，奧斯卡獎常勝軍，曾贏得四次最佳女主角獎，並有八次提名
21. Amelia Earhart（1897-1937）：美國女性飛行員和女權運動者。史上第一位獲得飛行優異十字勳章、第一位獨自飛越大西洋的女飛行員。

治療師扮演的角色：他試圖說服她調適自己，服從一般的性別角色陳規，她嘲笑他並甩頭離開。

對抗之道：踏出此人生劇本的第一步，就是不顧內心深沉的恐懼，面對與他人建立親密關係的渴望；她必須相信其他人很好，值得信任，冒點風險與他們來往也無妨。她也必須甘願放棄高人一等的立場，與他人平起平坐，學習告訴他人自己的渴望，不用擔心這會讓她低人一等。她會開始明白，與他人互助合作帶來的好處比彼此競爭還多，並且開始溫柔照顧自己，給自己充足的關愛，讓自己感到安全，願意冒點風險嘗試與他人相處。

女王蜂

葛拉罕．史坦斯和數名學者在一篇「女王蜂症後群」[22]的文章中，把**女王蜂**定義為一名成功女性，通常是律師、醫生或商業人士，努力工作、習於競爭，因此在男人世界佔有一席之地。她費盡千辛萬苦才靠一己之力達到如此成就，因此認為那些婦女解放運動者，只是一群出張嘴抱怨的懶人。雖然表面上她聲稱自己支持女性解放運動，而且她本身就是得到解放的女性，但私底下其實是反女性主義者。

她在這樣的社會體制下實現個人成就，讓她覺得必須盡力維持自己的特殊地位，沒必要幫助其他女人輕鬆擺脫這些束縛和少吃一點苦；要是弄巧成拙，她可能還得與這些女人競爭。

22. 原注：Staines, Graham; Jayaratne, Toby Epstein; and Tavris, Carol. "The Queen Bee Syndrome." *Psychology Today* 7,8 (1974): 55-60.

這篇文章的作者群也指出，女王蜂認同霍瑞修・愛爾傑[23]的哲學：人人都必須努力奮鬥，而女性解放運動的社會風潮不會引起她們的共鳴。她認為自己付出心血才有今天，只要其他女人願意付出同樣的代價，她們自然會成功。

男性沙文主義者意識到，她是個讓其他女人困在性別角色的好實例，因此往往會支持她，同時也獲得她的支持與欽佩。在美國雜誌《今日心理學》（*Psychology Today*）的問卷[24]中，她們通常會同意下列句子：「女性表現得比較差，只能怪她們自己」，「女性打破性別歧視的最好辦法，就是努力獨立工作，證明自己的能力。」

23. Horatio Alger（1832-1899）：美國作家，作品以少年小說為主，內容常是主人翁透過自身努力得到成功，給當時的窮人帶來很大的希望。

24. 原注：*Ibid*., p. 195.

第 15 章　男性的平庸劇本

跟女人一樣，男人也會按某些符合性別成見的人生劇本過活。這些狹隘的生活方式通常與女性的某些生活方式相符或互補。「**大老爹**」(Big Daddy) 在派對上遇到了**可憐又渺小的我**，這時兩人可能會一見鍾情，因為雙方的人生劇本互補，一拍即合。事實也果真如此：在製造平庸人生的工廠，他們的確是天造地設的一對，注定一起組成核心家庭。史密斯夫妻生下**美人精**女兒，他們清楚女兒應該長成什麼樣的女人，好符合瓊斯的**花花公子**劇本。當美人精遇上花花公子，即使不太瞭解彼此，只覺得對方與自己非常契合，還是雙雙墜入愛河。他們是按照國家設下的男女標準形象所設計，當然會瞬間密合。如果他們遇到同劇本的其他對象，也會一樣覺得對方是適合自己的。就這樣，世上的男男女女都依照他人定下的計畫塑造，自然沒有自主性，他們的親密力、覺察力和自發力都受到嚴重的干擾。

布萊恩・艾倫[1] 描述了一部分男性常遇到的基本禁令與屬

---

1. 原注：Allen, Brian. "*Liberating the Manchild*." Transactional Analysis Journal II, 2 (1972): 68-71

性。大體而言，男人會被灌輸「別失控」、「絕不滿足」、「別求救」、「主宰女人」的禁令與屬性。在研究平庸人生劇本之初，艾倫就提出幾個下列提到的男性劇本（**大老爹**和**運動迷**）。[2]

大老爹

生命歷程：大老爹是誇張過度版的盡責父親和丈夫。他的結婚對象可能是哈伯德奶奶或可憐又渺小的我。不管另一半是誰，他的人生都被滿滿的責任感塞滿。他得賺一大筆錢供整個家庭花用，還得擔心家人的身心健康，為他們計劃未來，防止他們惹上麻煩……等等。家中大部分的責任都落在他肩上，因此他也是大權在握的統治者。他懂的最多，不容任何人對此有任何異議。如果他讓家人發揮判斷力，並不是因為他真的相信他們沒有他的幫忙也能做得好，而是因為他想給他們一個犯錯的機會並從中學習。他肩負太多責任，以致失去享受自我的能力，他唯一的樂趣來源，是低他一等的家庭成員的服從。他辛勤工作，想盡辦法出人頭地，他也的確會在事業或職涯上達成某種程度的成功。

如果他內心萌生不想再照顧他人的念頭，強烈的罪惡感會立刻淹沒他，讓他無法真的這麼做。絕大多數的情況，當他年屆退休，他的暴君氣焰有增無減；他逐漸有白活一場的感覺，因此更加嚴厲地要求他人服從，好獲得低他一等之人的撫慰。他無法擺脫拯救三角，只要有人願意玩，他就會堅持玩下去，忍受遊戲規

2. 原注：所有的平庸性別角色劇本都可在荷姬．維克夫於 1971 年完成的＜女性人生劇本中的撫慰經濟學＞（*The Stroke Economy in Women's Scripts*）一文中找到（Transactional Analysis Journal 1,3（1971）: 16-20）。

則，也推動遊戲進行。他通常退休不久後就大限將近，此時他失去了所有的事業權力；孩子都離他遠去，還與他反目成仇；他的妻子長久以來從未受過責任的折磨與摧殘，如今漸漸掌握權力，為了他過去的拯救而迫害他，最終她活得比他久，得以享受兩人辛勞的成果。大老爹劇本中，有一個「拯救醫生」（Dr. Rescue）的特殊案例，他身為一名專業治療師，除了擔負家庭重擔還得面對病人，以致過度勞累。

劇本轉折：他決定放輕鬆，好好度個假，聘個祕書，拒絕一部分的工作，平衡人生的各種責任。他甚至可能離婚，試圖建立新家庭，或者為了迴避責任而維持單身生活。但他的內心深處還是個**拯救者**，免不了再次陷入泥沼。

禁令與屬性：你永遠是對的
照顧好每個人
別承認弱點

神話人物：渥伯克斯爸爸[3]，電影《天倫樂》（Life with Father），影集《馬可斯．威爾比醫生》[4]的同名主人翁。

身體元素：他精力充沛，習慣聳起雙肩，前胸厚實，身體大多時候都很緊繃僵硬。

心理遊戲：拯救
法庭
要不是為了你（或他們）

---

3. Daddy Warbucks：漫畫《孤女安妮》中的人物，在妻子收養安妮後，渥伯克斯成為安妮的繼父。每當安妮遇到難題，多半都是他及時出面解決。
4. 美國影集“Dr. Marcus Welby”，於 1969 年開播，主人翁是一名與病人關係良好的家庭醫生。

治療師扮演的角色：治療師相當體諒他的處境，開鎮靜劑讓他放鬆，開安眠藥助他入睡。治療師與他同病相憐，很同情他，鼓勵他繼續努力。

對抗之道：他瞭解到自己拯救每個人，但他得到的報酬卻是被迫害。他認清罪惡感是扭曲感覺，決定不管發生什麼情況，都得要求身邊相關的人負擔同等責任。他不再讓自己參與任何一次拯救，把自己的人生視為優先。他決定，他不用承擔每一個決定的所有面向，即使偶爾出錯也無妨。

站在女人前方的男人

生命歷程：正如維克夫在第14章指出的，**男人背後的女人**其實比站在女人前方的男人能幹得多。他心知要不是老婆或其他女人的付出，他不可能成功。然而他必須假裝自己才是雙人組中，最有天賦的那一個。即使他知道她在很多方面都比他能幹，她做事有條不紊，甚至比他更精明睿智，但他卻蠱惑她生來就比不上他的謊言。他會對她的能力給予口頭讚美，但一再強調他才是主導者。他們的信封、信紙可能會印上夫妻雙方的姓名，但他的名字永遠排在前面。如果他們合寫一本書，封面上也許會有她的名字，但他還是第一作者。不知為什麼，人們總認為他是具備**衝勁**的那個人，是造就成功的主要驅力，是雙人檔的精神所在。而辛勤工作的她卻屈居次位，因為任何一名有才識的女子都可輕鬆取代她的位置。他知道自己竊取妻子的能力化為己用，內心背負沉重的罪惡感，無法真正享受成功的滋味，因為他很清楚自己是冒牌貨。儘管如此，社會的性別角色規則迫使他繼續演出這場騙局，即使他知道自己寧可放棄一切，當個與妻子平起平坐的夥伴。

對抗之道：他意識到，另一半若能與他平起平坐，就能更自在地揮灑能力，這對雙方都好。如此一來他才能夠放輕鬆，不再因雙方的不平等而受罪惡感折磨。他終於可以做自己，而不是**沒穿新衣的國王**。

花花公子

生命歷程：他終其一生都在追求不存在的「完美」女人。花花公子是深受「媒體的理想女性」標準之害的**受害者**。廣告媒體利用女體銷售商品，而他照單全收。他相信雜誌中的女性真實存在，認為她們比他在日常生活中遇到的女性都更珍貴崇高。他對人的觀感很表面，就像印刷品或螢幕中看到的那樣，因此面對女性，他只會根據外貌做出膚淺的回應。他永遠對伴侶不滿意，因為他老是玩吹毛求疵的心理遊戲——她不符合媒體塑造的女性形象，因此他一再變換女伴，永遠也找不到自己尋求的對象，永遠也看不到他遇到的女性具備多少優點，因為廣告從來沒提過。當他遇到符合幻想的理想女人，他會用卡迪雅克（Cadillac）驕車或科爾維特（Corvette）跑車載她，讓她依偎在他身旁，向那些都是花花公子或花花女郎的朋友炫耀。如果被別人看到他與醜女在一起，他會感到非常可恥，即使他喜歡她們，偷偷與她們往來，也絕不會與她們公開現身。

他的伴侶不是**塑膠女**就是**美人精**。他和塑膠女的戀情短暫，一旦發現她們是假貨，就會拋棄她們。他與美人精的感情也以失敗告終，她會推拒他。有時候他會遇到游擊巫婆，讓他身受重傷（也許她對他下咒，讓他不舉）。由於廣告媒體都謹慎地避免呈現憤怒、要求多的女性，因此她的憤怒與攻擊讓他滿懷困惑並受傷。他花費難以想像的精力只為從他喜歡的女性身上獲得撫慰。他工作的唯一目的就是賺足夠的錢，好供得起塑膠女和美人精，他把工作以外的時間都花在她們身上。他的付出終究得不到回報，只得到一堆二手商品和深沉的內疚，還有一串或長或短的情人名單。

劇本轉折：有時他會找到心目中的「完美」女人。可惜的是這段感情不會長久，通常是因為他對愛與感情的認識僅限於媒體鼓吹的「男孩遇到女孩」等膚淺劇本。然而真實人生卻不像電影的結局：最後過著幸福快樂的生活。

禁令與屬性：別勉強接受次好的

別付出自己

神話人物：休・海夫納[5]，喬・納馬斯[6]，波爾菲里奧・魯比羅薩[7]，情聖唐璜。

心理遊戲：挑逗

吹毛求疵

你何不——說的對，可是

治療師扮演的角色：治療師從他的性事功蹟得到想像的快樂，羨慕他與女性的功業彪炳。治療師同意女人心海底針的說法，當他失利時只會眨眼帶過。

---

5. Hugh Hefner（1926-2017），《花花公子》雜誌創刊人及主編。
6. Joe Namath（1943-），美國橄欖球員。
7. Porfirio Rubirosa（1909-1965），多米尼加外交官、賽車手、軍人。他的情史豐富，結過四次婚，伴侶多為知名女性，據說他擁有巨大的陽具。

對抗之道：他得瞭解自己只是在追逐不存在的幻夢。他遇到女性時，一開始難以發掘她們的內在美，但他不再玩吹毛求疵的心理遊戲，漸漸欣賞她們真正的特質。很快的，他就會認識各式各樣的人格特質，明白身邊大多數的女人都是美麗的。他與一名女性踏入穩定的長期感情，她欣賞他喜好玩樂又性感的**兒童**，不介意他對別人友好親切。

運動迷

生命歷程：少年時代在健身明星查爾斯・亞特拉斯（Charles Atlas）的幫助下他就決定，男人的最高成就是在運動界出人頭地。他專注於某一項運動，通常也變得很擅長這項運動。他的身體滿是肌肉。他與個人感覺脫節，諷刺的是，他崇拜人體，卻切斷與身體大部分的聯繫。他把性能量都轉化為運動能量。長大成人後，他發現自己誤信一大堆商品廣告，其實女人對他運動員般的身材不感興趣，他的身體反而成為他享受性生活的障礙，而且女性在他身上找不到她們真正欣賞的男性特質。

他不再追求身材，原本滿是肌肉的身材變成過度發胖。過去他把絕大多數的精力都花在發展身體肌肉，因此他在理智、直覺、自發性層面的發展十分落後。其他男人把他視為愚蠢的競爭對手，女人也視他為傻子。他很善良天真，當他發現好人總是輸家，他大感震驚。他花很多時間觀看運動賽事，回想過去擁有運動員般強壯身軀的美好舊日時光。

禁令與屬性：別思考
熱衷競爭

身體元素：他的肌肉發達，根據他選擇的運動項目，他的身體發展偏重某些部位，很不均衡。他的後半生會有過重的困擾。

心理遊戲：笨蛋

公車司機的假期

咱們捉弄喬伊一下（扮演**受害者**角色）

治療師扮演的角色：治療師認為他真的很笨，漠視他的存在。進行團體會談時，治療師會忽略他，對他露出高高在上的態度。當他退出療程時，治療師鬆了口氣。治療師暗地裡認為自己比他厲害多了，覺得他無可救藥。

對抗之道：他意識到沒人期待他當個聰明的人，而他本身也是幫兇。他決定運用**成人**自我狀態，不再玩「笨蛋」的心理遊戲。他發覺競技性運動對他並不健康，以全新的方式重新認識自己的身體。他的善良與對公平競賽的信念，只要再適度發揮一點直覺與理智，就能帶給他很多好處。

智者

生命歷程：他還是個少年時就認為發展智識是人類所能達成的最高成就。他拒絕鍛練身體，把精力都用在學習。他閱讀、研究、談話，無時無刻不在思考，漸漸覺得追求智識的過程中，身體和情感都是阻礙。長久以來，他都以**成人**運作，渴望把每個活動都轉化成某種形式的「理智」，這是他無法抗拒的傾向。我們的社會高度重視理智，因此以「成就」而言，這個人生劇本的確對他有利，讓他更加確信這就是自己應該要過的人生。不幸的是，他無法體會人的七情六慾，特別是愛，因此他感到空虛。他的人生似乎停滯不前，不夠完整。他規劃自己的感情生活，由**成人**隨時監控，但他的戀情總是以失敗告終。與他交往的女性抱怨；他不愛她們（儘管他自認很愛她們），總是被他忽略（他不明白為什麼）。

劇本轉折：他墜入愛河，體會到各式各樣的情感，讓他的**兒童**和**家長**得以發揮；或者他放下一切去度假；但他的**成人**不會退居幕後太久；過一陣子「理智就會佔了上風」，他回歸理性常軌，每件事重回黑白分明，直截了當又無趣。

禁令與屬性：別感覺
你很聰明
動動你的腦

神話人物：阿爾伯特．愛因斯坦，柏特蘭．羅素[8] 和路德維希．維根斯坦[9]。

身體元素：他的頭比身體其他部位醒目。他的頭部非常沉重，雙肩因此聳起。他的前胸下陷，呼吸很淺，避免刺激腸胃。他認為身體是心智的工具，心智就是他的**中心**。

心理遊戲：法庭
你何不——說的對，可是
為我做件事

治療師扮演的角色：治療師不斷分析他的精神狀況。精神分析技巧是推動這個人生劇本的絕佳助力。他對每件事都瞭然於心，不需要做任何改變。他躺在長椅上，頭腦運作不休，身體虛

8. Bertrand Russell（1872-1970），英國哲學家、數學家和邏輯學家，致力於哲學的大眾化、普及化，寫下經典著作《西方哲學史》。
9. Ludwig Wittgenstein（1889-1951），被譽為二十世紀最有影響力的哲學家。

弱無力，而進行自由聯想只是讓他進一步與身體脫節。

對抗之道：他的**成人**發現自己誤入歧途，他的人生停滯不前，眼看就要虛耗一生。他決定參與某些實驗性質的心理治療，比如會心團體[10]、完形心理治療或生物能量學。如果治療師成功讓他不再過度理性分析，他就能重新體會自己的情感，並隨情感行動。他逐漸體會理智的謬誤，開始發揮直覺、關懷型家長和**自然型兒童**的功能。他克服自己對**行動**的恐懼（他偏好思考與談論），改變行為以及與他人往來的方式。

厭女者

生命歷程：觀察母親與聆聽父親的言論，讓他很早就學到「女人不好」這件事。他可能是個單身漢，也許從軍或從事某種只有男性成員參與的活動。他把精力都花在女人無法加入且絕對屈居劣勢的活動中，比如狩獵或運動。他相信女人生來就是弱者，能力低劣，他不需要她們，而且為此得意洋洋。為了解決性需求，他有時會拜訪某位妓女或在酒吧挑名女子，但他不尊重女性，也不期待與她們建立任何長期或永久的感情關係。在這個社會中，終身不娶的男人事業也往往難以更上一層樓，因此他對自己的處境怨恨不滿，在簡陋公寓裡過著不快樂的生活，水槽裡滿是髒碗盤，菸蒂散落一地，床鋪一團亂，窗簾老是緊閉。他菸抽得很凶、喝很多酒，還可能有酗酒問題，不管如何，他對女人的

10. Encounter Group：由卡爾．羅傑斯（Carl Rogers）及其同僚發展的一種心理治療團體活動。

怨恨終會擴及世上所有孩童和其他快樂的、自在揮灑創意的、有自發性的人和活動。

劇本轉折：他遇到心儀的女性。他甚至可能與她結婚，被她馴化，享受一段充滿愛意、關懷、溫暖的柔情時光，可惜為時短暫。他身上限制親密感與自發性的禁令太過強烈，他無法好好回應她給予的情感，因此他當了一陣子的**自然之子**後又關閉自我，雙方關係惡化。

禁令與屬性：別與人親近
別信任他人
別放手

神話人物：巴頓將軍[11]，赫伯特・胡佛總統[12]，美國漫畫《迪克・崔西》的主人翁[13]，美國虛構人物「獨行俠」[14]。

心理遊戲：這下逮到你了，你這混蛋（簡稱NIGYSOB）
要不是為了她們（都是女人）

治療師扮演的角色：他不太會向治療師求助，更別提向女性求助。如果他去見治療師，大概是基於法官、老闆或警察的要求。治療師多半會忽略他對心理治療的厭惡，雙方無法建立真正

11. 小喬治・巴頓（George Smith Patton, Jr.，1885-1945），美國陸軍四星上將。他最知名的功績是在第二次世界大戰先後指揮美國陸軍第 7 軍團和第 3 軍團。

12. Herbert Hoover（1874-1964），美國第 31 任總統。他是美國迄今為止唯一一位直接從內閣部長當選總統的人。

13. 長篇漫畫《*Dick Tracy*》是由徹斯特・古德（Chester Gould）創作的天才警探傳奇故事。於 1931 年開始在美國《底特律鏡報》上連載。

14. Lone Ranger 是最早出現在電台廣播劇的虛構人物，他是舊西部時代，一名戴著面具、維護正義的前德州騎警。曾多次被翻拍成電視劇與電影，被譽為代表美國文化與精神的人物。

的合約關係。他很快就會退出治療，沒有達成任何目標，認為他的治療師是個娘娘腔或是書呆子。

對抗之道：這個人難以對抗人生劇本。他可能會遇到一個喜歡他的女人，她在對的時刻提出對的要求，於是他敞開心房，開始享受生活。或者他可能會與另一個男人發展愛情。但他冥頑不靈，太過固執，因此難以改變。

第 16 章　人生劇本中的感情關係

溝通分析研究的是人際關係，一份交流分析揭示人與人之間的儀式、心理遊戲和消遣，但人際關係不只是一連串的交流與消遣。只要退一步把人際關係看作一個整體，就會發現其他面向。比方說，我們會看到有些關係相當短暫，有些則歷時長遠；有些關係注重合作，有些關係情誼深厚；但也有些關係充滿計較競爭，還有些怨氣橫溢。在一些關係中，雙方平起平坐，享有平等的權利與權力；但在某些關係中，兩人的地位不平等，一方地位較高，另一方地位較低。我們也注意到，有些關係會帶給所有參與者益處，但有些關係只會讓一部分的人獲益，還有些關係誰也得不到半點好處。

伯恩在《心理治療的溝通分析》一書中，把感情關係分析定義為：「以婚姻關係為主，以及各種即將發生、形式不一的情愛關係」。伯恩提到：「在這些情境下，感情分析可能會提供說服力強大的實用預測與事後洞見。」他在後續的著作《性與人類之愛》（*Sex and Human Loving*）介紹了複雜的感情分析分類表 。

感情分析是成果豐碩且成效顯著的發現，與平庸和悲劇性人生劇本分析也密不可分。

悲劇性與平庸的感情關係

悲劇性的感情就像悲劇性人生劇本一樣，都是特例，而非常態。男女之間最常見的悲劇性感情劇本恐怕首推《羅密歐與茱麗葉》（*Romeo and Juliet*），兩個相愛的人由於種族、宗教或政治等種種緣由，而被雙方家庭禁止結合。另一個悲劇性感情劇本則是《奧塞羅》（*Othello*），主角誤信了伊阿古的謊言，以為妻子黛絲德蒙娜對自己不忠，最後殺了她。那些討厭黛絲德蒙娜的人，讓憤怒的男人疏離深愛的女人。

至於神話傳說中尤利西斯[1]與潘妮洛碧的故事，以尤利西斯的角度來說，這其實不是感情劇本，除非有人認為尤利西斯真的寧願待在家，不想到處奔波。但對潘妮洛碧來說，等待丈夫恐怕是令人難以承受的生活經驗。巡迴推銷員、職業軍人、政客、醫生與他們妻子間的關係，常常循類似方向進行。

一個男人不斷出軌和剝削女伴，後者卻繼續深愛這個男人，不計回報。這也是單方面的悲劇，但這種劇本較常見。伯恩在《人類之愛的性》一書中把婚姻分成八大類：A、H、I、O、S、V、X和Y型。[2]我認為這八種婚姻關係都屬於平庸感情劇本：

A型婚姻：從一開始就是強行結合或將就湊合。雙方差距甚

1. 尤利西斯就是神話英雄奧德修斯，Ulysses 是他的拉丁名。傳說他是希臘伊沙基島之王，曾參加特洛伊戰爭，後來又四處漂泊，十年後才回到故鄉與妻兒團聚。
2. 原注：From《*Sex in Human Loving*》, by Eric Berne. Copyright © 1970 by City National Bank of Beverly Hills, California. Reprinted by permission of Simon and Schuster.

大，但很快就建立兩人之間的唯一連結，可能是新生兒的到來。這個連結由字母A中間的一橫代表。隨著時間流逝，兩方逐漸靠近，最終合一。接著出現一個共同的煩惱，也就是字母A的頂點。

H型婚姻：一開始很像A型婚姻，只是這對夫妻永遠不會靠近彼此，僅靠一個連結延續兩人的婚姻關係。少了這個連結，他們就會各自走向原本的方向。

I型婚姻的夫妻自始而終都合而為一。

O型婚姻中，夫妻繞著圓走過一圈又一圈，永遠也不會走到某個目的地，只是重複同樣的模式，直到死亡或分居終結這段感情。

S型婚姻中，夫妻為了尋找幸福而四處遊走，只是最後離原點不過往上、偏右一點點而已，永遠不會繼續前進，因此雙方都很失望且不知所措。兩人之間的問題，沒有大到令人想離婚，故可說是加入心理治療的好人選。

V型婚姻是雙方一開始很親密，但很快就逐漸朝不同方向邁進。可能度完蜜月，甚至新婚第一晚之後就漸行漸遠。

X型婚姻的起始與A型相同。兩人在某個階段會度過一段非常幸福的時光，但僅此一回。他們一再渴望回到這段甜美時刻，可惜這再也沒有發生。過不久就漸漸疏遠，再也不會會合。

Y型婚姻一開始很順利，但隨著人生難題愈來愈多，最終各自都找到不同的興趣與目標，獨自前進。

至於兩個男人之間的關係，經常出現原本相親相愛的兄弟，在最終置彼此於死地的劇本。有時這段關係會包括第三者，他或她就是引發最終悲劇結果的導火線。同樣的，兩個女人也會發展類似關係，她們的第三者則是名男人。但人生中最常見的失敗關係，還是發生在父母與子女，男女之間，女人與女人，男人與男人等感情關係。我最熟悉的是男女感情關係，接下來也會以男女感情為主，但其他形式的感情關係也值得我們研究，等待人們深入分析。

愛的三個敵人

我認為，男女之間幸福愛情的阻礙來自三個破壞力最強的因素，也就是**性別歧視**、**拯救遊戲**和**權力爭奪戰**。

性別歧視

性別歧視是指基於性別產生的偏見，常常（但並非總是）有個父權至上的前提。然而性別偏見不會帶給男人更多力量或優勢，反而會造成傷害。可參考維克夫在第13章的描述。

我還是想再次強調本書已提過的重點：男人和女人被強加了特定屬性和禁令，被迫按照傷害與壓迫他們的性別角色過人生，雖然這些禁令與屬性對女人的壓迫大過男人，但兩種性別都因此深受傷害。按性別角色發展的人生劇本，讓男男女女都無法盡情揮灑潛能，無法建立親密的感情，也無法攜手合作。

兩性之間的確存在差異，比如男女的生殖器、體力、身材都不同，由於兩性的生化成分不同（荷爾蒙），也可能有不同的情緒表現，但兩性差異的迷思藉此合理化性別角色的偏見。

在這個充滿性別歧視的社會，絕不該以這些差異合理化且強加於男女身上的期待，這只是有害無益。

感情世界的拯救遊戲

當我們不再按照父母安排，隨自己心意與他人建立感情，就會發現自己幾乎無法抗拒的踏入高人一等或低人一階的角色。在每段感情中，我們似乎注定只有兩種選擇，不是處於低一階，付出更多，需求較多，愛得更多，比較容易不安，大半時刻都處於索求狀態；不然就是處於高一等，付出較少，需求較少，愛得較少，感到安全，毋需索求的地位。人生往往由一連串這樣的感情組成，有些人常高人一等，有些人則往往低人一階。

女生在感情中常低人一階，男生則比較常處於高人一等的位置；這是由於絕大多數的男人受到更多利用與濫用權力的訓練，比較不容易把自己交給另一個人。而絕大多數的女人則受到付出自己的訓練，讓自己處於隨時可受人利用的狀態，因此男女之間經常出現非常不平等的競賽，結果往往是女人處於低階的地位。然而這種一方高一方低的情況，也會出現在男對男與女對女的感情中，人們很少能達成彼此平等的狀態，而且大多時候根本不會尋求平等的地位。

在成人的感情世界中，**拯救者**、**迫害者**和**受害者**三種角色相當常見。這些角色不只會以赤裸形式展現（比如一方表現得既無能又無助，另一方則照顧他或迫害他），還會用更多隱而不顯的形式表現。

只要一方為了某人做一件自己根本不想做的事，就是在玩拯救遊戲。**受害者**往往不知道別人在拯救自己。這是夫妻之間常出現的情境，比如太太陪丈夫去看她根本不想看的足球賽，或參加她毫無興趣的釣魚活動；她之所以這麼做，可能是因為丈夫出聲請求，要是她拒絕，丈夫可能會難過甚至生氣；但即使丈夫沒有開口，太太可能也會一起去。然而實際上，丈夫可能寧願自己去或與朋友同行。太太也許害怕落單，寧願扮演**拯救者**，而不是**受害者**。不論是哪種情況，太太都在拯救丈夫，因為她做了一件她自己其實不想做的事；也因為她預期丈夫需要她同行陪伴，不然他就會不開心，無法享受獨行的滋味。人們不斷地以**拯救者**的角色去各種地方，做各種事情，參與各種活動，因為他們擔心「拒絕」會讓對方受傷、難過，或擔心對方在某個方面無法好好照顧自己。

另一種拯救，則發生於雙方共同參與的活動，而一方比另一方更努力或興趣更強烈；特別發生在一個人自認無能為力或很需要別人的狀況下（**受害者**），其他人一扮演**拯救者**出手相助，他就不再為自己的情況做任何努力時。舉個例子，有個媽媽在某個下午無法照顧孩子、煮晚餐或做其他家事，鄰居太太可能會來拯救她；但鄰居一出手相助後，**受害者**就退一步任**拯救者**主導一切，自己不再插手，也不承擔至少一半的責任。

另一個例子則是，一對男女去露營度假，男人準備食物時遇到一些困難，於是請女伴協助；但當他太太擔負起熟悉的煮食任務（**拯救者**），男人就退到一旁，什麼事也不做了。因此，只要一方向另一方請求幫助後，接下來出力低於50%的情況，都是拯救遊戲。

另一種人們拯救彼此的常見情況則是，一方因擔心對方的反應，而不開口表達自己的需求。夫妻常常困在拯救彼此的遊戲中，雙方都因為擔心另一半的反應，而不敢說出自己真正渴望的事物。我們探索這些拯救遊戲時，會鼓勵人們直截了當地表達自己的想法，隨時隨地明確表達自己的渴望[3]；此時往往會發現雙方內心都積壓了許多未曾發洩的怨言，另一方卻完全沒發覺這回事。

當我與夫妻進行心理療程時，我發現，只要清晰的揭露這種雙方互相拯救的情況，夫妻往往能達成互助合作的共識，雙方都能大方提出請求，並得到自己想要的事物，藉此消除兩人關係中所有的拯救遊戲。

要建立無拯救遊戲的感情，最大的障礙就是：人們太習於為他人壓抑自己的需求，以致必須學習重新認識自己真正的渴望，並明確表達。一個人即使**知道**自己想要的是什麼，但要他說出來，仍是相當困難的事。這必須經過學習才辦得到。我們會在下一章探討權力爭奪戰。

3. 原注：Wyckoff, Hogie. "Between Women and Men."《*Issues in Radical Therapy*》1, 2 (1973): 11-15.

第 17 章　權力爭奪戰

權力

直到現今，溝通分析仍認為人際關係的權力面向不太重要，不需要系統化的解析，因此遭到忽略。於是，分析師針對一段感情進行常態溝通分析時，並不會把身處其中每個人的相對力量強弱，視為一個相關的影響因子。

我得先解釋一下我對「力量」的定義，就身體而言，力量指的是人在一段時間內所能施展的力氣。如果我可以不顧你的意願，拉著你在地板拖行，那麼我的身體力量比你大。然而，我說的力量並不只是這種粗暴的個人力氣。也許我的力氣夠大，可以強拖著你，但你也許有能力雇用保鑣，要是我膽敢動你一根汗毛，他就會把我痛扁一頓。所以，即使你不動手，也能在另一端遠遠地作勢威嚇。或者，你也許擁有強大的說服力，不用動用任何威脅技巧，就讓我心甘情願地舉步走向你；你運用的可能是你的魅力，個人吸引力或是說服力強大的論點；而我卻無法施展同樣的手段讓你走向我。因此，權力指的是讓人們做某些事的力量。人與人之間的權力分配不均，有些人握有比較大的權力，其他人則只有比較少的權力。

我為一對父母與他們的子女繪製劇本矩陣時，不知不覺中就將權力要素納入溝通分析；一方面因為劇本矩陣是以圖像清楚呈現兩個位居高位的人（父母的地位高子女一等），另一方面則是劇本矩陣的內建假設，本來就是父母的地位讓他們可以強迫子女做他或她其實不想做的事。在劇本矩陣的幫助下，溝通分析首次納入權力因子。

隨著人生劇本研究進一步擴展到男女的平庸劇本研究，我們很快就發覺，不論是男人還是女人，都受到特定劇本主宰，依循一陳不變的性別角色期待。而這些期待中，暗藏明確的權力關係規則，也就是說，男人高女人一等。

兩性感情的分析讓我們導出結論，也就是：權力分配是感情世界的重要關鍵，如果治療師沒有意識到權力關係或對此不在乎，就無法觸及感情最重要的一項要素。

心理治療師因過去受到的訓練，而忽略服務對象的相對權力。一般說來，精神病學都不把權力或其他政治因素視為相關因子。心理治療師對權力的無知，讓他們察覺不到人際之間的權力濫用和它們所造成的不幸。大部分的治療師一旦正視權力濫用的現象，很快就會明白自己身為靈魂治療者，必須為那些遭受迫害的人發聲，而不是扮演不支持任何一方的中立旁觀者。這讓治療師必須站在弱勢者這一邊，共同對抗強勢者不可，因此他們其實不太想瞭解這些權力因子。

我是在研究兩性關係時深入認識權力爭奪戰與權力分配。這是由於我身為治療師，在工作上遇到的對象，大部分都對自己的異性戀感情懷抱某種程度的不滿。正因如此，接下來的論點，主要以男女之間的權力爭奪為主。這並不是說權力爭奪不存在於其他情境，或者其他感情類型的權力爭奪戰其特性或本質不同於異性戀；只是我個人到目前為止，對兩性權力爭奪的瞭解最為透澈。

如前所述，絕大多數的人都按人生劇本度日，安然處於不是高人一等就是低人一階的感情關係之中。從出生那一刻起，我們就被灌輸高某些人一等，同時也低某些人一階，是可預期也理所當然的事。大人教所有的小孩，服從某些權威人士，維持低他們一階的關係。人們也教育孩子，女性生來就比男性低一階，雇員比老闆低一階，黑人比白人低一等，以此類推，這些都是順理成章的事；如此密集的劇本編程，讓世人接受權力分配不等的現象，於是人們一再追尋並期待地位不平等的感情關係。即使當一對男女在感情中握有同等權力，也難以維持這種平等，只是處於很不穩定的平衡狀態，隨時都會陷入一人高／一人低，但更加穩定、不易變動的狀態。

遵循人生劇本前進，通常會帶給人們比較舒服的安適感，在感情中也是如此。因此，人們往往覺得高人一等或低人一階的情境很好，不只會享受其中，甚至還會追尋這樣的關係，拒絕那些雙方享有同等權力的關係。

處於高人一等地位的人自然會感到怡然自得，這不難理解：他們享有特權，從中享有很多好處。但那些顯然位居低位的人，為什麼也會覺得舒適呢？當我詢問那些在工作中掙扎的員工，是否願意與他們富裕的老闆交換身分，他們的回答往往是：最好不要。因為：「那些人不懂得生活」；「身負重任讓他們煩惱不已」；「他們根本半死不活」。低人一階且沒有權力的人，常認為自己過得比那些握有很多權力的人還要好。人們通常不關心權力平不平等，因此**無力**平庸劇本的其中一個要素，就是放棄尋求平等，讓位居低位的人不想往上爬。

唯有當一個人處於低位很長一段時間後，才會覺得由人生劇本主導的低人一等關係，再也無法帶來原本的快樂，只留下怨恨與憤怒。此時低位者通常會發動游擊攻勢，好削弱高位者的勢力。維克夫在第14章提到的「塑膠女」就是如此。多年來，她都位居低丈夫一階的地位，此時開始攻擊他的痛處並削弱他的力量；比如攻擊他的皮夾或生殖器，「用信用卡刷死他 」或拒絕享受性愛。低位者透過這些技巧削弱並奪取高人一等者的權力。

婚姻經常循著這些典型規律前進。早期的七年，男人壓迫女人，女人甘願被男人壓迫。過了七年的婚姻生活後，女人開始反抗，而男人可能會藉離婚報復，或者兩人維持婚姻關係，但女人會在接下來的七年發動游擊戰削減丈夫的權力。這場婚姻再過七年後，焦慮的雙方可能會達成停戰協議，過著不往來也不溝通的生活，雙方都維護自己的權力，沒有互動。

權力爭奪戰

人會藉由權力爭奪的技巧，促使別人做他們其實不想做的事。發動權力爭奪戰的動機是一方深信自己無法透過直截了當的請求，得到他想要的事物。因此，權力爭奪戰的前提是稀缺，不管他渴望的事物是否真的數量有限。一段良好感情的基礎，是雙方都懷抱願意為彼此付出的意願。此時一方只要提出請求，明確表達自己的渴望，另一個人就會在能力所及內盡全力實現它。感情運作順暢時，雙方都能獲得自己渴望的事物。然而這種順暢的合作關係一旦被打破，稀缺性參了一腳，人們就會開始施展權力爭奪戰，確保自己獲得滿足。

典型的感情關係通常始於雙方的**兒童**都被激活了。在這段**兒童**對**兒童**的感情中，雙方通常會察覺對方的願望與需求，並有強烈的意願去滿足對方。只要一段感情維持**兒童**對**兒童**的交流，雙方都能坦誠表達自己的感受，也能坦誠地回應對方，那麼兩人都能獲得渴望從對方身上得到的東西。然而感情的其他面向遲早會浮現，並漸漸發展（也就是**成人**對**成人**面向，**家長**對**兒童**面向，**家長**對**家長**面向），難題也隨之而來。男女背負的人生劇本，讓他們難以給予對方最需要的兩個東西：從互助協力的良好合作情境中獲得撫慰，以及從親密相處中獲得撫慰。

感情劇本沒有從協力情境中獲得撫慰的橋段，因為女性往往受到禁止運用**成人**狀態的禁令。正因如此，男女才會覺得與彼此攜手合作是件難事。另一方面，唯有雙方同時發揮直覺、關懷疼愛彼此才能達成親密感，但男性的人生劇本多半排除這方面的能力。人生劇本讓雙方都不可能提供兩種最強大的撫慰形式，也就是從協力合作與親密關係中得到撫慰，因此人們施展權力爭奪戰，好取得他們期盼對方給予的撫慰。

伯恩解析的心理遊戲，就是爭取撫慰的權力爭奪戰。由於撫慰的供應量少，但需求量很大，於是人們玩各式各樣的心理遊戲，確保自己得到撫慰。但除了撫慰之外，人們也會藉由權力爭奪戰取得其他事物，比如金錢、特權，以及要求他人在對的時候用對的方式給予他們想要的東西。

權力爭奪戰主要分成兩種情況：一是雙方地位不平等，二是雙方地位平等。情況是前者時，雙方同意兩人處於不平等的地位。這也能稱為主奴關係。雙方對不平等的接受程度，可分為徹底接受或部分接受。接受不平等地位的人，可能會合作，不進行權力爭奪。對不平等的地位徹底接受的情況相當罕見，通常是處於極度專制的情境才會發生（集中營或精神病院可說是最佳實例），此時不太會出現權力爭奪。在這種情況下，主人只要表達自己想要什麼，奴隸就會順從。然而，大多數的高／低人一等關係並非如此，或多或少會出現權力爭奪。

主奴雙方都必須藉由權力爭奪取得自己想要的東西，但運用的是不一樣的技巧。讓我們把它們叫做：（主人的）**高人一等權力爭奪戰**，包括「踩穩陣線」或「擊潰他們」等形式；以及（奴僕的）**低人一等權力**爭奪戰，比如「游擊戰」。第三種是雙方地位相等的權力爭奪戰，我們稱之為「**勢均力敵戰**」。

高人一等的權力爭奪戰

高人一等權力爭奪戰會漸次增加強度，如同瀑布般一波接一波。爭奪戰以低強度拉開序幕，如果沒有成功，接下來就會發動第二波攻勢更強的爭奪戰；也就是說，高人一等者以取勝為目標，連續發動一波接一波的權力爭奪戰。

讓我們來看懷特夫妻的例子。為了年度的兩週假期，懷特夫妻正在討論要去哪兒度假，懷特先生想去湖畔，而懷特太太想去山上。懷特先生的處理方式是：明知道太太比較想去山上，但他下班回家後，還是宣布他已跟主管安排好休假時間，而且訂了湖畔旅舍。這是高人一等權力爭奪連續戰的第一波攻勢。如上所述，懷特先生奪得先機，以此達成自己的目的。

懷特太太可能會在第一回合就認輸。先生未與她討論就先下手為強，展現強硬態度，也許這足以使太太放棄。不過，讓我們假設懷特太太沒有輕易認輸。相反的，她說：「但我想去山上度假。」

我在這個例子中會讓懷特太太扮演冷靜的一方，不會上鉤，自行發動任何權力爭奪戰。這是為了簡化情境，要是我同時加上懷特太太低人一階的權力爭奪戰，情況會變得太過複雜，恐怕會讓讀者困惑。因此在本例中，懷特太太會以堅定、具說服力的方式，直截了當地表達自己的渴望（權力掌控）。

這下子，懷特先生會改試「要是妳證明不了自己有理，就不能這麼做」的戰略。這一回的爭奪戰以要求形式呈現，懷特先生要太太提出合乎邏輯的理由，解釋她的選擇。「為什麼妳比較想去山上，而不是湖邊？」

如果懷特太太上了權力爭奪的圈套，就會試圖合理化自己的選擇。她可能會說：「因為山上空氣比較清新」、「去山上的花費比較少」，或者提出不是很有說服力的理由，比如「因為孩子可能會掉進湖裡」或「因為我會溫柔些」。

這時，懷特先生會運用他發展得非常健全的**成人**推理能力佔上風。他會以邏輯論點駁倒太太每一個說法，不管它們合不合乎邏輯。比方來說，他可能會做出如下的反駁：「誰需要清新空氣？空氣清不清新一點也不重要，畢竟我們兩個都抽菸。」他也可能會說：「上山的花費的確比較少，但也比較遠，要是不去山上，瞧瞧我們可以省下多少油錢。」或者：「別開玩笑了，孩子們都是游泳健將。」

懷特先生可能會贏得這場權力爭奪戰，但如果他沒成功，懷特太太堅持自己不需要解釋為什麼她想去山上。那麼懷特先生可能會發動第三回合的權力爭奪戰。這一回他使出**一家之長**的手段，這是**聖經上這麼說**的變化版。

「我是這個家負責賺錢的人，我才是需要好好休假的人。妳堅持去山上只是一心想毀掉我的假期。我才有決定權，我們就是要去湖邊度假。」

再一次，懷特太太可能會退讓，或者也可能繼續堅持自己想去山上。第四回合的權力爭奪戰可能是嚴厲的「擺臉色（你暫時得逞）」。現在，懷特先生說：「好吧，我們去山上。」

接下來一個月，他一回家就坐進沙發，開瓶啤酒，哎聲嘆氣，老盯著電視。他也可能會大醉一場。有時，他會說自己的心臟很不舒服。他可能會說起週日副刊裡有篇文章提到，稀薄空氣對心臟有問題的人很不好。他並不是真心打算去山上度假，只是在拖時間，看看過陣子有沒有辦法利用罪惡感改變懷特太太的心意。

雖然沒人開口提起，但懷特太太很清楚先生為了不能去湖邊而非常不滿，她可能會上鉤並棄權，只為了體貼他的意願。懷特先生很可能在這一連串的權力爭奪戰中 取得勝利，因為懷特太太本身有數種不利自己的傾向，比如她欠缺堅強的**成人**，而且容易踏進拯救與照顧他的角色。

但讓我們假設：懷特太太仍相信他們會去山上度假。出發前一晚，懷特先生再次提起這件事，他可能會說：「我已經好好思考過了，我認為我們不該去山上，還是去湖邊度假比較好。沒什麼好討論的。如果妳不想跟我去湖邊，那我就不出門。」

這是稱做**才不讓步**的權力爭奪戰。

懷特先生使出這一連串的權力爭奪戰，每一回都細膩地增加強度，可惜還是未能達成目的。此時我們注意到，他會施展愈來愈直接粗魯的手段，也就是說，愈來愈逼近透過野性暴力強奪權力的界線。這時他的意思，除非計畫改成去湖畔，不然他哪兒都不去。再一次，懷特太太可能會認輸。

如果她還是沒有放棄，懷特先生可能會採取肢體攻勢，做出帶有威脅意味的動作，緊咬下巴或緊握拳頭；要是懷特太太到了此刻還繼續堅持，那麼他可能會真的動手打她，甚至痛揍她一場，好結束這場爭執。當情況進展到男人打女人，幾乎總是男人得逞。

最後的這場權力爭奪戰被稱作**把他們揍得頭腦清醒些**，這是擊潰他們的一種形式。

低人一階的權力爭奪戰

不同於高人一等的戰術，低人一階的權力爭奪戰不是一連串漸次加強的招式。高一等的人以「我很好，你不好」的立場玩權力爭奪，他們認為自己是對的，預設贏家會是自己。

低一階的人則以「我不好」的立場開戰，就本質而言，他們發動的是防禦攻勢。他們試圖實現另一名玩家不希望發生的某件事，但位居低位的玩家所能辦到的只是阻礙高位者的特權。因此這被稱為**游擊式**權力爭奪戰。就像打游擊戰一樣，交戰雙方中勢力較弱、受到壓迫的一方會發動低人一階權力爭奪戰，他們握有突襲與熟悉疆域的優勢。

低位玩家會選擇性的施展力量，專挑效用最大的時機下手，並立即撤退；他們不期待自己會立刻轉敗為勝，唯一目標是成功削弱高位玩家對權力的渴望 。因此低位者發動的權力鬥爭戰不會一波一波愈演愈烈，也不一定連續發動攻勢，漸次增強粗暴的力道。

讓我們再次回到懷特夫妻的例子。這一回，懷特先生一樣回家告知太太，他已和主管談好假期，也訂了前往湖畔旅舍的車票。懷特太太沒有提出異議，因為她已習慣低先生一階，通常都讓先生做大小決定，她這回也順從先生的心意。

僅管懷特太太表面上接受了這個決定，但她心裡不一定高興，因此暗中試圖扯懷特先生的後腿。每隔一段時間，她就會以低一階的立場對先生發動權力爭奪戰，以削弱他的控制與幸福度為目標。

低人一階的權力爭奪戰分成三種：

1. **引發罪惡感的技巧**：高位者的**小教授**知道這個情況並不公平，因此心裡總擺脫不了罪惡感的陰影，內心的**豬父母**老批評自己太自私、太過分了。而低位者藉由哭泣、擺臉色、假裝生病，比如頭痛、失眠、背痛等，發動權力爭奪戰。

浴室上了鎖，站在門外的懷特先生聽到太太在浴室裡壓抑的哭泣聲。他請太太開門讓他進去，當她終於把門打開時，他發現太太正在看西榭拉山脈的明信片。

儘管他很清楚太太會說什麼，他還是開口問：「妳**怎麼**了？」

她則回答：「沒什麼。」

他怒不可遏但什麼也不能做，不是任罪惡感漲滿心中，就是更冷酷無情地掌握統治權。他離開浴室時不忘摔門；她對自己微笑。

2. **以傷害為目的的報復技巧**：這些是最符合游擊戰定義的技巧。懷特夫妻正在行房。他性慾旺盛，而她很生氣。由於她的反應冷淡，性交開始沒多久他就繳械了。她轉過身去，說：「我還沒到，你知道嗎！」他深受傷害，她為此很得意。

或者，懷特太太發現先生沒帶鑰匙出門。她準備出門時，確保家裡的門窗都緊緊鎖上。先生回到家後，只好待在車上等了一小時才得以踏進家門。而他本來打算利用這段時間打包行李。

或者，懷特太太買了一堆昂貴的夏季服飾給自己，讓他們本就沉重的債務雪上加霜，為了償債，先生已經做兩份工作了。

3. **浪費壓迫者時間心力的技巧**：藉由遲到、把事情搞亂或犯下代價高昂的失誤，讓雙方處於緊繃狀態，接著失控、開始吵架，以此類推。

懷特太太本來應該去銀行領取這趟旅行所需的現金。先生回家後問：「妳領錢了嗎？」

「沒有，車子拋錨了，我沒辦法去領錢。」

「老天爺！妳怎麼不叫計程車或借輛車？」

「我想明天出門時再領就好。」

「明天銀行放假！」

「喔，**真**抱歉。我們**該**怎麼辦才好？」

「我打個電話給弗萊德，他身上通常都有點現金。」

弗萊德住在城鎮的另一頭，而且他在兩小時前就出門度假去了。最後懷特先生只好在超級市場兌現一張支票，但現金還是不夠，於是他一路上都因現金愈來愈少而苦惱不安。

或者，她可能會出現嚴重的憂鬱症狀，甚至真的生病，於是他們不得不取消假期。

這上面所有的權力爭奪戰，都在消減先生的興致。與此同時，她盼望先生終會意識到她不高興的事實，改變度假決定，但徒勞無功。不消說，懷特太太發動權力爭奪戰的唯一結果，就是先生發火，變得更加壓迫也更盛氣凌人，她反而愈來愈難取得內心真正渴望的事物。儘管如此，她成功破壞他高一等的地位，讓他也得不到自己想要的東西，只是她也不會因此得到自己想要的東西。

勢均力敵戰

當雙方握有的權力差不多，認為彼此平起平坐，他們會發動另一種形式的權力爭奪戰。雙方都渴望某種他們無法直接表達的事物，但他們都選擇不開口，試圖透過各種手段讓對方給自己內心的東西。在這種情況下，他們永遠不會達成協議；他們的每次討論都會演變為爭執，雙方拿下一分後就把燙手山芋丟給另一方。

伯恩把一連串類似的交流，都列入名為**吵鬧**的心理遊戲，但吵鬧其實是一連串索求撫慰的權力爭奪戰。

回到懷特夫妻對度假地點分歧的例子，他們的勢均力敵戰可能發展如下：

「親愛的，我剛才確定了我們的假期時間，我已經在湖畔旅舍訂了房間。」

「好吧，你想去湖邊就去吧，但我要去山上。」

「真是個有趣的主意。妳要怎麼去山上？妳想過嗎？我可不會讓妳開我的車。」

「這麼說來，那是**你**的車？是這樣嗎？隨便你，你就開車去湖邊吧！反正我身上有信用卡。」

「如果妳敢用我們的信用卡花一毛錢，我絕不會再給妳任何錢。」

「好極了，你就這麼做吧。我等著瞧，看你怎麼做。我想，我還會從我們的共同戶領些錢出來。」

以此類推。讀者會注意到，這種權力爭奪戰和第一個例子相當不同，因為這場衝突極有可能愈演愈烈，變成雙方怒不可遏的戰爭，最後恐怕沒有半個贏家。但他們說出的每句話，都是局部的戰略招式，帶給一方暫時的勝利，讓另一方暫居下風，直到後者重整火力。勢均力敵之戰就像一連串的小規模戰鬥，只要雙方的怒氣和怨恨達到臨界點，就會發動令人意外的突襲，藉此發洩怒火。

上述例子都呈現男女在一段感情中，彼此較勁的情況。現在我們可以比較下面的例子，在不發動權力爭奪戰的前提下，男女雙方都可以說出對彼此的希望，並達成兩人都滿意的妥協方案。為了達成這個目標，雙方都必須能夠也願意明確表達自己的渴望和內心感受，直到雙方都滿意為止。

一段沒有權力爭奪的討論，也許會按下列方式進行：

「親愛的，我剛和主管講好了，九月七號到二十一號是我們的假期。我想去湖邊。」

「我想去山上。」

「去湖邊會讓妳很難過嗎？我很期待遇到很多人，到湖畔小屋放鬆，享用那些美味的餐點。」

「嗯，我原本很想去山上，因為這裡的空氣污染太嚴重，讓我很不舒服，我很期待呼吸新鮮空氣。你知道的，湖邊老是充滿汽油廢氣。而且，我的工作必須接觸很多人，我真希望好好享受獨處時光。再說，我們想買輛新車，因此我不想花太多錢。」

「我想認識其他人，享受美味餐點，而妳想要新鮮空氣和新車。那麼，我們何不去海邊？在那兒，我有機會認識陌生人，如果妳不想被人群圍繞，也可以自己去沙灘散散心。海邊空氣也很新鮮。如果我們找間短期出租、代屋主看家的公寓，也能省點錢。這樣一來，我們既能出門度假，也能吃些美食，說不定還能省一點錢，未來可以買輛新車。但我會很想念湖畔小屋的⋯⋯」

「去海邊倒是個不錯的主意，但我可不想一邊在沙灘玩一邊擔心屋子的情況。我想我們還是先別換新車，這回就住在海邊的海景飯店吧。你覺得呢？」

在感情關係中發動權力爭奪戰，代表兩個人都想從對方身上獲得某樣東西，但他們為了換取高人一等的感覺，卻寧可放棄這樣東西，即使這種優越感稍縱即逝也無妨。

權力爭奪戰不會讓人感到滿足，也不會讓雙方平起平坐，它永遠會惡化或維持一方高／一方低的情況。藉由權力取得勝利帶來的報酬，是一種主導情勢帶來的安全感。

但控制與權力並不會帶來發自內心的滿足感；不管握有多麼強大的權力或主導權，都無法完全滿足任何人的需求。

滿足感來自我們真正的需求獲得恰到好處的滿足——適量的食物、住處、空間、撫慰、愛和心靈的安泰。我們無法透過權力爭奪得到這些事物，唯有互助合作才能達成目標。

權力遊戲分析

正如心理遊戲，我們可用各種途徑分析權力爭奪戰，讓我們以「要是你證明不了自己有理，就不能這麼做」為例，詳細分析範例如下：

名稱：證明有理

權力（發動者的權力是高一等、低一等還是雙方權力相等？）：高人一等

稀缺性（雙方爭奪的是什麼？它真的很稀少嗎？如果真是如此，那是人為造成的還是無法避免的？）：雙方爭執的點是誰的要求最有道理。懷特夫妻不可能同時都是對的。但「有理」的稀缺性是人為造成的，事實上他們的要求各不相同，雙方都有理。只要他們認同雙方都有理，就能找到互助合作的妥協方案。

策略：這種高人一等權力爭奪戰的立基點是，大多數人都認為自己的行為必須符合邏輯。因此高位者要求低位者提出合乎邏輯的理由。低人一階的玩家若上了鉤，就會接受高人一等者的要求和挑戰。但他提出的每個理由都遭到對方駁斥。如果低位者的理由不合乎邏輯，高位者馬上就會點出來；即使低位者的說法合乎邏輯，對方也會動用機關槍式的言論誤導對方，並以各種修辭技巧反擊。低位者通常要耗上數個小時或數天，才會看出高位者的論點其實邏輯不通，但此時已太遲。

招式：懷特先生：我要A。

懷特太太：我要B。

懷特先生：如果妳無法證明妳為何該得到B，妳就不能得到B。

懷特太太：提出證據。

懷特先生：駁斥證據。

懷特太太：投降。

技巧：乍聽之下很有邏輯的論點，以快速的講話速度加以誤導。

對抗之道（要如何停止這場權力爭奪？）：

懷特先生：提出證明。

懷特太太：我不想證明。我不需要證明，我要它因為我想要它，任何人都沒有權力決定我想要的是對還是錯，只有我自己可以決定。

第四部

治療

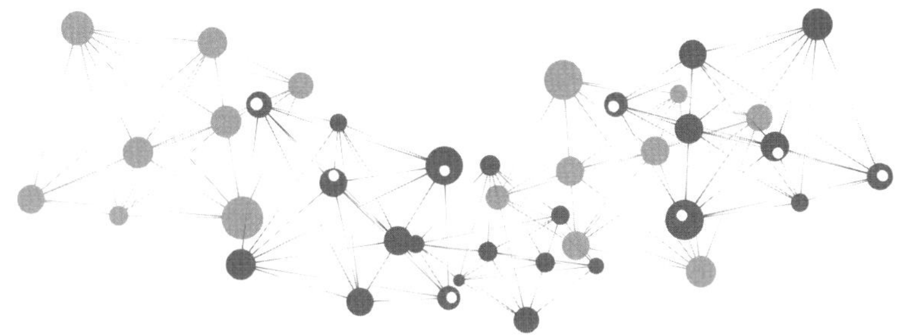

第 18 章　心理治療迷思

人生劇本主要分成三種，每一種都有從平庸到悲劇的程度之分。這三種劇本——**無愛、無思和無樂**（分別引發憂鬱症、瘋狂和藥物濫用）——涵括了精神醫生所面對的一系列情緒困擾。我主張，這三種人生劇本足以替代美國精神醫學協會的《診斷手冊》[1] 中官能障礙下的所有精神失調，也就是那些中央神經系統未遭受任何可見傷害的精神障礙。

一個人可能會受這三大人生劇本中任一種或兩種以上的影響。無愛劇本會造成憂鬱症，一個人可能只背負無愛劇本，也可能同時背負部分的無思劇本（瘋狂）或無樂劇本（藥物濫用），但都有可能出現憂鬱症。無思和無樂劇本很少同時存在，因此一個無樂劇本佔大部分的人，通常來自享有權勢的階級，比如白人或富有人士……等，通常不會有無思劇本。而握有無思劇本的人通常來自受壓迫的階級，比如屬於非白人的種族，女性，勞工階級……等，很少同時握有無樂劇本。儘管如此，每個人身上多少

1. 原注：*Diagnostic and Statistical Manual, Mental Disorders,* second edition, American Psychiatric Association Mental Hospital Service, 1968.

都有三大劇本的痕跡，因為每個人都受過這三種面向的基本人生培訓，這種訓練在我們的社會無所不在。

這三種人生劇本各有不同的治療方式。我認為，我們之所以深入分析劇本，唯一原因就是找尋戰勝劇本之道，幫助世人、提出對症下藥的建議。有一派的人生劇本分析以辨別一個人背負的劇本並加以瞭解為主要目的，但我對這方面的興趣不大。我寫本書的最終目標是，針對「克服自身的平庸或悲劇性劇本」提出建議和對抗方針，讓人們得以邁向更自主的人生。

我們必須先破除一些對情緒困擾及心理治療的迷思，才能踏入劇本分析的應對途徑。這些廣被世人和他們的心理治療師所接受的迷思，正是為什麼現今的心理治療經常失敗的原因。

一對一個別治療比較好的迷思

大多數人都深信一對一的個別心理治療比較好，特別是當個案出現強烈情緒困擾時。這種想法的基礎來自醫界的醫病模型，以及宗教靈性療癒的牧師－教徒模型。醫療和宗教都是減輕人類苦難的傳統方法，兩者都享有盛名，因此世人順理成章地相信，一對一心理治療是唯一一個能夠深入治療的途徑，也是唯一對嚴重情緒障礙有長期效果的辦法。就算人們願意把團體心理治療視為治療途徑之一，也會認為團體療程比個人療程膚淺得多，只適合那些有輕度困擾的人；即使讓嚴重情緒障礙者參與團體治療，也被當作每週回診或維持療效的廉價手段，不期待團體治療真能帶來實質上的幫助。

我認為這是一種迷思。主持得當的團體心理治療絕對跟一對一療程一樣有效（我認為團體治療效果其實**更好**）。唯一的例外是急性精神科緊急案例，當一個人在短時間內變得極為恐懼或憂鬱，完全無法與任何人相處。除此之外，團體心理治療的效用不但不輸一對一療程，甚至遠遠超越。

首先，一對一的個人心理治療無法深入探索當事者如何與他人相處。正好相反，一對一療程鼓勵的是分析一個人的**內在**，因此通常會加劇「問題源頭來自當事者內在」的觀點。在此我必須澄清，的確有些進行一對一療程的治療師會探索人際關係和讓當事人不快樂的外界因素，但我要指出的是，個人治療不會強調社會分析面向的重點。相反的，它強調的是內在、精神分析的面向，因此偏向分析當事人本身，而不是他／她的感情關係與外在處境。

其次，個人心理治療常常變成情緒障礙者生活中最重要的一段人際關係。一旦發生這種情況，病患就會把自己與治療師的關係視為理想關係的模型，在診療室外的生活中，也按此尋找感情關係。人們提及自己的治療師時，我們常注意到他們帶著如同提及親密朋友、愛人或感情般的濃烈情感與依戀。我覺得這是非常悲哀的狀況，他付給治療師維持「關係」的價碼愈高，我就愈替他難過。一對一治療關係其實是極度人工的關係，不適合當作你儂我儂相愛關係的模型，而後者才是人們所需要和尋找的感情。只要問問治療師，在客戶花光家財或保險費後，兩人的關係還能維持多久，就明白我的意思了。真正的友誼不可能以此模型為基礎。

最後，人們掩飾自身困難的傾向非常強烈，不然就是只在隱密的告解室或診療室裡，對牧師和醫生等特別對象分享；而個人治療只會增強這種傾向。這正中**豬父母**下懷，**豬父母**就希望我們對自己感到羞愧或深懷內疚（相信「我不好」），讓人與人陷入猜疑之中，離彼此愈遠愈好（相信「他們不好」）。這麼一來，我們更看不清自己其實並非悲慘地孤獨一人，深陷不幸的泥沼，其實其他人也有類似我們的苦惱，我們不需要因為自己找不到愛或無法付出愛、無法思考或無法享受自我而感到羞恥。

反之，團體心理治療提供一個情境，讓人們可以體驗平起平坐地與團體成員互動並加以分析。在一個有效的團體工作坊中，我們重視的是團體成員之間的互動關係，而不是主持者與團體成員間的關係；在溝通分析領域，主持者通常不參與成員互動，只扮演顧問角色；他不會像個人療程的治療師那樣備受當事者需要，也比較不會被視為偶像。

由八名成員組成團體，進行公開而坦誠的討論，這會促使人們敞開心胸，講述自己的問題；同時，一般人通常都會對自己的弱點或挫折深感羞愧或內疚，團體討論也能阻止羞愧或罪惡感的滋生。不只如此，合宜的團體治療收費標準通常低於一對一療程，因此對經濟沒那麼寬裕的人來說，也是更方便的選擇。

除此之外，一名有能力的治療師在團體中更能盡情發揮長才；花同樣的時間，若進行個人治療，他一次只能幫助一個人，但在團體治療則能幫助所有的團體成員。

但這並不代表我認為一對一的治療關係不好，或者不該與治療師接觸往來；上面論點針對的是長期（長達數月或數年）和密集（每週一次以上）的個人治療。

常識無用的迷思

心理治療的另一個迷思則是，不知道為何，常識莫名地成了無用之物；事實上一提到人的情感，若要人們按常識行動，這不只被視為毫無用處，甚至會造成反效果。社會上充斥著各種暗示，指出人們在心智領域不該相信自己的感覺和智識。事實上，各種暗示甚至告訴我們，只要運用自己的常識和智識，就會誤信真實的反面，做些完全沒用的事。

如果治療師問一名個案，他認為自身問題的根源是什麼，而個案回答：「我痛恨自己的工作，我得搬到新的地方生活。」

這個基於常識做出的評估，會被治療師巧妙或粗魯地漠視。治療師不會思考他的說法有沒有道理；治療師很有可能做出相反的結論，宣稱個案的問題來自他有被動攻擊性人格障礙，他的防衛機制藉由移轉和投射作用讓他無法好好地檢驗現實。

許多心理治療師認為向病患提出建議、告訴他們該怎麼做是種錯誤作法，這再次違背了常識。這種建議被視為一種「操縱」。本章後面會提到，人生劇本分析中一項關鍵行動就是**允許**（Permission）：建議當事人採取某種作法，甚至堅持他這麼做。許多傳統治療師對此提出質疑，宣稱這是「操縱」，因此他們不願意這麼做，而且擔心會出現所謂的**矛盾反應**。

矛盾反應指的是當一個人被要求做某件事，但他卻做出恰恰相反的行徑，也就是說出現與他人要求背道而馳的結果。以酗酒為例，有些人主張治療師不該建議酗酒者戒酒，因為這反而會讓他喝得更多。不只如此，酗酒者其實很清楚自己該戒酒，因此心理治療師根本沒有必要要求他戒酒。

就溝通分析而言，上例的當事人之所以出現矛盾反應，顯然發生在治療師以**家長**命令或哀求酗酒者的**兒童**停止喝酒的情況。反之，酗酒者與溝通分析師踏入一場契約關係後，當分析師告知酗酒者戒酒的必要性，酗酒者不是停止喝酒，就是不做回應。在我的經驗中，從來沒發生過酗酒者因為這類要求反而喝更多的案例。這可能是因為熟悉溝通分析的治療師會避免陷入**迫害者**、**拯救者**或**受害者**的角色，而這些角色才是引發矛盾反應的源頭；相反的，治療師只是講清楚，當事人若要戰勝自己的人生劇本，就得做某些事情才行。

我們的常識告訴我們，治療師既然是人際事務的專家，他們本該大方地對客戶提出建言，因此上面這番話可能會令讀者大惑不已。然而，不管是門外漢或專業人士都深信非指令式、非操縱性的治療才是對的。我們必須破除這種迷思。

長久以來早有許多人懷疑，沒有一名治療師能期許自己不把自身價值觀加諸於服務對象身上，現在這種觀點也已被大眾接受。[2] 這樣一來，所謂的操縱問題，就變成治療師是否有意識且公開地把自身價值觀，加諸到服務對象身上，還是他寧可在自身和客戶都沒意識到的情況下這麼做。對溝通分析師而言，心理治療契約讓客戶得以明確表示：自己希望治療師運用所有他認為有幫助的技巧。

同時這份契約也准許溝通分析師根據自己的價值系統，向客戶施壓。另一方面，治療師則必須在契約界定的範圍之內，有限

2. 原注：Greenspoon, Joel. "Verbal Conditioning and Clinical Psychology." In *Experimental Foundations of Clinical Psychology,* edited by A. J. Bachrach. New York: Basic Books, 1962.

度地使用自己的判斷力，這也是人們對治療師應有的期待。

我必須對操縱提出最後一項論點。治療師一旦大方承認自己希望影響服務對象，而且會漸漸增強改變客戶行為的技巧，在事先取得一個清楚規範的同意書或契約就變得極為重要（請見第22章），同意書或契約必須明確指出客戶要改變自身行為的意願。在沒有簽下同意書或契約之前就進行治療，等同於把改變的選擇權交給治療師，那麼治療師顯然踰越了界線，違背人人都享有自由選擇權的準則。沒有人有權為另一個人做決定，即使身為治療師的人也不能這麼做；一旦這麼做，就等同於洗腦而非治療。因此，治療師必須極為小心自己的工作範圍僅限於雙方在契約書同意的界限之內。

另一個議題則是「自我發掘」，它常和常識和操縱等議題聯合起來混淆世人。有些心理治療師基於某些從未清楚闡釋的理由，宣稱病患本人對自身內心的探索，遠比治療師的教誨更為珍貴。這種論點可能是因為他們觀察到嚴厲的**家長**或規勸式治療手段往往成效不佳，但這種看法已進一步涵蓋所有刻意教導或傳達資訊的行為。這種自我發掘的論點就像那些反操縱的論點一樣，又與常識背道而馳。

關於自我發掘之道，我們可以打個比方：車子拋錨了，車主把車子推到加油站，一名相信「自我發掘」的汽車技師前來迎接。技師堅持要這名客戶自行推斷車子不動的原因，並提出解決辦法。在一名優秀技師的引導下，車主可能會得出正確診斷，甚至有辦法維修車子，但這種作法得耗費大量的時間與金錢，遠超過自我發掘的價值。

常識對心理治療的期待是：治療師教導客戶，提出他的看法，對客戶施加壓力，應用他的價值系統，並主動參與每件滿足契約目標的事。我相信這個出於常識的期待是正確的。

人們該如何選擇心理治療師，也是一個經常違背常識的議題。根據常識，我們都知道長期的專業訓練與實際經驗非常重要，但治療師的個性、溫柔度和其他特質也一樣重要。常識進一步告訴我們，選擇治療師時應發揮自身的判斷力。

但是，「面試」潛在治療師卻不被視為合理的作法。當一個人為了性困擾向心理治療師求助，人們認為他不該問下列問題：「關於性困擾，你有什麼經驗（或受過什麼訓練）？」「你結婚了嗎？」「你喜歡性愛嗎？」「你認為性重不重要？」「你讀過威廉・麥斯特和維吉妮亞・強生[3]的著作嗎？」……等等。

我認為人們對未來的治療師問這些問題，完全合理。他們應該評估治療師的回應，而且進行這些問答時治療師不該收費。我進一步主張，不願意接受免費面試的治療師，可能不夠大方坦承。我認為，客戶必須付錢才能面試治療師，就像治療師得付錢請客戶面試他一樣，都是完全不合理的事。

心理疾患與藥物療效的迷思

心理治療中另一個常見的重要迷思是，把情緒困擾視為類似身體病痛的一種癥狀。湯瑪士・薩斯已徹底且高明地推翻這種迷思。[4] 簡而言之，我們可以說，沒有任何證據指出悲劇性人生劇

3. William Masters 和 Virginia Johnson 組成的性學研究小組於 1957 ~ 1990 年間，針對人類性反應、性障礙進行了開創性的研究。

本的平庸版和極端版，不管是憂鬱症、發瘋或藥物濫用，與身體病痛有任何關聯。

本書前面提過，人生劇本的歷程多少類似疾病發展的過程，兩者都具備發作、病程和結果。然而沒有任何一種悲劇性劇本符合疾病的定義，疾病的定義是「任何器官出現功能失常或受到干擾，生物的任何組織或整體出現病理變化，且伴隨特定的細微生物體變化所引發的獨特症狀。」[5]

所謂的「心理疾病」不存在任何細微的生物體變化，因此不該把心理疾病等同於身體疾病，也不該期待藥物能夠治癒它們。目前為止，沒有任何一種藥物可提出治癒憂鬱症、瘋狂或藥物濫用的證據，而且極有可能永遠不會出現具備這種療效的藥物。這些悲劇性人生劇本並不是人體的化學或生理變化造成的，而是按劇本演出的人際互動造成的後果。

有些讀者也許會主張，受極端悲劇性人生劇本折磨的人們，常常同時身患重病，因此需要藥物治療，事實也的確如此。深受極端劇本影響的人會忽略身體和心理壓力，因此引發營養不良，肝受損，關節炎，潰瘍或任何其他一種疾病，但我們必須分辨上述疾病與人生劇本的不同之處。儘管長期過度飲酒會損害肝功能或引發其他身體疾病，需要醫生協助，但酗酒不是病。嚴重憂鬱症和瘋狂也是如此；長期下來它們可能會引發身體病症，但它們本身不是病。

---

4. 原注：Szasz, Thomas S. *The Myth of Mental Illness: Foundations of a Theory of Personal Conduct*. New York: Hoeber-Harper, 1961.
5. 原注：Stedman, Thomas Lathorp. *Stedman's Medical Dictionary,* 20th ed. Baltimore: The Williams and Wilkins Co., 1962

既然藥物和毒品都與情緒困擾以及不幸沒有直接關聯，同理，一名好醫生不一定是稱職的治療師，當醫生拒絕讓其他合格的治療師幫助世人，就是在冒名頂替真正的專業人士。一名治療師稱職與否，由他所受到的治療訓練與實務經驗而定，其醫學方面的訓練關聯不大。若讀者想讀讀醫師對這一點的說法，可參考艾倫・馬林納醫師針對「醫學訓練與心理治療無關」的主題所寫的文章。[6]

6. 原注：Mariner, Allen S. "A Critical Look at Professional Education in the Mental Health Field." *American Psychologist* 22:4 (1967): 271-80.

第 19 章　如何避免拯救遊戲

以助人為職並收費的心靈治療師與其他純粹為了服務他人而奉獻心力的人（包括牧師、觀護人、社工、心理師、醫師、精神科醫師、治療師），常感到自己的「幫助」會造成負面影響。在起初幾個月或頭幾年，他們非常熱忱助人，也從中感到喜悅，但成功完成使命的機率卻不高，於是挫折感襲上心頭，他們感到自己肩負無窮無盡的責任，同時又因任務失敗而心碎。這種辛酸痛苦太過常見，以致助人者把這視為合理的事，還會告訴實習生這是可預期的感覺。

在這種情況下，工作終究會讓他們對求助者發展出迫害的負面心態；也就是說，在他們眼中，這些需要幫助的人不是無助又絕望，就是太過懶惰、缺乏動力，甚至可說是病入膏肓無藥可救。由於助人者把求助者視為無助、絕望、欠缺動力的人，因此他們經常擔下照顧與協助求助者的所有責任；對方一遇到困難，助人者就會立即回應並加以處理，不期待求助者付出任何心力。

如果一個人認為世上滿是無助且需要幫助的人，而且他們非得獲得幫助不可，懷抱著這種態度的他就此踏上助人之路，那麼他終將感到身上的重擔愈來愈沉重；很快就會超出他的負荷，極有可能連他自己都被壓垮，最終連他也掉入深感無能為力的深淵，成了受害者。許多在公立診所服務的身心健康工作者就深陷這種困境，而社會卻期待他們照顧整個城市、整個郡、甚至整個州的情感傷患。

上述例子描述的正是治療師在工作上掉進拯救遊戲陷阱的實例。

心理治療的拯救三角

只要向治療師點出拯救三角的意義，他們一眼就會看出問題所在。舉例來說，酗酒者在心理療程中，常常表現出自己是個無力的受害者。治療師接受了他的陳述後，在對方沒有做出任何承諾，保證主動參與的情況下，就開始「進行治療」。若酗酒者沒有表達自己對參與治療的興趣與意願，治療師就踏入了拯救者的角色：

他擔下這場療程超過一半的工作量。這是因為酗酒者本人並沒有說他真心希望戒酒，或做其他任何付出。酗酒者願意做的唯一一件事，可能就是定期與治療師面談。酗酒者一開始會有些「進步」，但當人人都相信他漸漸好轉，最終他還是會重拾酒精；一部分是因為治療師的立場高他一等，而酗酒者藉由喝酒發洩心中怨恨並加以報復。

此時**受害者**搖身一變成了**迫害者**，**拯救者**則成了**受害者**。酗酒者以治療師「失敗」迫害後者，他可能會時不時在半夜打電話給治療師，一再要求治療師出手援助，接下來治療師就會轉變為**迫害者**的角色，開始報復行動。治療師可能會認為酗酒者得了思覺失調症，也許會漠視他，對他發火，因為他不再是卑微乖巧的受害者，而是卑鄙可惡的受害者。這樣一來拯救者變成迫害者，而酗酒者重回受害者的角色。

許多熱心助人的治療師最終發現，求助者不只對他們的幫助毫無興趣，其實還很不屑。大部分的人都有過類似的經驗，我們對某個人付出的心力愈來愈多，也非常積極地幫助他，但不知不覺之間，對方卻愈來愈被動，直到最後我們似乎比他本人更關切他的福祉。大部分的人都曾在某個時刻跟治療師一樣，掉進虛偽成就感的陷阱，但突然之間就會從獎台上跌落下來，因為我們的明星病患又喝醉了或試圖自殺，或因偷竊而被捕。大部分的人都曾為某個個案賣命工作後卻徒勞無功，於是我們生了氣，暗中（或直接）地迫害她。這些經驗都讓治療師心碎。我希望提出一些概念與治療途徑，幫助治療師避開拯救遊戲。

心理治療情境很容易就出現拯救三角，特別是拯救者和受害者。有些如戒毒機構西納諾[1] 之類的治療團體採用攻擊療法[2] ，這也會助長迫害者的角色。

治療師若想推動良好的心理治療，就得把求助者視為完整的個體，具備掌控生活的能力；如果治療師樂於扮演拯救者，就不可能如此看待求助者。我也認為迫害者的角色毫無治療功效。雖

1. Synanon 於 1958 年由查爾斯．戴德里希（Charles Dederich）在聖摩尼加成立，原為戒毒機構，於六〇年代發展出一種攻擊性的「說真話」團體療程，後來被稱為西納諾遊戲（Synanon Game）。

2. attack therapy：攻擊療法是一種心理療法，治療師和病患或團體成員之間進行一連串激烈的互動，病患在過程中可能會遭到治療師或其他人的口頭攻擊、譴責和侮辱等。

然在治療團體中的確可藉由迫害避開拯救的傾向，但除此之外，迫害毫無用處。這種所謂「攻擊療法」進行的迫害往往令人恐懼且違背人性，最後常讓人們變得強硬無情，而不是成為更好、更快樂的人。

簡而言之，治療師要避免拯救三角，就必須採取「我很好，你很好」的人生立場，尊重求助者。

怎麼做才能避免掉入拯救遊戲

有些人、感情和團體組織幾乎完全按**拯救三角**的架構運作，這是顯而易見的事實。在這些情況下，人們只能按著這三種角色行動，沒有選擇其他途徑的自由。只要與這些人和組織接觸或踏入這類感情中，就非參與拯救遊戲不可。比方說，酗酒者幾乎老是扮演尋找拯救者的受害者，因此一個人如果不願意扮演拯救者或迫害者，恐怕就無法與酗酒者相處。也就是說，當一個人不想拯救也不想迫害酗酒者，酗酒者就對他毫無興趣。同樣的，在感情中，有些人要求被拯救，有些人則要求當個拯救者。

在某些團體組織中，一個人只能選擇扮演受害者或拯救者，否則就不能參與任何互動交流。精神科診所往往就屬於這類組織，人們只有兩個選擇：

一、扮演病患，也就是受害者，被其他人視為一個無能為力、沒有選擇的人。

二、扮演治療師，也就是拯救者。這些人必須把病患當作無能為力的好受害者，也就是需要治療師幫忙的人；不然就是無能為力的壞受害者；也就是需要被治療師迫害的人。

如果不想玩拯救遊戲，就難以與這些人或組織往來，因為與他們有任何關聯都會帶給人相當大的壓力。事實上，許多人根本無法不玩拯救遊戲，若**不**想玩就會受到迫害；因此一個人若留在這種環境中，等同於選擇被視為受害者，不想逃離。

每當一個人拯救另一個人，不管拯救者是順勢做了某件他本身不想做的事，還是付出超過50%的心力、擔下超過50%的工作，或者沒有表達自己的渴望，拯救者內心想的永遠都是求助者在某方面無能為力，照顧不了自己，或者求助者在某方面低人一等。

在每個拯救情境，拯救行為再次強化並維持拯救者和受害者權力不相等的局面，雙方都無法在這段關係中平等相待。為了消滅拯救，我們必須確信人們都很好，具備健全的能力。放棄自己高人一等的立場，放棄有些人就是沒辦法掌控自己人生的想法，這兩件事都很難，但這也是唯一一條建立互助合作關係的道路。

例如：有天下午，一個蓬頭散髮、臉色憔悴的年輕女子，踏入「激進精神醫學中心行動諮商處」（圖13）。她跌坐在房間角落的一張椅子裡，臉色慘白，看起來非常絕望。每個人都注意到她的存在，覺得她很需要幫助。她終於抬起頭來，房間裡有幾個人向她點頭致意。行動處的工作人員如往常般自我介紹後，問大家：「今天誰想開始？」

有幾個人表示願意，而那位名叫卡洛的年輕女子沉默著，每個人都注意到這件事。

房裡有個成員問：「那妳呢？卡洛？」

卡洛回答：「哎，我不知道……」

工作人員靜待一會兒後，轉向另一個人並說：「弗萊德，看起來你很願意分享。我們開始吧，讓卡洛決定接下來她要不要發言。」這就是努力避免拯救的做法。

卡洛看起來很失望，但她什麼也沒說。

弗萊德與大家對談二十分鐘，最後說：「謝謝大家，我得到我想要的……」

瑪麗立刻接著報告了一些她這週完成的功課。

每個人都注意到卡洛沒有任何反應，瑪麗說完話後，房內陷入一段沉默。

工作人員轉頭望著卡洛，說：「看起來妳有所求。我希望妳

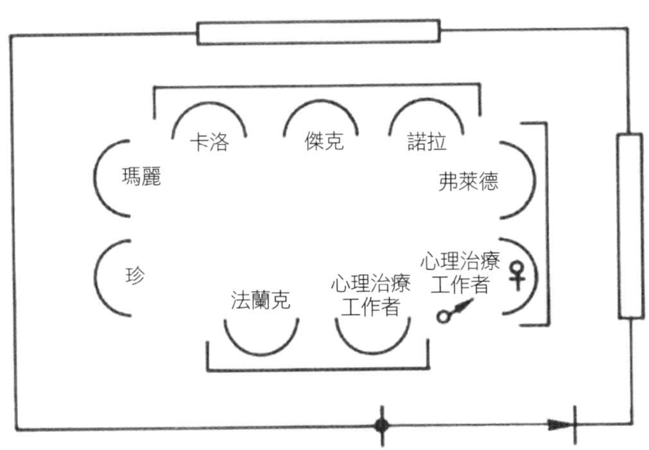

圖 13

開口表達妳的需求，我們才能看看幫不幫得上忙。」

卡洛突然哭了起來。坐在她旁邊的傑克伸手環住她，但她退縮了，傑克感到受傷且難過，立刻以閃電般的速度縮回了手。

這時有些人覺得卡洛很煩，有些人則似乎被她的苦痛吸引，她看起來好像真的痛不欲生。工作人員讓她哭了一分鐘後，開口說：「卡洛，妳似乎感到很無力，不覺得自己能做任何事，我說的對嗎？」

卡洛抬起頭來，「無力」這個詞吸引了她的注意力。她說：「的確，我很無力。我什麼也不能做，整個人一團糟。」

工作人員回答：「這兒的工作方式是，我們希望盡己所能地幫助你，但妳也必須發揮自身所有的精力幫助自己，不然這對我們不太好。」

「我說了，我什麼也做不了，」卡洛回答。

「妳得動用自己的力量，先從提出某個請求開始……」

「請求是軟弱的行為，不會帶給我力量！」卡洛回答。

「我不這麼認為，但不管如何，我想幫助妳提出請求……」

這時傑克說：「我想要某個東西……」

於是我們與傑克談了一會兒，讓卡洛決定她想怎麼做。

上面的例子呈現身心工作者如何不去拯救正在扮演受害者的人。卡洛最後在當天下午提出請求：她希望房裡的數名女性伸手擁抱自己，她倒在其中一人的腿上哭泣，最後分享自己遇到的麻煩。那天她得到一些很實用的建議，但最重要的是，離開時她感到舒暢多了，她可以抬頭挺胸地往前走。

隔天她現身時說：「我還有很多事要做，但昨天給我很舒服的感覺。我抓到重點了，我辦得到！」

下列舉出一些要點，幫助讀者進一步瞭解拯救遊戲並迴避它。

1. 任何一個有人需要他人幫助的情境，都可能演變成一人扮演拯救者、一人扮演受害者的局面。當拯救者沒有要求受害者也承擔一半的責任，就接受對方求助並出手相助，甚至在受害者沒有提出請求下，強行幫助受害者，這都是以高人一等的立場否認或貶低受害者自助的力量。

因此：

A. 若沒有建立契約，就不要出手幫忙。

B. 沒有人是無助的，不要相信這種說法（除非他失去意識）。

C. 幫助無助者的途徑是幫助他們找到發揮自身力量的途徑。

D. 治療過程中，不要承擔超過一半的責任；任何時刻，都得要求對方至少也付出一半。

E. 不要做任何你不是真心想做的事。

2. 拯救者握有比受害者高的權力和優越感。相對於拯救者，受害者扮演無能為力且地位低下的角色。不管我們扮演哪一個，內心的怨懟都會逐漸累積，最後雙雙掉入迫害者的角色。

不管扮演的是拯救者還是受害者，都會導向迫害的結果，這是無可避免的事；而迫害的嚴酷程度隨拯救和受害角色的強度等比變化。

因此：

A. 避免所有讓你高人一等的多餘行為：

—不要坐特別的椅子。

—不要在團體療程中接電話。

—不要穿戴比服務對象昂貴的衣飾。

—除非基於治療目的，不然別讓團體成員把注意力放在你身上。

—別打斷任何人說話。

—如果團體成員以低你一階的態度說話或給予你「啊，你真厲害」的撫慰，別接受。

—隨時都與團體成員平起平坐，不管在哪個層面都保持雙方平等的立場，除非提及你真的高人一等的領域，比如你身為治療人士的專業。把你對心理治療的一切知識傳授給團體成員，藉此降低這種不平等。

—不使用沒有公開登記的電話（除非你已有一支公開登記的號碼）。

B. 如果你生某個團體成員的氣，大方承認，不要因下列兩種情況而被拯救：

（1）攬下超過一半的責任；或

（2）做了某件你不想做的事，而且由於擔心傷了某人的心，你沒有解決這個問題。比如：你感到無聊時仍繼續傾聽；儘管感覺療程功效不佳，還是繼續下去；進行你不想做的療程，你不想做的原因可能是你不喜歡個案，或是他／她讓你感到無趣，或者你太累了。

你肩負一半的責任，你愈氣某位團體成員，或者他愈生你的氣，你就愈可能拯救或迫害他。請謹記，團體成員若玩心理遊戲，那麼你必定也參了一腳，絕沒有與你無關這種事。如果你常對立下治療契約的團體成員生氣（每半年超過一次），那麼請你也去參加治療團體，解決自己的問題。

C. 別讓怨恨感在你或團體成員內心累積。在團體中放棄點數或內心的怨懟，鼓勵團體成員對彼此和你都提供發自**成人**的中肯回饋。

D. 不可自行邀請團體成員做出迫害或拯救行為。有些治療師為了確保自己不高人一等，反而試圖讓自己低人一階。他們也許會打扮邋遢、常常生病、遲到、宿醉、不斷抽菸，暗示或談論自己的問題，或是純粹當個不稱職的笨拙治療師，藉此保持自己的低階立場，有時也許會說：「別看我，我只是這個團體的一分子……」等言論來逃避，卻忘了如果他真只是個參加團體治療的成員，就該把收到的費用退還給其他人。

要在心理療程中迴避拯救遊戲，很大一部分都端看治療師的作用。簡而言之，當我們做下列事情時，就在拯救別人：

1. 我們為了某人做了一件其實自己不想做的事。

2. 幫助他人時，我們付出超過一半的心力。

若要建立無拯救遊戲的治療團體，最關鍵的步驟就是：與每一個團體成員討論並簽訂雙方都同意的契約內容。

第 20 章　治療契約

擬訂契約是溝通劇本分析不可或缺的步驟。溝通分析是以契約為基礎的團體治療，不可與其他也以團體進行、可能具心理治療功效的活動混淆。以觀賞拳擊賽或足球賽、做手指塗鴉、跳舞、尖叫或「表達感受」等等活動來說，以團體形式進行時都可能帶來療癒感，但也可能有害處。簽訂契約是溝通分析團體與其他團體活動的基本差異，本章節會定義治療契約，並介紹訂立契約的實用作法。

我們應該更加重視治療契約，把它等同於法院承認的法律合約，其法務面完全符合一般合約的標準[1]。法律合約必須涵蓋四項基本要件，才有法律效力。經歷了數百年無以計數的訴訟，人們才訂下這些要件，而我們在建立治療契約時，不該只把這些內容視為法律要件，也該視為理想條件。

1. 原注：感謝威廉．卡斯迪，他是第一個向我提到法律與治療契約相同之處的人。

雙方合意

雙方同意，指的是治療師要約，而客戶承諾。雙方必須就此要約進行公開而明確的溝通，確保雙方都徹底瞭解條款內容。治療師提出要約，是想為客戶某個不幸的情況或障礙提供解藥。治療師必須先瞭解客戶的問題性質，才能做出有智慧的要約；在治療初期引導客戶分享相關資訊，是治療師的責任。因此，求助者必須以明確、清晰的言詞表達他想要的是什麼，且描述內容應以行為為主。比方以酗酒者或藥物濫用者為例，他們想要的是：控制自己的飲酒或用藥習慣。這是明確顯著的改變目標，為治療契約提供良好的基礎。其他的契約目標包括：體會快樂的滋味，在不用藥物的情況下消除頭痛或其他長期疼痛；享受撫慰、戶外活動，學習歡笑、跳舞和哭泣。享受美好的性愛，不再藉由過量進食或過度消費來感到快樂，這些都是良好的契約。

若客戶深受憂鬱之苦，一份良好契約也許是：在大部分的時候感到快樂，建立長久且重視合作、互動良好的友誼與愛情關係，學習如何獲得撫慰，能夠自行入睡和起床，能夠按自身欲望決定吃或不吃，拋下自殺念頭……等。

對背負發瘋人生劇本的人來說，良好契約則是：能夠思考，解決問題，不再陷入瘋狂，大部分時候都能控制自己，學習正視自己，表達自己想要的是什麼，大部分時候都不受恐懼侵擾。

除此之外，客戶有時會說希望獲得幸福（不只是在大多時候感到快樂），更美好的感情（不只是互動良好的感情），變得成熟，有責任感，瞭解自我和其他模糊的目標等等，但這都不能用於治療契約，因為這些用詞不夠清楚明確。如果治療的目標模糊，就不能以此為基礎建立契約；而且大體而言，超過兩個音節的英文字 ，往往因意思太過模糊，而不能用於契約之中。為了建立滿足雙方要求的契約，治療師和客戶都必須明確界定他們同意的條款。由於一般人不太瞭解治療師的要約內容為何，客戶可能不管條款多麼含糊，都會一股腦地對治療師的要約做下承諾，所以治療要約必須清楚明列：治療師建議的服務內容，以及完成契約所要滿足的所有條件。

如果客戶對治療師的要約有不明白之處，也許雙方可先建立四到六週的短程契約。在這段約定期間內，治療師可以探索客戶的情況，客戶也能藉此熟悉治療師和他的作法。短程契約結束後，就能達成雙方都同意的最終要約和承諾。

雙方同意，是簽訂契約非常重要的關鍵。許多人是出於家庭或法院的壓力，才踏入治療中心，而治療師可能誤以為雙方都同意建立治療關係。

確保雙方同意的基本溝通流程是：

一、客戶提出治療請求。

二、治療師提出要約，也就是邀請客戶加入治療。

三、客戶承諾，也就是接受治療提議。

許多人在缺乏上述其中一項或一項以上的步驟下，就發展治療關係；像是讓我們想像一下治療師與酗酒患者首次會面的場景：

治療師：瓊斯先生，你來這兒的目的是什麼呢？

瓊斯先生：我想治療我的酗酒問題。

治療師：好的。我每個星期一早上十點都可與你會面。

瓊斯先生：好的，下週一見。

這段對話乍看好像符合雙方同意的要件，但只要仔細檢視一下，病患的「請求」其實可能如下（如果我們聽出言外之意的話）：

治療師：瓊斯先生，你來這兒的目的是什麼呢？

瓊斯先生：（我太太威脅要離開我，我惹上酒後駕駛的官司，而我太太、我媽媽和法官都說我得接受治療，所以）我想治療我的酗酒問題。

他不是真的請求治療，這可能是引發拯救遊戲的第一步。治療師若不想踏入拯救遊戲，就只有一個答案，也就是明確指出對方並不是真心請求進行治療。現在，讓我們想像下面這段對話：

治療師：瓊斯先生，你來這兒的目的是什麼呢？

瓊斯先生：我太愛喝酒，把自己的身體都搞壞，生病了；我快失去我的妻子，還惹上了官司。我不想再喝酒，因此我來這兒接受治療。

治療師：好的，我每個星期一早上十點都可與你會面。

瓊斯先生：好的，下週一見。

瓊斯先生提出了治療請求，但治療師**沒有**提出表達邀請的要約，因為後者完全沒有提到他打算怎麼做，或希望達成什麼目標。因此瓊斯先生可以按自己心意，決定治療師扮演哪種角色。而且他很有可能認為治療師會扮演酗酒遊戲[2]的其中一個角色。

同樣的，這種情況也許會變成拯救遊戲的第一步，治療師終

2. 原注：Steiner, Claude M. *Games Alcoholics Play*. New York: Grove Press, 1971

會變成拯救者。只要沒有立下內容明確的契約，瓊斯先生與治療師之間任何進一步的互動，都會推動遊戲進行。

治療師提出治療要約，代表他樂意與對方合作解決問題，而且他覺得自己有辦法達成目標。有時人們會為了某種治療師無法處理的問題或症狀，而要求治療，此時治療師有責任拒絕提供治療要約。有時人們會為了某個小問題而請求治療，卻不希望在契約中列入更重大的問題，比如藥物上癮或酗酒。提出解決小問題（比如婚姻不幸）的要約，放任更嚴重的問題（比如上癮），就像為一名大限已近的病人想進行整型手術；治療師不可以這麼做，因為上癮具備強大的毀滅力，足以干擾並打擊任何解決小問題的努力。

另外，有些治療師認為不應該提出治療某些症狀的要約，但我們不該把這種觀點與前面提到的重點混淆。他們說治療師不該治療飲酒習慣、恐懼症、性無能或性冷感，因為這些是由「深沉的」動力障礙造成的困擾——治療症狀不但對當事人毫無益處，而且基於某些神祕的緣由，甚至會對當事人造成傷害。

這些論點多半這麼說：「這位年輕小姐請求我治療性冷感，但她之所以無法享受性，與她內心深處對男性懷有敵意有關，要是她真的開始享受性，深藏內心的敵意就會讓她精神崩潰，引發精神病症。因此我們無法治療性冷感，必須治療她的敵意才行。」但治療師不會把這種極為常見的詭異思路告訴對方，結果就像一個人到商店裡原本只想買一把小掃帚，踏出店門時卻帶著一年份的肥皂、一台吸塵器和長達五年的到府維修合約。

如果上例中的女子要求治療時的目標，是學習盡情享受性行為，那麼治療師不是朝此目標前進，就是拒絕提供治療。不管他多相信自己的理論正確無誤，他都不能暗中訂立自己的目標，並依此治療對方。

讓我們回到瓊斯先生的例子，想像下面這段對話：

治療師：瓊斯先生，你來這兒的目的是什麼呢？

瓊斯先生：我太愛喝酒，把自己的身體都搞壞，生病了；我快失去我的妻子，還惹上了官司。我不想再喝酒，因此我來這兒接受治療。（提出請求）

治療師：好的，瓊斯先生，我想我們可以一起為解決你的問題而努力。治療過程中，你必須每週參加一次團體治療，有時也可能安排一些個別會談。我希望你立刻徹底告別酒精，至少戒酒一年。這是因為就我的經驗而言，不能戒酒至少一整年的人，通常也無法擺脫酗酒問題。如果你能在療程中戒酒一年，也許你就能慢慢掌握自己的飲酒狀況，甚至不再在乎喝不喝酒。如果你同意這份契約，就代表你不只會主動戒酒，也會主動做數種可能會為你帶來幫助的事。只要你願意，身為治療師的我會持續引導你，與你攜手解決你的問題。我每個星期一早上十點都可與你會面。（要約）

瓊斯先生：好的，下週一見。（承諾）

這個例子把首次會面濃縮成幾句簡短的對話，內容涵蓋了請求治療、治療要約與承諾，滿足了治療契約雙方都必須同意的要件。

雙方同意，代表雙方都要付出同等心力：當一個人幫助另一個人時，助人者會暫時處於高一等的地位，但低一等的受助者自身也擁有某些力量。為了讓療程發揮最大的效用，受助者必須毫無保留地活用自己的力量。也就是說，受助者必須盡己所能地付出。

上例提到的瓊斯先生，他必須準時出席會面，主動參與，做回家功課等等，整體而言，他必須為了實現契約目標付出可見的努力。如果他不再這麼做，雙方就沒有付出相等的心力，治療就會淪為拯救遊戲。即使受助者看似無能為力，但在任何一個援助情況下受助者，都必須付出一己之力。舉例來說，一個人被車子撞倒，身受重傷，只要她的意識沒有恢復，她就無法在救護車司機、醫師、護理師等人幫助她時做任何事。但她一旦恢復意識，就能把自己的能量、力量灌注於治療過程。要是她不自助，那麼不管幫忙她的人是誰，都只是單方面的付出，形成拯救遊戲。

對價，也稱作約因

助人者付出自己，因此為了避免拯救遊戲，受助者必須回饋某些東西給助人者。就法律用詞來說，就是**對價**。每個契約都必須以有效對價為基礎。有效對價，是指治療師和受助者都給予對方某種利益，經過商談後達成共識。治療師提供的是，針對客戶的困擾付出稱職合宜的努力。只要當客戶與治療師以明確清楚且以行為為基礎的用詞，描述當事人想要排除的情況，那麼當他本人、治療師和大部分的團體成員，都同意上面提到的問題已經消失，治療師就實現了契約約因。由此可見，要是當事者沒有在療程之初精確描述自己想要解決的難題，就無法判定他是否達成參與療程的初衷。至於客戶提供的約因則可能大不相同。我們以下列的**教學**契約（非治療契約）為例：

史密斯先生是一位成就顯赫的鋼琴家。查理前來拜訪史密斯先生，希望後者教他彈鋼琴。史密斯可能會願意以每小時三美金的費用教查理彈琴，也可能會請查理代他照顧花園，以換取他的指導。史密斯先生過去的鋼琴老師認為他很有天賦，因此那位老師願意免費教史密斯先生彈琴，並明白地告訴史密斯先生，她只希望自己能教導有天賦的學生。史密斯先生覺得查理很有天分，因此他可能會把教查理彈琴視為對恩師的回報。史密斯先生也可能願意免費教查理彈琴，因為他與查理住在同一個社區，這麼做對他有益。

除了以上種種可能，史密斯先生也可能基於查理很有天賦，或者他欣賞查理某些個人特質，因此樂意教查理彈琴，換取兩人共處的時光。除此之外，查理也有可能教史密斯先生某些事情，以換取他的鋼琴教學。

以上所有的可能性，都是合理的對價安排，只要雙方都瞭解並同意即可。沒有對價關係或對價關係消失，就會演變為拯救遊戲。

客戶在心理治療提供的利益或對價交換物，通常是金錢。但上面提到的任何一種對價，都可能存在於治療契約中（即使不一定合理）。

立約能力

下列情況中，當事者建立契約的能力受到限制：

一：未成年人。就法律而言，未成年人無法訂立契約。與未成年人建立契約的可能性很低，除非父母也加入契約。實務上常有法律監護人基於某種因素，暫停未成年人的心理治療——特別是孩子經歷一段時間的治療、出現某些變化時，因此三方必須一同建立契約才行。父母常常宣稱孩子不但沒有變好反而惡化，因此決定暫停療程。

只要思考一下人生劇本，我們就很容易理解這種情況，因為那些需要心理治療的孩子，其實是遵循父母的期望行動。當他們不再按照父母的禁令行動，父母就會把這種改變視為心理治療帶來的負面副作用。

因此，如果治療師遇到了未成年人，必須在治療的一開始同時與未成年人和其父母建立契約。在實務上，我發現解決這個問題的辦法就是與父母達成協議，除非監護人和未成年人都同意，不然就不能停止治療。

二：失能者。如果當事者的智能受到嚴重損傷，無法瞭解簽訂契約的結果，就不能簽訂契約，因此也不適合契約型的心理治療。有些人無法以**成人**自我狀態行動，比如發生急性（暫時性）精神病或有嚴重智能障礙的人，都屬於這個類別。

三：神智不清者。神智不清者屬於失能者的一種，他們受到會改變心智的藥物影響，**成人**自我狀態功能受到損傷，因此不可能滿足雙方合意的要求。當一個人處於神智不清的狀態，他所簽下的契約都失效，因此大量服用任何一種藥物的人，不管是酒精、鎮定劑或興奮劑，都不能在「清醒」之前簽下契約。我在此必須指出，這些人雖因失能等因素而無法建立有效契約，但這並不代表治療師沒有其他幫助他們的途徑。

上面提到的要件僅適用於契約型治療，但還有其他可幫助病患減輕症狀的管道。

合法性

治療契約絕不能違反任何法令、公共政策或道德，對價內容也不能出現任何違法行為或物件。很少有人會提及這個條款，但在治療毒品使用者或曾犯案的人時，必須謹慎考慮這一點。沒有簽訂契約，就不能有效地進行人生劇本溝通分析，因為單向治療基本上違背了本書導論提及的溝通分析原則。

契約的存在與否，正是溝通分析與其他治療形式大不相同之處，也與精神分析差距甚大：後者雖然也有契約，但與上述內容不同[3]，只牽制客戶但精神分析師卻不受合約牽制。

3. 原注：Menninger, Karl. *Theory of Psychoanalytic Technique*. New York: Basic Books, Inc., 1958.

第 21 章　人生劇本分析策略

儘管治療師不一定明白拯救三角的相互關係，但如果治療師經驗豐富，往往會直覺意識到治療過程中得避開**迫害者**、**拯救者**和**受害者**的角色。許多治療師工作時會戴上不表達意見的被動面具，正是為了避免陷入這些角色。

不幸的是，當心理治療師不表達個人意見，與客戶保持嚴格的**成人－成人**關係，同時也就排除了治療過程效用重大的關鍵行為，特別是在進行人生劇本治療時。玩心理遊戲、按劇本行動的是**家長**或**兒童**自我狀態，要治療這兩個自我狀態，治療師就得按照所謂的「身體組織」或「直覺」做出反應。當治療師只仰賴頭腦，也就是**成人**，排除所有身體組織反應，這可說是為了去蕪連菁也丟了。沒有了身體組織反應，等同排除**家長**與**兒童**的互動交流，這樣一來就無法進行有效的人生劇本分析。

治療師必須在治療過程中解析、探索各種可能發生的互動交流，才能在成人－成人的合作之外，同時應用其他治療策略幫助背負人生劇本的人。這些治療策略（接下來我會大略解釋這些治療方針，明言之即：反命題、嬉鬧、允許和保護）都必須仰賴治療師的**家長**和**兒童**自我狀態才能發揮效用。乍看之下，它們似乎是會造成傷害的組織反應，但兩者其實大不相同，一個會陷入拯救三角，一個不會。

治療工作

注重「理性」與「領悟」的治療師很常使用治療工作交流（見圖 14A）。這是成人－成人的溝通，具備幾個特色：

一、收集資料：當事人的生命歷史，痛苦的模式，童年及近期人生事件和夢境。

二、擬定結論：詮釋夢境，診斷自我狀態，心理遊戲與人生劇本，詮釋阻力。

三、以**成人**提出建議，包括指出合乎邏輯的結果和預測。比如：「根據你告訴我的一切，看起來你已無力控制自己的飲酒習慣」，或：「妳與傑克的戀情似乎對妳造成很多傷害；除非妳停止與他見面，不然妳恐怕快樂不起來。」

團體治療中大多數的溝通都屬於治療工作交流，按照可預期的方向循序進行。進行團體心理治療時，多半一次專注在一名團體成員上。他可能是自願站出來與大家分享，也可能是被別人指定分享，總之，整個團體在一個時間點只會聚焦於一名成員。這並不是說他會坐在特定位置，成為**整個**互動的中心，但他多半會坐在團體中間一帶。團體協談的第一階段是一種**澄清**交流。當事者提出一個自己的難題，或者某個人向當事人暗示某個問題存在，接下來就進行探討，確認這是否需要討論解析的難題。這個問題可能是丟給團體的「紅鯡魚」[1] 或「骨頭」，讓大家忽略某個更嚴重、難以啟齒或令人恐懼的問題。或者，另一名成員提及的問題可能

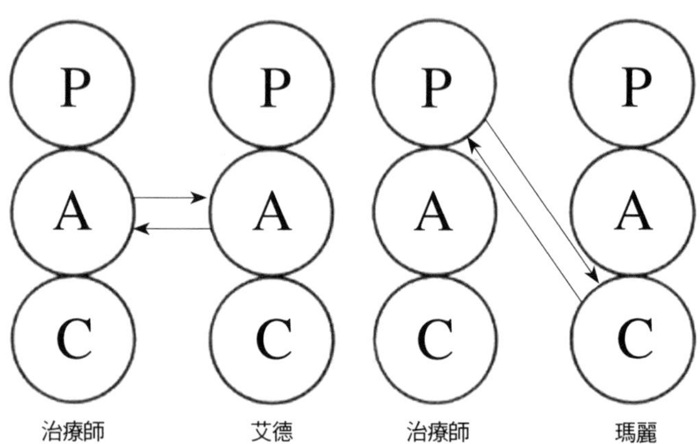

A. 治療工作交流
治療師（成人）：為什麼你不快樂？
艾德（成人）：我想是因為我寂寞。

B. 指令，即反命題：
治療師（家長）：閉嘴！
瑪麗（兒童）：好。

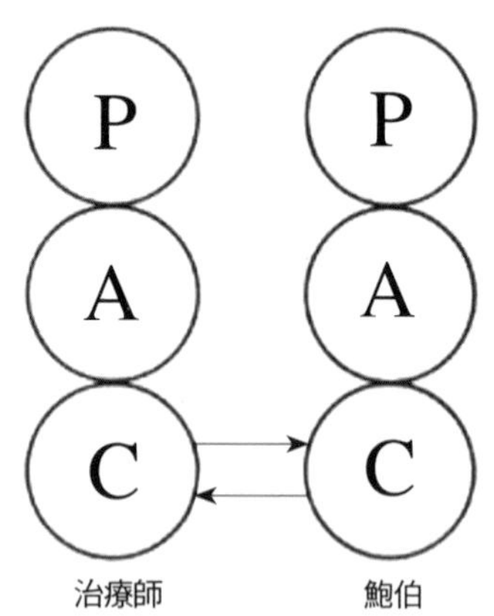

C. 嬉鬧：
治療師（兒童）：（笑呵呵）
鮑伯（兒童）：（笑呵呵）

圖 14

是投射或誤解。不管如何，澄清過程一直進行到整個團體都覺得面對了真正的問題，可以也應該做些改變為止。

這時會談從澄清轉向**挑戰**。某個人會直接或間接問：「現在你明白問題所在，你會怎麼做？」

一般說來，當事者可能不知道該如何解決，或是不願採納其他人的建議；此時再次檢視當事人偏好的老舊行為模式，質疑某個來自父母的禁令，這時當事人的服從型兒童應會突然退縮不前。這就是當事人不願越過的**僵局**，要他繼續往前，只能向他施加壓力，且這壓力只能來自另一個人的兒童或家長。

如果治療師是徹底的工作取向，這時就必須仰賴其中一名團體成員提供必要的身體組織溝通反應。然而，溝通分析師可以做的是：在合宜時機運用允許交流。現在，如果當事人接受分析師的允許，會談過程從挑戰轉向**高潮**，若他拒絕則轉向**反高潮**。如果他接受允許，團體成員通常會體驗到幸福的滋味，感覺這段談話畫下了句點。經過一段靜默後，即可重新開始下一段會談，以另一個成員為目標。如果給予允許的是整個團體，發生了生氣、哭泣、坦誠以告、要求撫慰或揭露**豬父母**等情況，那麼當事人可能會處於相當脆弱的狀態，這時可提示大家關懷他、保護他。

有時當事人太過害怕，在澄清或挑戰階段，就無法繼續以**成人**自我狀態進行。他可能會產生防衛心，覺得自己不好，感到愧疚、羞恥或憤怒。一旦發生這種走向，就必須停止治療工作，提供關懷與保護。有些治療師寧願向西納諾機構借鏡，採取**攻擊**來

1. Red Herring，是指隨處放置的紅鯡魚干擾狗的嗅覺與注意力，引申為用來模糊焦點和轉移注意力的謬誤。

「突破當事人的防衛」。

我會在本書後面談及我對攻擊型治療的看法，但在這裡我只想說，我相信人起了防衛意識的時候，比起繼續治療工作或採取攻擊，提供保護才是最適宜的回應方式。有時候，僵局之後迎來的不是高潮或反高潮，反倒變成「你何不——說的對，可是」的心理遊戲。這時治療師面臨的難題是：該採取何種策略。他該繼續施壓？還是讓團體把焦點轉向另一個人？

當團體努力推動治療工作，擺脫不了時間壓力的心理治療師身負雙重責任：第一是不能浪費時間，第二是徹底解決問題。依據這兩種考量做出巧妙的決定，可看出治療師是否經驗豐富；經驗較少的治療師，不是繼續追根究柢最後徒勞無功，就是在幾乎打破僵局之時卻收手放棄。不管如何，一旦暫停討論，團體就會籠罩在反高潮的氣氛中，一陣靜默降臨。接下來就可以把注意力轉到另一名成員身上。

這裡必須注意的是，在一個協力合作的治療團體中，決定會談走向的不只是治療師，所有的團體成員都有責任決定該繼續探討，抑或轉到下一個議題。在我的團體中，成員若想進行會談，就會在黑板上寫下自己的名字，每個人都會確保療程妥善運用時間，每個人也獲得公平的時間分配。

心理遊戲

主持者必須具備高明技巧才能維持團體的工作方向。治療團體一旦失去工作方向，就會淪為心理遊戲營。人們可透過數種不同形式玩心理遊戲。當一個人把自己視為受害者，其他團體成員瘋狂地尋找各種拯救方法，就變成了拯救遊戲。這時團體很容易玩起「你何不—說的對，可是」、「為我做件事」、「要不是為了他們／他／她」等遊戲。這種團體會陷入受害者和拯救者都極為挫敗和憤怒的狀態。團體玩了一輪拯救遊戲後，拯救者往往會變成迫害者，攻擊受害者。這時他們會玩「吵鬧」、「踢我」、「這下逮到你了，你這混蛋」、「笨蛋」等遊戲。或者受害者變成迫害者，玩「沒人愛我」、「瞧瞧你逼我做了什麼」。團體成員輪流扮演受害者、拯救者和迫害者的角色，每個人都會演出這三者，形成旋轉木馬般永無止盡的輪迴。

治療團體的主持人很容易陷入拯救者的角色。不管主持人扮演拯救者多久，他必會花同等的時間扮演迫害者。團體主持人必須保持警惕，某個團體成員隨時可能會放棄堅持原本的契約內容，一旦發生這種情況就必須停止會談，直到雙方達成新的契約。團體領袖之所以易於掉進拯救角色，通常是源自對某個成員產生內疚或過強的責任感。

只要團體主持者堅持「我願意幫助你，但你必須付出相等的努力才行」的立場，就可避免陷入拯救。不消說，比拯救更糟糕的就是迫害任何一名團體成員。我認為，我們用不著嘶吼、尖叫、攻擊、煽動或其他所謂的「治療」手段就能進行心理治療，上述行為其實都是心理遊戲「我只是試圖幫你」的虐待版，只要主持者學會在進行面質時保持關懷慈愛的人性化態度，就毋需採用這些手段。

反命題交流，也就是指令

這是**家長**-**兒童**的緊急交流，當治療師認為有些互動交流太過危險，就可以藉由反命題交流中斷或干擾（見圖14B）。比如，團體成員中有名十幾歲的少女，她曾經歷一段不快樂的性關係。在團體治療過程中，她與另一名年紀較長的已婚男子調情起來，此時治療師可能會獨斷地以**家長**對這兩人的**兒童**說：「別私自在團體以外的場合見面。」或者，如果有人以言詞攻擊或以**豬父母**對待另一名成員，治療師可再次以**家長**對**兒童**的溝通方式，要求他停止。

如果團體中有名成員喝得醉醺醺，一再打斷會談進行，治療師可能得說：「閉嘴！」面對背負自我毀滅人生劇本的對象，治療師必須有權採用這樣的互動交流；這些人常處於危險或破壞的邊緣，唯有直截了當的命令才能阻止他們。

我親身見識到反命題交流對自我毀滅傾向的個案，帶來戲劇化的顯著效果。遇到有自殺傾向或暴力的人，使用「別自殺」或「別打你的孩子」等反命題指令來對抗人生劇本，已經變成一種常規；這些人在事後表示，每當他們興起自殺或打孩子的念頭時，就會聽到治療師的聲音下達這些指令。他們常常感謝治療師，表示治療師的指令帶給他們正面效果，不然他們恐怕會真的自殺或做出暴力行動。

攻擊

攻擊式治療不同於反命題和指令之處，在於治療師攻擊時，是用批判與專斷的態度運用**家長**自我狀態。指令與攻擊的差異甚大。我認為攻擊是極為殘酷的作法，它只滿足**豬父母**的壓制目的，而且最重要的是，攻擊根本不管用。

我對攻擊的看法非常堅定。我在使用攻擊技巧的團體見到許多人因此受到傷害，有些人因此害怕團體治療。當我告訴他們，我個人絕不使用攻擊技巧，也不容許這種事發生在我的團體治療中，許多人都鬆了一口大氣。有些人學會「面對」攻擊，變得剛硬、捍衛性強、緊繃，面對他人回饋以冷漠應對。我聽說有人在監獄團體治療中，把攻擊治療與溝通分析結合；這種誤用讓療程演變成近似警方第三級審訊的狀況，帶給參與者難以揮去的夢魘。當成員處於監禁狀態（無法按自己心意隨時離開），攻擊治療只會造成更加嚴重的傷害。

我知道有些人會宣稱他們認識不少從攻擊治療獲益的人，主張只要溫柔地使用攻擊治療，它也是個好技巧。也許真是如此，但我仍然相信在心理治療中，攻擊就像電擊趕牛棒一樣不該存在，雖然大多時候趕牛棒都被用來指路，但還是不該用它；而且我堅決反對在溝通分析時使用任何與攻擊有關的技巧。

嬉鬧

嬉鬧（Fun）是心理治療團體成員的**兒童**一起體驗快樂滋味的交流（見圖 14C）。這項交流的反面則是會造成傷害的**斷頭台交流**，但這兩者難以分辨，因此有些經驗豐富的治療師會迴避嬉鬧，以防造成危險。然而治療要發揮效用，創造**兒童**-**兒童**的嬉鬧是基本要求；儘管療程毫無樂趣，治療師一樣能幫助團體成員，但當整個團體一起沉浸在歡樂玩鬧中，就能更迅速見到成效。嬉鬧也讓治療師工作起來更加愉快，對治療大有幫助；與一名無法在工作中得到樂趣的治療師相比，充滿熱忱且快樂的治療師請病假的機率比較低，也比較不容易受憂鬱症影響。

最容易表達快樂的方式就是歡笑。因此如果有成員或治療師，在每次會談中真心大笑的次數低於一次，就得認真思考一下自己是不是莫名陰鬱，或他正扮演團體的拯救者。

斷頭台交流

斷頭台交流和嬉鬧正好相反。當一個人用某種方式誘導團體成員（有時也包括治療師）對他符合人生劇本的行為發笑，就是種斷頭台交流。當一個人背負悲劇性缺陷，他的自我毀滅行為永遠與微笑脫不了關係。有些人會辯解，自己露出笑容是「因為這很好笑，所以我笑了」，「為了別哭出來，我微笑」或「我感到尷尬所以我微笑」，這麼說的人都落入詭辯陷阱 。

微笑表達的是愉悅，更精準的說，微笑表達的是幸福，就像嬰兒的微笑一樣。對符合人生劇本的行為露出微笑表達的是嘉許，也就是當**兒童**做了自我毀滅的行為後，豬父母給予讚賞的微笑。當一個人服從禁令時，他的豬父母很高興，此時團體成員和治療師的微笑等同於豬父母的微笑，並進一步強化豬父母的力量。

比方說，懷特是個具自我毀滅傾向的酗酒者，他在團體療程中說：「昨晚我出了一場嚴重車禍，哈哈。」這句話的文字部分是成人－成人交流，但「哈哈」則是兒童－兒童或兒童－家長與家長－兒童的交流。他微笑的主要對象正是豬父母。

兒童藉由制約學到遇到特定刺激時該怎麼應對，因此回應者的微笑會強化兒童的自我毀滅行為。

面對自我毀滅的人，治療師必須判斷哪種行為屬於自我毀滅或符合人生劇本，絕對不能對這種行為露出笑容。向團體治療成員解釋斷頭台交流，大家一起避免它，就能帶來令人驚艷的成效；當事者的**兒童**往往覺得治療師好像是派對上的不速之客，是強奪甜頭的掃興人士。排除斷頭台交流並不代表治療不能是有趣的事，但自我毀滅本身一點也不有趣。只要避免斷頭台交流，就會讓團體成員只對真正有趣、帶來歡樂的事大笑，而不會對悲劇發笑，這麼一來等於拒絕給予當事者所渴望且通常能藉此得到的撫慰，成功抑制當事人做出自我毀滅的行為。

允許

溝通分析中，允許、保護與效能合稱為三P交流，而第一項的允許溝通與人生劇本理論密不可分（見圖15A）。

我治療數名酗酒者的過程中發展出人生劇本分析的允許概念。[2] 思索該如何幫助酗酒者時，有些治療師提及，酗酒者需要可以喝酒、毋需因此內疚的允許。喝酒引起的罪惡感讓酗酒者深信自己不好，但這只會促使他們喝更多酒。

這種觀點看似令人震驚，但劇本分析認為酗酒者需要的是**不**

2. 原注： Perls, Fritz S. *Gestalt Therapy Verbatim*. Lafayette, California: Real People Press, 1969.

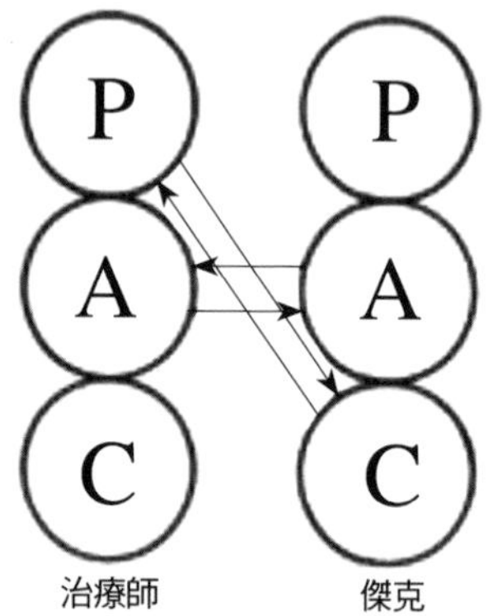

A. 允許
治療師（家長）：別再喝酒！
傑克（兒童）：好。
治療師（成人）：你得戒酒才能保住工作！
傑克（成人）：有道理。

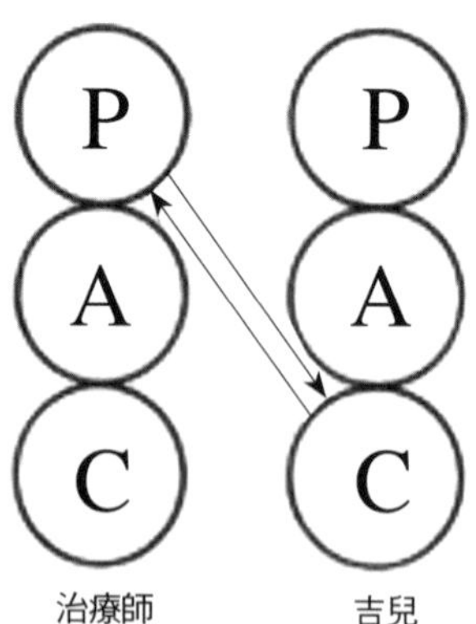

B. 保護
吉兒（兒童）：我好怕。
治療師（家長）：別擔心，一切都會好轉的。

圖 15

喝酒的允許，因為他會喝酒其實是迫於人生劇本的控制。只要記得酗酒者深陷人生劇本中，而人生劇本由父母禁令造成，這個概念就沒那麼令人震撼了。因此，就理論上而言，酗酒者受迫於飲酒命令而喝酒，需要獲得允許才能停止。只要實際應用，就會更清楚**允許**的概念。比方來說，有個年輕的酗酒者，身邊圍繞著一票貪杯的同事；如果他認為喝酒對自己不好，應該要戒酒，那麼他就會失去自尊。這個人顯然需要有人允許他不喝酒，拒絕身邊同事和酒客暗中甚至直接的催酒挑釁。

也就是說，治療師藉由允許交流引導當事人回歸沒有背負劇本的**自然型兒童**狀態。允許溝通結合**家長**對**兒童**的指令（比如前面提到的「別再喝」）和**成人**對**成人**、合乎邏輯的理性解釋（「你若不停止喝酒，就會丟掉工作」或「除非你停止這麼做，不然丈夫不會待在你身邊。」）

允許需要當事者的成人參與，如果他的成人不認同治療師的成人所說的話，允許就變成單純的指令，當事人可能會加以抵抗。我們也許需要先排除當事人的成人所受到的污染 。比方來說，因酗酒而快要丟掉飯碗的人，可能會忽略「你得停止喝酒，不然就保不住工作」的說法，因為她相信自己若不參加小酌幾杯的**社交聚會**就無法保住工作。因此，如果她不接受成人－成人的訊息，允許就派不上用場。此時治療的任務是處理當事者受到污染的成人，也就是說，她深信自己必須喝酒才保得住工作。

每一項人生劇本禁令都需要個別的允許。我們一破解主要禁令，就會陸續注意到其他禁令，必須一一加以處理。比方說，一名酗酒者戒酒了一整年，她有了顯著進步，但她從未自行發起任何社交往來活動，只會參與少少幾個舊識的邀約。治療師一注意到這件事，就明白她需要「向他人請求撫慰」的允許。她收到的家庭作業是打電話給某個人，邀請他們看電影。對她來說，這顯然是個相當艱難的任務；接下來的幾週她都未能達成目標。這項難題成為治療焦點，她必須越過這個僵局才能持續進步。治療師對此相當堅持並付出心力，最終獲得成效，她打破了「別向人們表達渴望」的嚴厲禁令，後來證明這件事顯著影響她的身心福祉。

我們必須謹記，給予允許的必須是大人的家長（P_2），而不是兒童的家長（C_2的P_1，見第1章圖2）。第13章詳細闡述了第一級家長和兒童裡的家長兩者相異之處，但我們必須進一步注意，兒童裡的家長扮演的是沒有實質幫助的拯救者和迫害者。兒童的家長無法撤銷父母禁令，只有第二級家長（也就是大人的家長）才辦得到。每個治療師都必須密切注意自己的這兩種自我狀態，因為治療師一旦做出任何出自兒童家長的交流（豬父母扮演拯救者或迫害者）就代表他已遇到困境。

保護

派翠莎．格羅斯曼首先提出治療性保護的概念，這已成為人生劇本分析不可或缺的一部分。[3] 當人們在治療師允許的影響下踏出一步，拒絕父母禁令，他可能會因為推拒父母保護而感到孤獨並陷入恐慌。緊接著，存在的空虛與恐懼湧上他的心頭，治療

3. 注：Crossman, Patricia. “Permission and Protection.” *Transactional Analysis Bulletin* 5,19 (1966): 152-53.

師不可對此視而不見。如果治療師不保護當事者，取代他失去的父母保護，他可能會重拾自己過去的行為模式，因為它們帶給他安全感，讓壞巫婆「回來」。於是當事者再次擁抱原本的人生劇本，且就心理學而言，這代表了當事人認為「治療師不如壞巫婆那麼厲害」的信念是正確的，遇到問題時他不該信任治療師。

當事人必須仰賴治療師保護，因此治療師給予允許的時機非常重要。唯有在治療師和病患之間都感到願意付出和接受保護時，治療師才能給予允許。因此，治療師不該在假期之前或工作時程太過繁忙時給予允許。當事人可能在任何時刻需要保護，因此想要獨處的治療師可能無法在當事人需要時適時提供保護。一般來說，治療師透過電話給予保護即可，因為允許後隨之而來的恐慌發作期，不一定吻合預約的會談時段。

我的經驗是，一名治療師若為四十人服務，除了常態性的會談時段外，每週必須額外提供兩次保護。我向所有治療對象公告我家的電話號碼，但很少因此感到困擾。只要謹記，任何一通「苦惱來電」都可能是要治療師扮演拯救者的邀請，但也可能是他們真心需要保護，這樣一來就很容易分辨「遊戲」來電和呼救電話。

大體而言，真心尋求保護的電話通常不到十五分鐘就會結束，而且治療師和來電者都會從中獲得強烈的滿足感。拯救遊戲的邀請則帶來截然不同的感覺，因為不管治療師如何想辦法讓當事人安心，他所得到的回應都是「你說的對，可是」，這只是邀請治療師繼續扮演拯救者所下的一步棋。

當治療師接到一通電話，發現對方想引誘自己踏入拯救者角色，治療師必須迅速拒絕任何通話，提醒對方他必須為自己的行為負責。試想一下這段對話：

珍：哈囉。

治療師：哈囉。

珍（哭泣）：我很害怕。

治療師：發生了什麼事？

珍：我不知道，我很害怕，而且我想自殺。

治療師：我明白。試圖踏出人生劇本，做些不一樣的事，的確是很可怕的事。我會建議妳打個電話給朋友，今晚出去看場電影。

珍：這是個好主意。我想我會這麼做。

治療師：好極了，堅持下去。如果妳又感到恐懼，不管任何時候，都可以打電話給我。

珍：我覺得好多了。謝謝你。

治療師：再見。

珍：再見。

上面的對話是典型的保護交流。我們可以注意到，珍願意承擔處理自己情緒狀態的責任，也願意接受治療師的建議加以改變。珍的確感到恐懼，且在很短的時間內就以理想的態度回應。現在，比較下面這段對話：

珍：哈囉。

治療師：哈囉。

珍（哭泣）：我很害怕。

治療師：發生了什麼事？

珍：這十天我都沒辦法好好睡上一覺，我想自殺。

治療師：我明白。試圖踏出人生劇本，做些不一樣的事，的確是很可怕的事。我會建議妳打個電話給朋友，今晚出去看場電影。

珍：我不想這麼做。我沒有半個朋友。你沒有更好的建議嗎？不然我就要吞下所有的安眠藥。

治療師：妳希望我怎麼做？

珍：我希望你跟我說話，不然就開給我別的藥物或做點事。

治療師：我願意幫助妳，但妳自己打算怎麼做？

珍：我不知道，我想就此結束一切。

治療師：我不希望妳這麼做，但我不太瞭解妳要我怎麼做。我會建議妳出門走走，去看場電影。

珍：你說的對，但……

上面的對話中，珍試圖把治療師拉進拯救者的角色。如果治療師接受了，這段對話恐怕會延續數個小時卻達不到任何成效。如果治療師不願意接受，珍也許會下定決心放棄玩這種遊戲。當她真的放棄，通常就不會再把治療師視為潛在的拯救者，未來也不太會再這麼做，她會轉而請求保護並坦然接受。

我們不可把保護的療效與精神分析所謂的「移情式治癒」混為一談，後者指的是當事人一再與治療師往來，並自稱大有進步。一般說來，當事者擺脫人生劇本禁令後再過三個月，就不再需要保護。如果當事人的恐慌與對治療師的需求持續超過這段期間，那麼治療師可能在玩拯救遊戲。

保護是關懷型家長的能力。如果我們為自我狀態的重要性排序，我會把兩個**成人**（A_1和A_2）置於首位，**關懷型家長**緊接在後，**兒童**雖位居第三名，但仍相當重要。豬父母或批判型家長都對治療毫無幫助。

因此，人生劇本分析師最重要的三項特質就是：既理智又保有直覺的健全**成人**，樂於照顧人且充滿愛的**關懷型家長**，和快樂的**兒童**。他必須把**豬父母**關在門外，如果豬父母干擾了治療過程，治療師就有責任向自己的治療師尋求建議與幫助。

效能

溝通分析師的基本工具是：成人－成人的治療工作交流，再加上上述四種身體組織交流（指令、允許、保護和嬉鬧）。把反命題、嬉鬧、允許和保護四種交流與治療工作交流結合，賦予溝通分析師足夠的靈活度與自由空間，達到逐漸增強的治療成效，也就是治療師的效能，這指的是治療師促使當事者快速進步的能力。

當事者的父母所設下的禁令強度愈嚴厲，治療師的能力就必須愈高強，溝通分析師在心理治療過程中都會追求更強大的效能。伯恩[4]說過：「當一名羞怯的治療師想要馴服憤怒的**家長**，那就像羞怯的牛仔試圖馴服不斷弓背亂跳的馬一樣，都是不可能的事。如果治療師被甩下馬，他馬上就會落在病患的**兒童**身上。」

治療師發揮效能，指的是他真心願意徹底解決客戶問題，准許自己這麼做，並估計必須花費的時間與代價。也就是說，治療師必須願意正面迎擊病患的**僵局**，施加壓力，同時也必須在病患需要的時候樂意提供保護。當治療師竭盡發揮治療能力時，人們

4. 原注：Berne, Eric. *What Do You Say After You Say Hello?* New York: Grove Press, 1972.

常認為他想成為全能的人。然而，能力與全能的差異相當明顯；只要溝通分析師明白自己的侷限，也清楚治療效能的概念，就很少會被心理分析師所謂的「全能幻想」所困擾，若以溝通分析的用詞來說，就是不太會陷入拯救者的角色。

渴望增強治療效能的溝通分析師，會考慮施展所有能帶來實際效用、加速療程的技巧，允許課程、馬拉松和家庭作業就是幾個相當實用的治療技巧。

一、允許課程：作為治療工具，團體會談還是有其不足之處。基本上，一個心理治療團體不超過十人，有時人數更少，團體治療的目標是讓成員進行口說溝通，通常在一個空間有限的房間裡進行。團體會談的時間有限，而且許多治療師覺得自己必須遵循倫理規範，不能與病患有太多肢體接觸。

溝通分析師增設一個由允許老師領導的允許課程（詳見史坦納與史坦納[5] 及維克夫[6] 的作品），增強了團體會談的效能。如果有些成員的父母禁令不只影響到他們的思想方式與言語用詞（這可在團體會談中解決），也影響了他們運用肢體的方式，這時就會建議他們參加允許課程，學習各種肢體移動與接觸，比如：撫觸與被撫觸，以胸襟開闊、優雅或自信的方式移動，大笑或哭泣，舞蹈或玩鬧，以性感或侵略的方式移動，放鬆……等等。

---

5. 原注：Steiner, Claude M, and Steiner, Ursula. "Permission Classes." *Transactional Analysis Bulletin* 7,28 (1968): 89.
6. 原注：Wyckoff, Hogie. "Permission." *The Radical Therapist 2,3* (1971):8-10. Reprinted in *Readings in Radical Psychiatry,* Claude Steiner, ed. New York: Grove Press, 1974.

允許課程最好在一間牆上貼滿鏡子、地板放置軟墊的舞蹈工作室進行。每個參加允許課程的病患都立下特定契約，舉幾個例子：允許跳舞、允許撫觸彼此、允許表現性感、允許做出強勢行為或允許起身領導而非追隨他人。

二、馬拉松：馬拉松是長達八到三十六個小時的長時間治療會談，這也是增強治療效能的技巧。有些人經歷了數個月的治療後遇到一個似乎無法橫越的僵局時，我發現馬拉松會帶來極為強大的助力。我建議處於治療的改善高原停滯期，以及近期沒有任何進步的人都參加馬拉松。

馬拉松的目的各不相同。允許馬拉松就是允許課程的加長版。根據維克夫的描述，亞馬遜力量馬拉松的設計目的，是讓婦女瞭解自己的肢體力量。[7] 撫慰馬拉松或撫慰之城是塑造一個徹底破壞撫慰經濟學的情境。身體馬拉松的重點是讓人們重新瞭解自己的身體。殺豬馬拉松則是為了擺脫豬父母。[8]

一般說來，馬拉松都由一場會談揭開序幕，每個人分享自己希望在這場馬拉松達成的目標，大家把這些目標寫在一張大紙或牆上，讓所有參與成員都能清楚看見，[9] 並於馬拉松期間一步步朝目標努力。落幕時每個人都發表對自己的評價，在牆上的契約旁

---

7. 原注：Wyckoff, Hogie. "Amazon Power Workshop." *Issues in Radical Therapy* 1,4 (1973): 14-15.

8. 原注：Wyckoff, Hogie. "Permission." *The Radical Therapist 2,3* (1971): 8-10. Reprinted in *Readings in Radical Psychiatry,* Claude Steiner, ed. New York: Grove Press, 1974.

9. 原注：法蘭克林．恩斯特（Franklin Ernst）博士是第一位在牆上做記號或塗鴉，藉此增加治療效能的人士。（出自他在 1968 年於舊金山的金門團體精神治療協會〔Golden Gate Group Psychotherapy Association〕夏季研討會的演說內容。）

寫下自己的成果。

這些團體活動成效卓越；馬拉松結束時，人們通常都非常興奮，充滿強烈的成就感和滿足感，接下來一兩週都沉浸在美好的愉悅之中。美好的馬拉松體驗通常也會激發團體治療工作的活力和進度。

三、家庭作業：為了實現契約目標，每次治療會談之間，團體成員都會被分派各式各樣的任務，這就是家庭作業。成員通常不需要治療師或其他成員的催促就會完成家庭作業。「領悟」型治療強調療程揭露的啟示，願意做功課的人往往會從中獲益。一個會自行設定家庭作業的人，比較會為自己的處境負責，面對自己必須行動才能改變的事實。

我在前面提過，那些貼在人們身上的診斷標籤或疾患類別，幾乎可說是毫無道理可言。以家庭作業的概念為基礎，我們會注意到行動者與非行動者的差異甚大，這一點值得重視。我們不該把非行動者與另一個詞混淆：「欠缺動力的人」。許多人被稱為欠缺動力，那是因為他們定時參加會談，付清費用，參與團體療程，但其實不是行動者。說一個人有沒有動力，只是一種假設；但一名行動者會活用治療師或團體成員給他的建議，試著照他們說的實際行動，再排除沒用的建議，繼續執行實用的建議。

對我來說，要知道一個人會不會成功，看他是不是行動者就知道了。其他治療師眼中嚴重得無可救藥的精神病患，只要他是個行動者，那麼他只需參加一年的團體治療就能實現自己的目標，而只有輕微神經官能症狀的非行動者，即使花了一、兩年也很難進步。

這並不是說非行動者就是不好。我的意思是，有些人的人生劇本允許他們努力進步。也就是說，他們會視情況發揮成人自我狀態，傾聽他人的回饋，實驗各種建議……等等。這些人比其他人容易拋棄人生劇本，不被允許做上面這些事的人比較難擺脫劇本。治療師的首要任務就是允許非行動者身體力行治療工作的成果，但這也是最艱難的任務。建立良好契約，不玩拯救遊戲是達成此任務的核心要件。

根據不同的打擊目標，家庭作業的內容也會隨之變化。有些家庭作業向行為療法取經，藉系統化減敏克服社交焦慮。比如有個人性格羞怯，治療師就給他難度漸次增強的社交任務，從他覺得最容易達成的開始下手。一開始的家庭作業是：在繁忙的街道上詢問路人現在幾點，接下來有數個不同項目，每個項目都必須執行數次才行。每次的家庭作業都比前一回更難一些：先問時間，接著問路，詢問詳細的指示；先對路人微笑，接著讚美某人的外貌，再進行閒聊……等等。這類家庭作業的目標是讓當事人學會取得撫慰。另一種家庭作業則是讓當事者向重要人物展露自信。比方來說，家庭作業的內容可能是向老闆要求加薪，告訴丈夫從現在開始她有時會在晚上出門散心，要婆婆搬出去，或者打電話給心儀對象並提出邀約。通常治療團體會先行演練執行這些任務時的對話，而演練過程（以及設計與分配家庭作業的過程）往往會帶來很多樂趣。

有些人深信「我一無是處」、「那些人說喜歡我但其實都在說謊，只是想讓我好過些」、「這個團體的人都是共產黨的奸細」，這代表他們的**成人**受到污染，我們可以要求他寫篇完全支持相反論點的文章，比如闡釋「我是個好人」、「人們愛我也喜歡我」、「這個團體的成員都是與我類似的人」。有名女子把自己稱為怪物，她的作業是畫一張圖呈現自己口中的怪物，因為她不知道該怎麼用文字描述。畫了圖之後，她才明白眼中的自己多麼扭曲且不符現實。

其他形式的家庭作業，包括安排豐富緊湊的活動，享受樂趣，找老朋友等等，這些作業都是為了教導人們拋棄心理遊戲，改用其他途徑建構時間。人們遇到的難題各不相同，家庭作業也各有千秋，包括寫情詩、自慰、花一千美金、斷食、整晚不睡……等等。分派家庭作業後，大家會在下一週見面時期待彼此的進度回報，這是件非常重要的事。若一名團體成員沒有做家庭作業，就得再次要求他執行；如果他還是沒做，那就得挑戰他，問他是不是真心參與療程。通常是作業太過困難才會出現這種情況，此時就得按當事者的能力重新設計作業內容。

這些團體治療的輔助技巧都會增強溝通分析師的治療效能。隨著治療師不斷實驗各種新技巧，實務工作者發揮創意探索各種可能性來增強效能，未來必會有更多具實效的治療手段。

釋放負面感受

除此之外，治療師可透過兩種技巧去除兩個常見障礙，讓團體互動更加順暢，進一步增強治療效能。團體治療常見的第一項障礙是點數，也就是藏在內心的怨懣；第二則是團體成員對彼此懷抱的偏執妄想。每次開始會談時，我們都可以先進行下列兩項步驟，讓它們變成一種固定儀式，也可以在會談過程中視情況進行。

內心的怨懟：我在伊利諾斯州馬里昂郡聯邦監獄的阿斯克雷皮翁（Askleipieion）治療團體學到這個技巧。它的目的是讓人們釋放怨言，而怨滿可能來自成員過去的交流。溝通分析把這些感受稱為點數，玩心理遊戲就會創造點數（請見第1章）；點數一旦增加就會阻礙坦誠的溝通與團體治療工作。

我們必須在雙方同意的情況下，才能順利地釋放負面感受，也就是說雙方事先同意提供和接受點數。點數一旦送達，請接受者不要回應。如果當事人不瞭解點數的本質，也可以先請大家解釋。舉個例子：

傑克：弗萊德，我可以給你一個點數。你要嗎？

弗萊德：好啊，我要。

傑克：我很討厭上次會談時，你打斷我說話的樣子。

弗萊德：我不記得這回事。你是指你對瑪麗說話的時候嗎？

傑克：不是，是我跟約翰說話的時候，你突然開始說你自己的事。

弗萊德：我明白了。

請注意，弗萊德只需要瞭解這個點數，不需要同意它。另外一件重要的事，是點數交換必須在不同對象間輪流進行，因此結束上面的點數交換後，傑克不會再給別人點數，弗萊德也不會給傑克點數，必須先讓某人給另一個人點數（最好既不是傑克也不是弗萊德）。

偏執妄想：偏執妄想是一種懷疑，一種不信任的感覺，或是一種認為某人居心不良的信念。偏執妄想通常有跡可循。當人們懷有偏執妄想，就無法敞開心胸，坦誠地處理私密問題。因此，必須藉由開誠布公清除這些偏執妄想。

面對偏執妄想，最適宜的回應就是正視它，接受它真有幾分道理。顯而易見，徹底漠視偏執妄想只會強化它，讓情況更加嚴重。舉個例子：

弗萊德：我對你有種偏執妄想。

傑克：好，我願意聽聽。

弗萊德：我認為你嫉妒我，而且你其實很討厭我。我認為，因為我和瑪麗很合得來，你對此特別生氣。

傑克（仔細思索）：我不討厭你，但我對你不太耐煩，也的確有點嫉妒你。我嫉妒你，一部分是因為瑪麗認真聽你說話，卻不聽我說話。

弗萊德：謝謝你，這很合理。

釋放內心的怨懣和正視偏執妄想，除了幫助團體治療運作順暢之外，不管是哪一種會議，只要人們希望協力工作，彼此互助，都可善加運用這兩個技巧。讓成員坦然表達怨懣，說出對他人的偏執妄想並聆聽對方的解釋，會讓困難的療程容易些，並為接下來的治療工作排除障礙。

第 22 章　基本人生劇本的治療（一）：治療憂鬱症

欠缺生存的必要元素，就會引發憂鬱症。人們需要食物、棲身之所、空間、安全、可飲用的水、可呼吸的空氣以及人與人的接觸（也就是撫慰）。不管發生什麼事，人只要感到饑餓，處於擁擠空間，深陷恐懼或被孤立，就會出現憂鬱症狀，一般人會說這個人既悲傷又不快樂。

自然災害和人為手段都會造成稀缺。競爭滿足了少數人，卻讓大多數人陷入稀缺的狀態。儘管人們大力讚揚競爭，宣稱競爭不會造成稀缺反而會帶來富足，但我堅持這一點。西方社會實際的運作方式，就是藉由彼此競爭增加生產力，但競爭帶來的主要利益都被少數特權階級把持，只把少量利益分給眾人，並促使世人繼續競爭。

本書讀者主要是美國中產階級——出身一般的美國公民，享有適量的食物、棲身之所、（也許有足夠的）空間、安全、水和（勉強）可呼吸的空氣——因此我提到的憂鬱症治療，針對的是人為造成的撫慰稀缺，這些人得到憂鬱症的原因通常是因為撫慰不足。

人們最常向治療師求助的原因就是憂鬱症。如同前述，不管是輕微、平庸或是嚴重、急性、悲劇性的憂鬱，都是缺乏撫慰的結果。如果治療師願意詢問客戶（患者）為什麼感到憂鬱，就會發現絕大多數人（除了少數是被過去的治療師傷得太重，且因此再也不相信自己常識判斷的人以外）都說他們沒有朋友、沒有愛情或處於一段得不到滿足感的感情中。當憂鬱變得嚴重，開始引發身體症狀，比如冷漠、嗜睡或失眠、暴飲暴食或失去食欲、一直想哭、浮現自殺念頭，人們往往不明白自己欠缺的是什麼。但在大多數的憂鬱症案例中，只要當事人從某個人或某群人身上得到某種特定的撫慰，憂鬱症狀就會明顯減輕。因此治療憂鬱症的最佳策略，就是教人們如何取得他們渴望的撫慰。

打破撫慰經濟學

打破撫慰經濟學指的是催毀撫慰有限的人為假象，以及營造這種假象的規則。要打破撫慰經濟學並釋放撫慰，就必須推翻所有干擾世人獲取撫慰的禁令：允許開口請求撫慰，允許接受撫慰，允許給予撫慰，允許拒絕不想要的撫慰，允許給自己撫慰，這些行為都會創造撫慰，最終就能擺脫憂鬱症。

人們必須瞭解自己想要的是哪一種撫慰。撫慰大致上可分成肢體與口語兩大類。肢體撫慰包括擁抱、親吻、抓背、握手、捏手、撫觸、愛撫等等。肢體撫慰有輕重之分，有的撫慰很性感，帶來感官愉悅；有的則很友善，它們表達的可能是關懷，也可能隱約帶有挑逗意味。口語撫慰包括讚賞對方的外觀（她的臉龐或身體，他的姿態或動作）與個性（她的才智，他的溫柔、敏銳、勇氣……等）。

每個人需要的撫慰都不同，人們常把對特定撫慰的渴望深埋心中，因為他們覺得渴望某種東西但又得不到，是可恥的事；就像飢餓的人們怪罪自己太窮才買不起食物，渴望撫慰的人們也對自己的需求感到羞慚。因此他們把自己渴望的撫慰種類當作祕密，但把這種渴望壓抑愈深，它就愈強烈。如果一個人常獲得很多的肢體撫慰，比如常常擁抱和親吻的人，通常能夠輕鬆開口請求這種撫慰（正如有錢的人會變得更富有）。然而，因某種因素而很少得到肢體撫慰，對它們的需求非常強烈的人，往往羞於表達自己的需求，把這當作祕密。

索隆・山謬爾斯[1]指出，人們藉由**付出**自己偏好的撫慰來暗示需求。然而這是效用很差的手段，反而惡化撫慰的稀少與缺乏。比方說，常見的典型情況是：丈夫渴望從妻子身上獲得性撫慰，妻子則希望從丈夫身上得到被愛的言語撫慰；於是丈夫給妻子性撫慰，但妻子其實不太想要這種撫慰；妻子則給丈夫口語撫慰，但其實丈夫不太想要這種撫慰。妻子付出愈多丈夫不想要的撫慰，丈夫就愈不滿；丈夫愈少給予妻子言語撫慰，妻子就愈怨恨。妻子無法獲得想要的撫慰，又一直付出自己渴望的撫慰，以致她的需求更加強烈，而丈夫的情況也是如此。

從這個例子就可以看出，人們得學會如何請求（與付出）自己渴望的撫慰形式（同時也接受別人的請求）。在團體治療中，我們透過數種途徑允許成員背棄限制撫慰的禁令。在打破撫慰經濟學的過程中，最好謹記下列幾項重點：

---

1. 原注：Samuels, Solon D. "Stroke Strategy: I. The Basis of Therapy." *Transactional Analysis Journal* 1,3 (1971): 23-24.

一、對人性保持信念。治療師常擔心有些人即使開口請求，但就是得不到撫慰，因此他們不敢提議撫慰練習，深怕有些人得不到想要的撫慰。這種恐懼恰好證明了治療師跟一般大眾一樣，相信撫慰其實是數量有限的商品，且撫慰的稀缺不是人為操縱造成的結果。

事實上，在一個八人團體中，有人開口請求撫慰，卻得不到足夠撫慰的可能性非常之低，可說趨近於零。的確，如果一個人請求某個特定的人給予某種特定的撫慰，他可能會失望。但如果人們請求的不是特定撫慰，而且向整個團體提出請求，那麼我們可以確信，他會得到足夠的撫慰。關愛同類是人類本性，治療師得強化自己對人性的信任，才能毫不猶豫且無所顧忌地對抗撫慰經濟學。

二、極度欠缺撫慰。很少人對撫慰感到全然的滿足，因此我們很難描述這些人的行為舉止，但這絕對是從未體驗過、令人極致幸福的滿足狀態。他們也許會擺脫一般不會讓他們得到撫慰的活動，充滿「我好，你也好」立場帶來的祥和。對撫慰感到滿足的人，可能會對消費失去興趣，因為新車、新衣、新化妝品等等商品都與撫慰飢渴有關。

渴望撫慰的人也能從負面撫慰得到某種程度的滿足感，因此當人們極度缺乏撫慰，為了維生就會接受負面撫慰。因此，按照每個人的維生額[2]，有些人會拒絕負面撫慰，但有些人會全盤接

2. 原注：Capers, Hedges, and Holland, Glen. “Stroke Survival Quotient.” *Transactional Analysis Journal* 1,3 (1971): 40.

受。我們無法期待極為欠缺撫慰的人拒絕「塑膠毛球」，就像無法期待餓得半死的人拒吃腐壞的食物。

有些人極度欠缺撫慰是因為他們拒絕好的、可取得的撫慰。比方說，媒體扭曲了某些男性的品味（請見第15章的「花花公子」），讓他們渴望非常特定的撫慰種類[3]，而且對象僅限於《花花公子》折頁裡的模特兒或長得像她們的凡人。他們拒絕從身邊真實而溫柔的女性身上獲得撫慰，最終陷入撫慰短缺的狀態，可說是「身處富饒之地卻活活餓死」。這就像一名城市居民到了滿是根莖類和野莓果的森林裡，卻因不認識身邊的可食植物而餓死一樣。

三、接受與拒絕撫慰。正如飲食，吸收與接受撫慰是種生物過程，得花點時間才會完成。我們必須讓人好好「吸收」撫慰。就像在乾裂嚴重的土地上澆水，水得花點時間才會流進土裡，每種撫慰和每個人都有不一樣的「浸潤時間」。不論如何，撫慰付出後，可能得等五到十五秒（或更久）才會被完全接納。

撫慰可能受到不同程度的拒絕。有時人們接受撫慰時，會伴隨明顯的漠視，比如聳聳肩、做鬼臉，甚或直截了當地否認撫慰。比方說，進行團體治療時，一名成員對其他人說：「我認為你非常聰明。」

對方也許會回答：「我不這麼認為，我認為你不是真心的。也許你只是想讓我好過些。總而言之，我知道自己不聰明，你一

3. 原注：Samuels, Solon D. "Stroke Strategy: I. The Basis of Therapy." *Transactional Analysis Journal* 1,3 (1971): 23-24.

定在開我玩笑。」

這是顯而易見的漠視。不過人們有時會以更隱而不顯的手段漠視撫慰。正因如此，我們必須觀察一個人如何接受撫慰，確定他「吸收」了撫慰，還是拒絕撫慰。人們會透過某些手勢、停頓、眼神、嘆息，給予同樣的撫慰，或快速說一句「謝謝」拒絕撫慰。大多時候，人們獲得撫慰時會立刻聽到內心的豬父母說了一些話，要自己漠視撫慰。我們通常可從人們的臉龐或身體極為細微的肌肉牽動，看出豬父母的發言。我們必須解析漠視撫慰的緣由，精確地找出是什麼樣的豬父母訊息讓人們這麼做 。

當人們發自內心地開心微笑，露出舒服的表情，什麼也不說，這就是他們徹底接納撫慰的明確表現。收到自己不想要的撫慰時，我們必須坦白的直接拒絕。有時我們難以確認得到的撫慰是否發自真心，特別是豬父母一直告訴我們：那些撫慰全是虛情假意。因此我們必須花點時間坦白說明，至少在此刻，我無法接受這個撫慰。當我們進一步探查，可能會發現這是個真心誠意的撫慰，我們之所以拒絕，全是受到豬父母的影響；但同樣的，這個撫慰也可能不是我們渴望的撫慰，或者它不是發自真心。團體治療是斷定撫慰真假的最好情境，因為現場有數名頗為客觀的觀察者，可以幫忙判別上述這幾種可能性。

四、關懷。撫慰嚴格說來在人與人之間傳遞（雖說人們也可以從其他動物身上獲得撫慰）。然而，人們也能像儲存食物與飲水一樣儲存撫慰，再用它們撫慰自己。我們的身體能儲存不同數量的維生要素。身體只能儲存可維持生命三分鐘的氧氣，但能儲存長達數週的營養和水分。

我們也能儲存撫慰。大衛・庫柏菲[4]提出撫慰銀行的概念。我相信撫慰儲存於家長自我狀態。關懷型家長蓄積正面撫慰，豬父母蓄積負面撫慰。

背負人生劇本的人若有強勢的豬父母，一再傷害兒童並打擊關懷型家長，他就無法儲存撫慰，沒有足以幫助他撐過艱難時期的內存撫慰。因此，有個容量很大的關懷型家長，儲存大量的撫慰，才能維持「我很好」的感覺。然而，一個人的關懷型家長再強大，若無法從他人身上持續獲得撫慰，終究會失去「我很好」的立場。總而言之，我們覺得自己好或不好，全憑得到的撫慰多寡而定。若沒有撫慰灌溉，沒人能長久維持「我很好」的人生立場；若只能得到負面撫慰，就更容易覺得「我不好」。雖然關懷型家長會蓄積撫慰，但有時無法運用它們，因為這些撫慰只保留給他人。「哈伯德老奶奶」（請見第14章）就是這種人。絕大多數的人都必須學習如何自我關懷、給予自己撫慰，我會在後面解釋如何練習。

五、塑膠與溫暖毛球。隨真心程度不同，撫慰也有不同種類。有些撫慰是略微包裝的批評，比如：「妳算是胖子中的美女」或「你真的很努力」。有的撫慰本質上是比較級，引發人們的競爭意識。舉幾個例子：不說「妳很美麗」或「我愛你」，而是說「妳是這群人中最美麗的人」或「我最愛的人是你」。人們必須學會付出真心、不受競爭意識污染或內含批判型家長的撫

4. 原注：English, Fanita. "Strokes in the Credit Bank for David Kupfer." *Transactional Analysis Journal* 1,3 (1971): 27-28.

慰。我把受污染的撫慰稱為「塑膠毛球」，人們得學會不給人塑膠毛球，也拒絕接受它們。

人們之所以給予虛情假意或塑膠撫慰，多半是因為他們感到應該給人撫慰，但自己卻拿不出撫慰。也許有人直接向他們請求撫慰，但最常見的狀況是，對方以尋找拯救者的受害者立場提出請求，被請求的人覺得自己得「找出」一些撫慰給他才行。在這種情況下，人們往往會製造一些並非發自真心的撫慰。不消說，在一個自由撫慰的經濟體中，人們會避免這麼做，因為這推翻了撫慰的基本定義，只會讓撫慰供需失調。人們必須保持信念，當自己不是真心想付出撫慰時，就該拒絕付出，這是正常的，因為在一個自由撫慰經濟體中，總會有人真心誠意地付出撫慰。

六、撫摸。撫摸是效能強大的治療手段，但卻背負惡名，可能是因為它會引起麻煩。以歡笑為例，嬉鬧交流的笑聲療癒人心，斷頭台交流的笑聲卻對人有害；同樣的，我們也必須徹底探究如何排除撫摸可能引發的傷害，好好應用撫摸，讓它發揮潛在療效。撫摸是最基本的身體組織交流，我深信在治療悲劇化極為嚴重的人生劇本時，撫摸是最基本的治療元素。我認為，肢體撫慰也是治療憂鬱症的強大解藥。唯一例外是，有時肢體撫慰顯然是由生理因素引發，但這種情況很罕見。我們對撫慰的負面效果所知有限，因此必須謹慎小心地使用這個效力強大的治療手段。

進行團體治療時，我不會觸碰服務對象，但鼓勵團體成員盡量觸碰彼此。我也會避免自己在團體會談時段以外，與成員進行社交或親密接觸。但我鼓勵團體成員彼此之間的社交往來，希望他們從彼此身上得到需要的支持與保護。

組成撫慰社群

解決問題心理團體刻意建立一個不受撫慰經濟學限制的情境，團體成員早晚會在這個自由撫慰經濟體中運作自如。然而，對深受憂鬱所苦，無法獲得撫慰的人來說，這顯然不是全然的解決之道。他不能只在治療團體內獲得撫慰，也必須想辦法在外面的世界得到撫慰。治療憂鬱症的其中一項任務，是教人們如何在撫慰經濟學佔上風的外界也得到撫慰。人們必須慎選朋友和伴侶，確保雙方達成自由交換撫慰的協議。受憂鬱所苦的人們，其往來對象必須願意拋棄撫慰經濟規則，自由交換撫慰。如果無法與這樣的對象發展友誼與愛情，背負無愛人生劇本的人就無法讓這齣劇碼「落幕」，也無法搬演新的劇碼。因此，在解決無愛劇本的過程中，當事人必須在治療團體之外，建立一個自由交換撫慰的朋友圈與愛情關係。唯有當一個人學會自由自在地請求撫慰，提供撫慰，拒絕撫慰和給自己撫慰，與人建立隨時能交換撫慰的關係，才能拋棄**無愛**人生劇本。

練習

下面列出幾個能有效打破撫慰經濟學的練習：

一、給予撫慰。我們把需要學習付出撫慰的人稱為「它」。它輪流走到每個團體成員面前，給每個人撫慰。或者，它可以選擇特定的對象，給予所有它想得出來的撫慰。團體中的每個人都輪流請求某項撫慰，它一一付出（當然它必須真心想付出才行）。最後一項練習比較困難，需要慎重的保護才能進行。

二、請求撫慰。它站在房間中央，團體成員一一給它撫慰。得到撫慰時，它學習如何接受。此外，也可以讓它請求特定成員給予特定的撫慰，這可能是對方難以執行的撫慰，而它則學習如何接受這種撫慰。進行這些練習時，在旁觀察的其他團體成員會注意是否出現「塑膠毛球」，以及撫慰如何「被吸收」，同時給予彼此允許和保護。

三、自我撫慰和關懷型家長。它站在房間中央，在團體成員的建議下，它說出一連串與自己有關的正面宣言，若出現「塑膠」的自我撫慰或變成自我批判時，團體成員必須出聲駁斥。當它給予令自己舒服的撫慰時，團體成員則以鼓掌鼓勵。這個練習稱作**自誇**。我們可結合自誇、請求撫慰和拒絕不受歡迎的撫慰進行練習。

維克夫[5]描述過她練習發展關懷型家長的方法，讓兩名以上的右撇子在一張大紙上用左手[6]寫下他們理想的關懷型家長是什麼樣子，比如「溫暖」、「寬廣」、「溫柔」、「付出」、「關愛」等形容詞。接下來，在紙的另一面寫下他們渴望從理想的關懷型家長身上聽到什麼話，使用「我愛你」，「你很美麗」，「享受自我」等句子。接下來每個人都以與文字相應的情緒，大聲朗讀自

5. 原注："Permission." *The Radical Therapist 2,3* (1971): 8-10. Reprinted in *Readings in Radical Psychiatry*. New York: Grove Press, 1974.

6. 原注：據信比較靈活的那隻手由成人主導，因此我們用另一隻手引出兒童的感覺。

己寫下的內容。其他團體成員幫忙清除撫慰受到的污染，排除隱約的批判，藏在表面下的條件和期待，以及其他豬父母言論。

現在，成員組成兩、三人的小團體交換清單並讀出來，同時握住彼此的手，按照清單內容給予彼此撫慰。

你們也可以面對鏡子，讀出自己寫的清單。這個練習對背負無愛劇本的人格外有效，特別是男人。他們難以用關懷型家長照顧自己或他人。

四、按摩。有時候，某位團體成員陷入極度欠缺撫慰的絕境，無法接受任何口說撫慰，在這種情況下，團體按摩可達成實效。在不讓他知道是誰的情況下，大家一起在他的頭、頸、背、腿和腳上，大量給予不帶任何性意味的撫慰。

這種「緊急撫慰配給」有時是一個人所能得到的最棒撫慰，這會幫助他在未來接受更多來自特定對象的特定撫慰。有時這是唯一一個讓當事人能以**成人**參與治療工作的辦法。

上述練習都是團體治療練習。不過，請求、給予、接受、拒絕撫慰和自我撫慰，都可以在大多數的外界情境中練習。正如前面提到的，人們必須把從團體治療學到的經驗與教誨應用在日常生活中，不管是在家庭、工作、搭公車、購物還是其他情境，都可以進行上面每一項練習。當然，外界情境不比團體治療安全，也沒有完整的保護，但只要保持謹慎態度，就可以成功在治療團體之外打破撫慰經濟學。

我們在外界可能必須改變用詞，以**讚美**或**擁抱**等詞代替撫慰，而且隨時得準備好面對他人的拒絕。試圖在「殘酷世界」催毀撫慰經濟學，有時的確會遇到他人的拒絕和漠視，但事實上，絕大多數的人都喜歡撫慰和溫暖毛球，願意大方地給予回應，也會享受自由交換撫慰的感覺。

我們也必須在治療團體以外的親密生活，建立雙方都願意放棄撫慰經濟學的共識，達成以互助合作的方式對待彼此的協議。舉例來說，團體成員瑪麗在療程初期，曾與丈夫傑克分享撫慰與溫暖毛球的概念，解釋禁令讓人們無法自由交換撫慰。傑克認同這些說法，願意與瑪麗一起努力合作。他難以付出充滿關懷的言詞撫慰，而她難以給出言詞以外的性撫慰。瑪麗和傑克同意在這兩方面互助合作，即使傑克沒有參與團體治療，他們也成功給予彼此渴望的撫慰。

有時候，有些人雖像傑克一樣沒有參與治療團體，但他們拒絕撫慰理論，不願意合作。發生這種狀況時，如果瑪麗煞費苦心仍無法改變情況，那麼，瑪麗若真想拋下無愛人生的劇本，恐怕就不能與傑克繼續下去，因為她人生的主要撫慰來源不適合她，極有可能讓她一直處於極為缺乏撫慰的窘境。

第 23 章　基本人生劇本的治療（二）：治療瘋狂

我們前面已提過，瘋狂是由長期且系統化的漠視造成的。漠視是一種溝通交流。任何人際互動都仰賴雙方的參與，漠視者和被漠視者的參與形成了漠視交流。漠視者拒絕回應被漠視者的言論。而被漠視者順從不作反應的漠視者，不再提起這件事，就形成了漠視。這就是為什麼有些人比其他人更常被視而不見；因為他們接受別人漠視自己，就此妥協。但我們不能因此忽略另一個重要的事實：漠視者以權力爭奪戰當靠山，被漠視者往往處於低人一等的地位，無法迎戰對方的打擊。因此，頻繁遭到漠視的人會陷入錯亂，最終導向瘋狂；因為漠視而發瘋的人們必須學會對抗漠視的途徑，我稱此為**正視**（Accounting）；同時也得學會如何應對權力爭奪戰。

正視

正視指的是抵銷漠視的過程，讓需要被重視的感受得到對方的回應。

讓我們再次想像一下本書前面提過的這個例子：

吉兒：你認為我很笨。

傑克：我不認為你笨。

這一回，吉兒不願接受傑克的漠視，也不希望自己左思右想，陷入困惑。現在她可以試圖陳述自己的感受，要求對方正視。

吉兒：如果你不認為我笨，那麼我怎會有這種感覺？我想要告訴你為什麼。你想知道嗎？

傑克：想。

吉兒：我覺得你認為我很笨，是因為你老是在我話說到一半的時候打斷我，而且你常常不同意我的看法。當我試圖向你解釋某件事，你的眼神就變得空洞，而且沒有看著我。最後，雖然只是開玩笑，但你老是叫我「傻瓜」、「笨蛋」、「呆子」，而且你也對朋友這麼說我，這一切都讓我覺得你認為我很笨。所以我想知道，你是不是覺得我很笨？

讀者想必注意到，面對傑克的漠視，吉兒不再進行內在與外在的一連串充滿困惑又不合邏輯的對話，而是系統化地陳述引發這種感受的成因，並要求傑克回應。

現在傑克必須回應吉兒，一是承認自己的確認為吉兒笨；二是否認，那麼他就得解釋自己為什麼做了上述的行為。不管如何，他難以繼續漠視吉兒的感受，這麼一來吉兒就不用面對被漠視後隨之而來的困惑苦惱。

感情中最容易發生漠視的其中一個狀況，就是一方向另一方尋求撫慰的時候，以下面對話為例：

吉兒：你愛我嗎？

傑克：什麼是愛？

現在，吉兒可以再試一次。

吉兒：我覺得你其實不愛我。

傑克：老天爺，我到底得說幾遍我愛妳？

傑克施展上述的權力爭奪戰，意圖阻止吉兒再提起同一個問題。這也是漠視。

讓我們假設一下，傑克的權力爭奪阻擋不了吉兒，她繼續說下去：

吉兒：我認為你不愛我，我會告訴你為什麼。過去五年來，除非我問你，不然你不會主動說你愛我，而且每當我問你時，你都回答得非常心不甘情不願。除了我生日之外，這幾年你都沒有給我任何特別禮物。你表現得像是我嫁給了你，而不是你與我結婚。你為我做每件事時都帶著怨懟。因此我覺得，也許你不再愛我了。不管如何，我想知道你到底愛不愛我。

學習正視的最好途徑，就是在治療團體中進行角色扮演。一個人學習正視，另一個人扮演漠視者，想盡辦法迴避正視。角色扮演時，被漠視者常常被每一次的漠視唬住，不知道該如何繼續下去。這時團體成員提出各種建議，分享某種漠視的最佳應對策略。

漠視的權力爭奪戰

學習正視感受的過程中，通常也得學習如何應對權力爭奪戰，因為漠視者常會施展一波接一波的權力爭奪攻勢（見17章）當作漠視的後盾。因此，被漠視者不只得學會表達自己的感受，讓它們獲得正視，同時也得懂得使用權力掌控來終結漠視者的權力爭奪。

當被漠視者要求對方正視自己的感受，漠視者常常會拒絕繼續談話。他可能會怒氣沖沖地走出房間；可能會拒絕再提這件事；或者轉移話題。這三種情境中，漠視者都透過權力爭奪支持漠視舉動。因此，被漠視者務必學會如何應對權力爭奪。

處理以權力爭奪為後盾的漠視時，最關鍵的手段就是保持**成人**，拒絕參與兩人關係中任何需要互助合作的面向，直到解決漠視為止。比方說，當傑克批評吉兒煮的菜時，傷心的吉兒要求傑克正視她的感受，而傑克藉由衝出餐廳漠視她。傑克單方面結束對話，這是一種常見的高人一等權力爭奪，稱作「**會議到此結束**」。過了一陣子，傑克想要上床與吉兒做愛，吉兒必須提起先前的漠視，再次要求傑克正視，除非對方正視她的感受，不然就拒絕「一切照舊」。

讀者可以想像，這可能會演變成雙方情緒激動的狀況，因此努力要求對方正視感受的人，需要治療團體強大的支持和後盾（也就是允許和保護）。

當一段感情重視互助合作，才有可能順利進行正視，雙方都會從中獲益（見第25章）。如果漠視者不願好好合作，那麼被漠視者極有可能一直得不到對方的正視，因為被漠視者每一次的努力，都被對方高人一等的權力爭奪打斷。若發生這種情況，受漠視者別無選擇，只能中止這段感情；一段沒有正視的關係，必定會推進發瘋的人生劇本。

的確，有些人寧可發瘋也不願孤身一人；只有當事人能決定該怎麼做。然而，不打破撫慰經濟法則就無法克服憂鬱症；同樣的，不正視每次的漠視，就無法擊退瘋狂。

正視妄想

如果治療師本身會漠視工作對象的感受，就不可能真正幫助背負無思劇本的人。治療師會透過幾種不同方式漠視工作對象，比方說，很多治療師會在治療初期就認為當事人出了某些差錯，自行判斷當事人不幸的原因是什麼；然而，這些看法往往不符當事人本身的想法，甚至背道而馳。舉例來說，某人覺得自己的困境在於老闆太差勁，而且目前居住的區域不適合他；而治療師則可能認為「真實」原因與當事人想的大不相同。

在這個例子中，治療師可能會認為當事人在工作上遇到的麻煩，是因為他對老闆產生同性戀情愫，當事者必須做的是接受自己受男性吸引的情況。至於搬家，治療師可能認為對方藉此逃避「真正」的問題（隱藏的同性戀傾向），因此當事人根本不該考慮搬家。

或者，身為溝通分析師的治療師也許會認為，當事人沒有得到足夠的撫慰。如果治療師不管當事者的想法不同，堅持自己的看法，這就是漠視。如果治療師甚至不向當事人討論這些觀點，那麼他除了漠視，還編織謊言。當事人的**小教授**會察覺治療師的漠視與謊言，內心的困惑、懷疑和絕望會進一步加劇。因此，治療師絕不能以任何方式漠視服務對象，必須正視對方的想法。

治療師必須弄清楚當事人面對一個情境時的想法與感受，從中找出關聯性。如果治療師辦不到，他就得坦誠這個事實。

回到上面提到的例子，當事人參加團體治療，提及自己的煩惱時，只描述老闆多可恨又醜陋，治療師對此可能有不同看法，並以下列方式表達：

傑克：我還是很生氣。我的老闆變得更可惡了。昨天，他因為別人犯的錯而痛罵我一頓。我受不了那個傢伙。還有一天，他居然……

治療師（打斷傑克）：傑克，我想知道的是，這一週你有沒有得到任何撫慰？

傑克：撫慰？你開玩笑嗎？我受不了人類！我需要的是遠離人群。我得搬到別的地方去……

治療師：我認為，真正的問題是你沒得到撫慰。除非你得到撫慰，不然你不會快樂起來。

這就是溝通分析師漠視傑克感受的方式。他說的可能是對的，傑克真的需要得到撫慰。但治療師指出這一點並不會成功解決問題，因為他漠視一個更重要的事實，也就是傑克對這個情況的真實看法和感受。這些感受非常重要，它們至少隱含一絲絲客觀的真實性，必須認真面對與正視。

試想一下另一段對話：

傑克：我還是很生氣。我的老闆變得更可惡了。昨天，他因為別人犯的錯而痛罵我一頓。我受不了那個傢伙。還有一天，他居然……

治療師：傑克，我想打斷你一下。我知道你和老闆之間有很多問題，而且現在的住處帶給你很多麻煩，但我很難把你的老闆和住處視為讓你痛苦的真正原因。我相信，如果你得到一些撫慰，就會覺得舒服多了，但我看起來你沒得到任何撫慰。我看到的是，你獲得的撫慰愈來愈少，而你把這發洩在老闆和鄰居身上。

傑克：嗯，我是想要得到撫慰，但我受不了目前的情況。你真該看看我住的街區，跟你住的地方天差地遠。我告訴你……

治療師：也許我們該想些辦法，讓你能好好應對老闆和鄰居，最終達成搬家的目標。我願意幫助你，一起找出解決方法，但我必須知道你也願意解決撫慰問題；除非你解決撫慰不足的問題，不然我不認為事情真的會變好。你願意一起努力嗎？

傑克：好，但我得先處理我老闆的事。

治療師：好，讓我們一起努力。

治療師必須正視人們的感受，也必須瞭解。不管當事人對困境的原因有什麼感覺和看法，這些都是非常重要的資訊，治療師必須好好運用並加以正視（除非當事人根本在說謊，有時公共身心健康機構會遇到這種案例，人們覺得自己非見治療師不可，因此說謊隱藏真正的問題）。

妄想症是最極端的案例，此時治療師必須全力發揮正視。治療師常常判定深受妄想假象與各種幻想所苦的客戶有精神病症狀，因為他們的妄想或幻想徹底脫離現實。因此治療師不是忽略它們就是迂迴行事，或者系統化地加以駁斥。這些處理手段都不太可能獲得功效。我從自身經驗中發現，面對妄想症，唯一有效的解決途徑就是：正視妄想型幻想中或多或少都有一絲真實性。

假設一名深受嫉妒妄想所苦的婦女前來尋求治療，宣稱丈夫和整棟公寓的每個女人都有性關係，還試圖毒害她。此時治療師該做的是，不管她的妄想看起來多麼不符合現實，都不該把重點聚焦於她對丈夫的看法出了極為明顯的偏差，而該專注於這些妄想中可能真實的部分。治療師應該徹底且仔細瞭解，為什麼她認為丈夫和所有的鄰居都有性關係，為什麼她認為丈夫打算毒害她。

我一次又一次地發現，在這種妄想症案例中，總是藏有一絲遭到漠視的真實成分。她的丈夫也許沒和所有鄰居發生性關係，但他和不少位鄰居調情，還很喜歡其中一人。當他的妻子直接提起這件事，他一概否認，從不承認自己欣賞任何人或對他人有興趣。她的丈夫也許無意殺妻，但他可能幻想離婚或把她送進精神病院，她感知到這些想法，而他再次徹底否認。丈夫的這些漠視行為，足以引發妻子的急性妄想，只要坦白面對並加以正視，這些妄想就會停止。

治療師必須對服務對象的心理狀態保持健康的態度。所有的「詭異」幻想、「不適宜的情感」、「思想失調」，都是因為人們的心智一直受到漠視與謊言的侵襲後，所出現的正常症狀。當我們一再遭受類似的漠視與謊言，最終都會出現一樣的反應。治療師如果以高人一等的超然角度看待這些反應，把它們當作某種隱性心理疾病的症狀，只會惡化情況，絕對幫不了當事人。

我發現這種對瘋狂（或者精神病學界說的「思覺失調」）的應對方式，都在向我求助的人身上得到快速而顯著的效果，前提是他們沒有遭到精神病院、藥物和電擊治療等毀滅性體制的傷害。我認為一個人一旦承受許多壓迫性的傷害療法，後續治療就難以成功。精神科的折磨在人們靈魂上留下深刻的傷痕，要付出很多的愛、關懷與熱忱，才有辦法抵銷這些傷害，讓人重新體會信任與幸福的滋味。

背負瘋狂人生劇本的人，不該受到精神科的治療，特別是當事人並非心甘情願的情況下。我說的心甘情願，指的是他們沒被鎖起來，當事人隨時可以按自己心意帶著自己的物品退出或離開，不會受到任何違反自身意願的「治療」程序（個人或團體治療、藥物、電擊等等），也不需要住院。如果當事人非住院不可，他的手邊最好有某個律師的名字和電話，而且這名律師必須認同他身為「精神病患」所握有的權利，一旦療程「突然」變得違背當事人的意願，律師必須迅速地代表當事人出面干預。

然而，即使如此，處於精神病院的人依然難以對抗各種隱而不顯的壓力，以致當事人往往「自願且知情同意」壓迫性的精神病療法。

第 24 章　基本人生劇本的治療（三）：治療無樂人生劇本

與藥物濫用者進行治療工作時，讓當事者感知身體的愉悅與痛苦，體會各種身體感受與反應，也就是**專注中心**，是不可或缺的過程。在劇本分析中，專注中心的身體療程仍處於實驗階段，不過我們目前已得到不少資訊，可為讀者提供一些實用的初步介紹。

就本質而言，專注中心的身體療程，是系統化重建當事人與身體功能的聯繫。我們可經由呼吸有效達成這個目標。呼吸雖是無意識的，但我們也能有意識的控制呼吸，這是很有效的練習。大多時候我們都無意識地自動呼吸，就像心跳、內臟與腸道的運作、腎臟過濾血液等身體功能一樣自行運作。呼吸與上述身體功能的差異在於，我們也可以有意識地加以控制，因此當我們想重新接觸身體的各種功能時，控制呼吸是非常棒的起點。

我們通常呼吸得很淺，而且呼吸得不夠深入。如果我們先從肚子吸氣，接著吸進胸腔，上移到雙肩，再全然地吐出，強迫空氣在肺部內外流動，就會讓大量的氧氣充塞肺部，進入血管，最終進入全身上下的蜂巢組織。這樣的大量換氣會讓那些與我們失去聯繫、僅依賴少量能源運作的身體部位再次充滿活力。當這些身體部位與我們的中心脫節，對我們來說，它們就跟死了差不多，不是過度緊繃就是變得遲鈍鬆弛；一旦它們重獲氧氣與活力，我們就會意識到它們的存在，感覺它們好似奄奄一息、癱瘓或受到重傷似的。此時，我們才真實體會到與中心脫節的身體部位的感受：麻痺、靜止、笨拙、緊縮、扭曲、脫離……等等。

比方說，安是一名擁有美麗纖長雙腿的女子，但她大多時候都沒有察覺它們的存在，除非有人緊盯著她的雙腿瞧，或當她為了展現或掩飾雙腿而穿上衣服時。（她不覺得她的腿很美，只覺得它們又醜又無聊。）她的雙腿沒什麼**感覺**，只有在她走太多路時，它們才會發痛。大體而言，它們只是一個「在她的下半身動來動去」，帶她去這裡或那裡的肢體。她走路的姿態有點兒怪，因為她的身體重量不是均衡散佈在雙腳上，而是集中在腳趾頭。她對雙腿的感覺就像人們對單車的看法一樣：它們是移動裝置，不是她的一部分——它們和她的臉、頭、肩、乳房不一樣，她與臉、頭、肩膀和乳房的聯繫密切，她覺得這些部位就是她的中心。

藉由深呼吸，讓雙腿充滿大量的氧氣，安突然**感知**雙腿的存在。雙腿與她之間的鴻溝暫時消失了，她不用使用她自以為的中心，也就是她的腦，就知道雙腿長久以來的感覺。她第一次發現，原來她的雙腿覺得自己宛如死屍，好像木乃伊的雙腿被包裹在緊緊的繃帶下。她也意識到它們（她的雙腿）渴望大步前進，渴望露出來，接觸風與陽光；它們不喜歡某些不懷好意的眼神，特別是某些男人的目光。後來，雖然她不再那麼鮮明體會到雙腿的感覺，但仍隱約與確實感受到它們的存在。她的雙腿渴望走路、爬山，在微風與陽光下奔跑，這種渴望特別鮮明。

她意識到自己被一些與腿相關的禁令禁錮，它們大部分都以性別角色為基礎，包括「別張開雙腿（太性感）」、「別露出腿（太誘人）」、「別跑（不淑女）」，也被施加了「妳有一雙美麗的腿（坐好別動，讓男人瞧瞧它們）」的屬性。她決定買幾件健行短褲，走去任何她想去的地方。當有人望著她的雙腿，如果她不喜歡那些眼神，她就會把腿藏起來，若她喜歡就隨他們看。

她的雙腿改變了外觀，它們變得更結實也更優雅，但最重要的是，它們成為**中心**的一部分，帶給她很多愉悅，它們也得到許多渴望已久、來自她本人和其他人的注意力 。在她的餘生，雙腿將優雅又活力十足地帶她去許多地方，不像她的母親從六十五歲起就仰賴輪椅，完全不知道自己的雙腿原有機會變得既靈活又強壯，帶她去許多地方。

這個藉由呼吸讓人重新專注中心的實例相當戲劇化，但這只是專注中心身體治療打破平庸與悲劇人生劇本的其中一項途徑。我很清楚上面的故事不夠完全，特別是關於深呼吸改變意識的技巧。我並非刻意省略這一部分，我在前面就提到，我對這個領域的瞭解還不夠深入，許多比我更有經驗的專業人士身體力行賴希提出的生物能量學，對此有興趣的讀者可向這方面的專家討教，尋求治療。我建議讀者們先謹慎考慮再做此決定，就像我在第18章針對常識提出的建議。我在下面會進一步說明進行團體治療時，我實行過的一些有實效的專注中心技巧。

呼吸

如同前面的解釋，深呼吸讓我們得以重新感知自己的身體和情緒；它告訴我們哪些身體部位奄奄一息，哪些部位活力十足等資訊。就理想而言，呼吸必須緩慢而深入，每次呼吸都讓肺部徹底地膨脹和收縮。要讓身體隨時充滿氧氣，最有效的辦法就是深呼吸。但人們呼吸得又短又急促，吸入的空氣只在呼吸器官的上半部或下半部流動，而且，當我們感到害怕或焦慮時常常會憋住呼吸。有些人的胸部就像被一隻隱形的巨大手掌包覆般，無法深深地吸氣，只能把氣吸進肚子裡。有些人則被這隻隱形的手包住腹部並擠壓，以致他們無法徹底吐氣。

不完整的吸氣或吐氣都讓呼吸變得又短又急促，讓人長期處於氧氣不足的狀態。偏重吸氣的人永遠無法徹底清除肺部的空氣。當他們透過深吐氣或咳嗽排出所有空氣，才會把腐敗的廢氣吐出來。當肺部徹底膨脹，我們能夠輕易地嘶吼尖叫，但難以哀求、哭泣或低語。偏重呼氣的人，他們的肺部一直得不到充足的空氣。當肺部收縮時，我們很容易就能低語或哭泣，但難以堅定而宏亮的聲音說話。因此，當我覺得人們需要表達柔弱的感情，我會請他們吐氣數次。相反的，我會請需要展現堅強、憤怒或說服力的人，用呼吸器官上半部呼吸數次。

人們參加團體治療時，常會發表冗長而淡漠的陳述，讓旁觀者摸不著頭緒。他們的言詞好像自動從嘴巴流洩而下，而深受恐懼與痛苦折磨的身體則緊緊往內縮。藉由深呼吸如此簡單的工具，讓人們得以重新感知身體，如此一來才能真實清晰地描述發生了什麼事。當我們要求他們做三、四分鐘的深呼吸，再重新描述事情經過時，他們與自身感受搭起聯繫的樑，聽眾很容易就能理解他們的敘述：故事有了重點，聽起來很真實，人們感同身受，可以理解它也可以解決它。到目前為止，上面這兩種技巧是唯二我會自信滿滿地推薦團體治療師使用的日常工具。

專注中心

本章只約略介紹了專注中心。我們必須深入瞭解並探索專注中心的治療技巧，並應用在團體治療。我本人目前正參與這種形式的劇本分析研究，但在這裡無法提供更多細節，如果你們願意試著練習專注中心，也許會從這個治療方法獲得幾種益處，我在這裡大略介紹一下。

我相信解除身體受到的禁令與屬性後，人們就能學習如何用各種豐富又細膩的方式活用、訓練和控制自己的身體，就像我們懂得如何活用、訓練和控制自己的心智一樣。人們將能調整心跳和血壓，也能減緩或加快消化速度與新陳代謝。婦女將能掌握月經週期，男人得以掌握射精。隨著人們逐漸學會主宰自己的身體，也許還能藉由控制血液供給消滅惡性腫瘤，未來會比現在的人更有效地對抗感染，消除有害物質。人們將能控制身體，實現被當今醫學視為奇蹟的事。

另一方面，人們會對痛苦和討厭的刺激更加敏感，無法再抽大量的菸或喝大量的咖啡，甚至會對它們難以忍受，沒辦法像以前一樣陶醉其中；一旦受到壓制或迫害，就會感到痛苦，渴望拋棄它們。人們也會敏銳察覺藥物的副作用，無法忽略。人們不再需要藉用藥物或毒品重拾與身體的聯繫，這些人會深刻享受身體的各種功能，移動、呼吸、站立、跑步、睡覺、用力、哭泣、排便、性與高潮，這一切都會成為身心靈合一的體驗，整個人和全身器官都會愉悅地參與每一個活動。

擺脫人生劇本施加的屬性後，人們就不會過度使用頭部或某個身體部位，以致身體的一部分過度發展，其他部位卻遭到忽略。男人不會脹著胸口，體內的心臟也不會因太過操勞以致過早衰竭。女人再也不會因為不知該如何讓他人重視自己的感受，而過度發展腹部，在裡面蓄積無處宣洩的情感。

心智與身體其他部位聯繫順暢的人，我們會說他們的身心沒有脫節，處於專注中心狀態。當我們專注中心，所有的身體器官都會和諧一致地同步運作，全身上下都處於凝神合一的狀態。武術早在數個世紀之前，就成功鑽研專注中心的技巧，並加以傳授。 當一名黑帶的武術修習者受到攻擊、必須自衛時，他全身上下的器官功能都專注於這個目標。他的呼吸、心跳、血液流動、視覺、聽覺和所有感官與肌肉組織都整合為一，保衛自己。他不會聽到有人在耳邊低語：「你會死」或「最好快跑」。他的雙腿不會瑟瑟抖索，不會出現衝突的衝動，突然萌生逃跑、哀求或投降的念頭。當他受到攻擊、迴避攻擊和反擊時會以最高的專注力行動：他身心內外的每一根纖維都參與其中，做出強大得令人喪膽、身心合一的高超動作。

人們也可以發揮上述的專注力去思考、玩鬧、愛、發揮直覺、說話、傾聽或保持完全的靜默。專注中心的人會自然而然地流露能量，有些人認為他們全身都被特別的氛圍籠罩，有時這被稱為魅力；這種能量會啟發他人，大部分的人都會被這種能量吸引，但也有些人會想與之對抗。專注中心所帶來的個人力量，再加上全力發揮愛的能力和、理性思考力和直覺力，就形成自主性的堅固基石。我認為，具備自主性的人類與彼此發展互助協力的感情關係，正是美好人生的基礎，我們會在下一章加以討論。我希望自己在接下來的幾年間好好學習專注中心，也鼓勵各位讀者與我一起努力。

第五部

美好人生

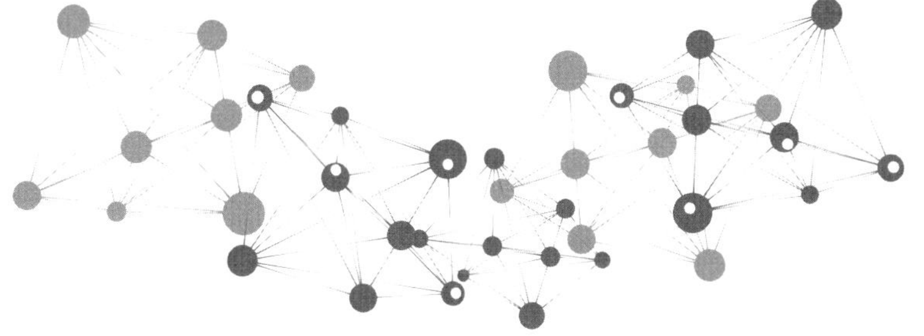

第 25 章　互助合作

約莫三千年前，摩西帶著十誡走下西奈山。十誡其中一條是：「不可謀殺」。當時，不可隨意殺害其他人是個新奇的概念。為了讓人們遵守這條規則，必須讓世人相信這是來自上帝的命令。如今，我們也許已到了歷史的轉捩點，我們不容許且絕不寬待殺人行為，甚至有機會徹底終結自相殘殺的慘劇。

當我們不再容許人類殺害或折磨彼此，下一步就是消滅說謊與欺騙。也許人們終能徹底拋棄對心理力量的濫用，也就是權力爭奪戰。也許，人們終會相信每個人生而平等，不只是嘴巴上談論平等，就連所思所感所行都反應人人平等的信念。那麼，自主、獨立、強大的人類就可以隨時隨地互助合作。合作會成為慣例，而非特例。

要實現國際性的大型合作，目前仍是個遙遠的夢想。然而在特殊情況下，人與人之間的確有機會建立合作關係；再者，要實現大規模的合作，我認為還是得先盡量讓眾多小型團體的大部分人都學會與彼此互助合作。

互助合作的規則

那麼，生活在富足社會的我們，該如何好好利用衣食無缺的優勢呢？答案就是：互助合作。互助合作是以基本需求（食物、棲身之所、空間）無虞為前提的人際關係模式，讓每個人都有機會滿足自己的需求。

伴侶關係是一個對抗個人主義與競爭意識的良好情境，雙方可攜手學習實現互助合作的目標。當兩個人處於親密的長期關係中，潛藏的個人主義與競爭意識種子只會製造難題，此時只要同心協力就可以克服它們。獨身者最適合追求個人主義與競爭意識。當一個人沒有密切往來的對象，就不太會注意到個人主義與競爭意識的破壞力多麼強大。處在伴侶或家庭情境，人們才會注意到它們的破壞力。伴侶關係是最方便進行人際關係實驗的安全場域，人們願意花大量精力去磨合，因此，伴侶最容易建立互助合作的關係。不只如此，比起三人以上的團體，兩人團體更容易實現合作的精神。因此，這一章大部分探討的是兩個人的合作關係，但我提出的建議也適用於各種不同人數的團體。

決定攜手踏入合作關係的兩個人，必須達成如下幾項共識：

一、排除稀缺性。雙方擁有足以滿足彼此的一切資源。有時候，人們不一定能提供彼此所需要的事物，那就無法達成這個共識。有些人供應不了另一方需要的自由、安全 、支持、知識和樂於分享的意願。以性需求來說，一方可能希望一天做兩次愛，而另一個人也許完全不想做愛。如果兩人的渴求天差地遠，無法妥協，就形成了無藥可救的稀缺。上述的例子不太可能提出雙方願意合作的折衷方案，但如果雙方的需求差異不大，大多時候都能達成互助合作的折衷協議。承上面的例子，大部分的情況往往是一方希望每天都做愛，另一方則偏向三天一次，這按照我們不用創造稀缺的前提，雙方願意退讓就有機會達成折衷方案，讓彼此都滿意；比如某對伴侶同意在性欲較強的女方自慰時，性欲較低的男方願意擁抱她，給予愛撫。這麼一來，雙方都能擺脫壓力，兩人的性需求都獲得同等的滿足。

我們發現這種互助合作往往會打破看似稀缺的假象，帶來富足。我們可從上例看出，稀缺其實是人為產物。這對伴侶的性問題很容易演變為棘手的難題，隨著女方的性需求讓男方愈來愈焦慮，就會出現性無能的狀況，最後雙方都陷入嚴重的性撫慰不足。然而此「問題」的本質其實是雙方都恪守撫慰經濟法則，不允許自我性撫慰，特別是在另一半面前，當男方提出自己的渴望，女方妥協，就能打破撫慰經濟學，為彼此創造足夠且滿意的性撫慰。

二、權利平等。既然有足夠的撫慰分給每一個人，下一個共識就是，雙方都享有要求滿足的同等權利，同時在合作過程也得負擔同等責任。

有些人就算知道不用擔心稀缺的題，但仍然不願分享，難以有福同享，共同負擔同等責任。比方說，性別角色劇本讓男女關係都內建了不平等的程式，整體來說，讓男人享有比較多的利益。舉個例子，即使男女雙方都在工作，社會仍期待婦女擔下大部分的家務；要是女方沒有工作，更是理應這麼做。太太在家裡付出的勞力也許跟丈夫在職場上的付出相等，兩人工時也差不多，但人們總認為男方該獲得比較多的休閒時間。如果女方要求同等的休閒時間，男方可能會承認自己享有的休閒時間比較長，但基於男性特權，他往往不願意讓女方也享有同等的休息時間。此外，社會微妙地鼓勵男人獲得多於自己付出的關懷撫慰。若有人質疑這種不平等，男人往往會承認，但不一定願意改善——他們再一次拒絕放棄男性特權。

不過在這種不平等中，男性並非永遠佔上風；以性生活層面來說，女人往往期待男人付出大部分心力，男人應該發動、主導且成功完成性關係。被指出這一點時，女人往往不願意放棄特權，拒絕改變。我們來看看一對伴侶如何努力朝互助合作邁進，他們的狀況如下：

女方希望自己生病或恐懼時，得到關心與疼愛的撫慰。男方雖然知道這回事，但當她需要時，他還是沒有滿足她的需求。男方無意解決這個問題。若女方「溫柔」請求，男方會給女方撫慰，但從來不會主動關心，他看起來無意或不願與女方分享撫慰。有一陣子，女方試圖減少給男方的撫慰，想藉此解決問題；雖然這讓雙方的撫慰流量相等，卻造成更嚴重的稀缺，問題還是存在。最終，他們決定一起放棄特權，面對問題。他們達成如下的協議：只要女方盡量不因男方給別人（包括其他女人）撫慰而嫉妒，他就會努力改善自己難以給她撫慰的問題。最後，雙方都願意放棄獨佔彼此的撫慰。

三、不發動權力爭奪戰。要建立穩固的互助合作關係，就必須達成共識，不管在任何情況下都不能爭奪權力。權力爭奪的基礎是稀缺和競爭意識，兩者都是合作的反面；在互助合作的感情中，絕不能藉由這個途徑奪取想要的事物。

這一點看似單純，卻是合作共識中最難身體力行的一項。我們深深被稀缺的恐懼所糾纏，又受過徹底的稀缺訓練，擅長透過各種權力爭奪來達成目的。對我們來說，藉由威脅、擺臉色、嘶吼、甩門、漠視……等等手段，都比討論和協商更容易得到我們想要的東西。伴侶雙方都必須小心權力爭奪，一旦發生時，雙方都必須願意提醒與被提醒，立刻停止這麼做。

四、沒有祕密。要互助合作，就不能藏有祕密，而且必須誠實表達真實的渴望。希望合作的雙方，必須百分之百提出自己所渴望的一切。[1]我們往往不夠瞭解自己的需求，也很難清楚大方地表達，這種失能與施展權力鬥爭的習慣相輔相成。如果我們處於競爭情境中，揭露自己的渴望，就等於告知競爭者需求為何，這會引發擔憂供給不足的稀缺恐懼。正因如此，講求競爭與個人主義的環境中，我們都被訓練成閉口不提自己的渴望，這是很合理的作法；因為一旦表達需求，供給馬上就會降低，造成更嚴重的稀缺。但在互助合作的情境下，要得到滿足感，就得先表達自己的需求。在雙方願意消除競爭的前提下，要得到一項東西，第一步就是明確表達自己的需求。這會立刻吸引其他人的注意力，讓他們願意付出心力滿足你。朝互助合作努力的過程中，其中一項嚴重問題就是，人們不說自己想要什麼，不然就是不清楚自己想要什麼，最終因為無法獲得滿足感而心懷怨懟。

隨時隨地徹底表達自己的需求，看起來似乎是個人至上的

1. 原注：Wyckoff, Hogie. "Between Women and Men." *Issues in Radical Therapy* 1,2 (1973): 11-15.

較勁行為，矛盾的是，這卻是最能破除競爭意識與個人主義的策略。我們必須瞭解，隨時表達自己的渴望**並非**奪取、要技倆、勸誘他人付出我們想要的東西；我們只是說明自己的立場，只要每個人都表達他的立場，就能互助合作與協商。

這並不是說，只要在合作的情境下，每個人都能立刻得到自己想要的一切。但合作互助的過程中，配合他人渴望而調整自身渴望是非常美好、幾乎可稱為充滿魔力的體驗，最終我們往往會發現，表面上好像不可能滿足每個人的情況下，的確可以讓每個人都心滿意足。我們對合作互助懷著像對食物、棲身處與撫慰一樣強烈的動力，對合作的渴望會讓我們調整自己對食物、住所與撫慰的需求。提供他人所需是**關懷型家長**的能力，也是合作直覺的泉源，滿足他人會帶來愉悅感，我們對付出的需求經常比對性、食物和其他實質物品的需求更加強烈。供應量稀少的物品看似有相當大的需求量，但只要願意合作分享的人夠多，就能舒緩需求；只要我們願意分享，受銷售與廣告手法煽動的人為商品消費需求也會大幅減少。

人數較多的團體最能明顯看出合作對消費性用品的影響力。美國最常見的家庭結構是一對伴侶與其子女同住一屋，共用一個冰箱、一個爐子、一台洗衣機和一兩輛車等等。但只要人們願意合作，就能讓八個大人和他們的子女共享同一個冰箱、爐子、洗衣機，也許三輛車就足以滿足這麼多人的需求。不只如此，降低競爭意識也會讓人們不用再「跟上瓊斯家」，與鄰居較勁。最後，撫慰不會再那麼稀少，而人們對撫慰的渴望所引發的消費需求（化妝品、藥物、新衣、車子……等）都會急劇減退。

合作過程中，沒有得到滿足的人必須一再提出他的需求，當他獲得滿足後也必須告知同伴，這都是協議的一部分。如果他不表達自己的渴求，不滿就會累積為怨恨，讓他變得易怒、滿心怨恨，終會回到講求個人主義、競爭與貪婪的局面。

大體而言，渴望某種事物但一直得不到的人，往往被人生劇本困在重視競爭的社會裡，怪罪自己無法滿足自身需求。比如窮人怪自己太窮，就連富人也鼓勵窮人自責，他們說這是因為窮人欠缺動力和意志力。受渴望折磨的人，往往對自己的渴望感到可恥。渴望性生活的人難以承認自己的需求。我們必須對抗這種自責，別把自己受到的壓迫怪罪自己，拋開可恥和一無是處的感覺，勇敢提出請求。唯有相信人人都很好，人人都渴望付出，人人都值得得到他或她需要的事物，才能建立互助合作的社會。

五、不拯救。要建立有效的合作環境，第五個要求就是不做任何拯救。前面提到人們必須百分之百地表達自己的渴望，但同等重要的是，當對方沒有請求我們滿足他們的需求，我們就絕不能因為羞恥、內疚或錯誤的關懷欲望，而自顧自地伸出援手，除非對方真的需要。在這樣的特殊情況下，一個人覺得另一個人（**受害者**）需要某個事物但無力捍衛自己，因此做了任何原本不想做的舉動，或被動陷入某個自己不喜歡的處境，就形成拯救遊戲。

拯救遊戲違反任何人都該明確表達自己需求的契約，拯救者和受害者雙雙犯了規。這也會再次創造引發罪惡感與羞愧感的權力爭奪，人們會再度放棄直截了當地開口要求，改以權力爭奪取得渴望的事物。

另一方面，攜手合作時也不該藉由反拯救迫害彼此，反拯救其實是過度忽略自己對他人需求的直覺猜測。反拯救是人們為了避免拯救，於是減低自己對他人需求的敏感度，但這反倒成了一種迫害。以一對伴侶為例，直到目前為止，丈夫不用開口請求也不用表達感謝，太太就會注意到他的需求並加以滿足，但現在她決定停止拯救丈夫的關懷需求。她不再猜測丈夫要的是什麼，採取強硬的反拯救立場，這讓先生既害怕又生氣。但這個解決方案並不完整。她在治療團體找到非迫害也非拯救的立場，既能察覺丈夫需求，又能讓丈夫明白自己的需求，但如果丈夫不開口請求並真誠地表達感謝，太太就拒絕付出關懷。她也與丈夫建立交換協議，請丈夫在自己需要關懷時疼愛她。這不是拯救，因為她沒做任何丈夫沒有請求她做的事，同時也抵擋了自己迫害丈夫的傾向，提供丈夫表達需求的管道，讓他也能得到滿足。

當一方不情願或不想合作的時候，往往會形成**合作掙扎**。在這種暫時不合作的情境下，最適宜的回應就是另一方直接表達失望。發生合作掙扎時，因一方顯然不願合作而停止分享，是非常合理的作法。這種作法在面對孩童時特別有效明顯；小孩子常會直截了當的拒絕合作，或是乾脆放棄，不願付出任何努力。此時，撤回自己的合作意願、停止分享是非常合理的應對方式。這不是權力爭奪，而是光明正大、坦白直接、根據自身感受而做出的反應。面對不合作的人，我們理所當然會失去合作的欲望，因此，根據人人隨時都得表達自身渴望的規則，這種應對方法非常合理。

比方說，在講求合作且育有子女的家庭中，期待孩子付出是理所當然的事。孩子可以與大人合作，一起做家務事，幫忙大小事，預測他人的需求，不搗亂，玩樂和照顧自己等等。參與家庭事務的孩子受到人們的欣賞與喜愛，大人自然而然也會樂於為他們做事，與他們相處。當孩子拒絕合作，就會引起截然不同的反應。人們不喜歡這樣的孩子，不想與他們往來。在一個家庭中，如果一名十歲大的孩子不願意合作，父母也可以在許多小事上拒絕幫助他，像是父母不做特別食物給他吃，不帶他去找朋友，不邀請他去看電影，不幫他煮早餐或準備點心等。但父母這麼做並不是因為報復或憤怒，單純只是因為孩子的行為讓父母失去這麼做的意願，當小孩發現不合作只會為自己帶來損失，就會選擇合作。

兩人、三人甚至更多人的團體情境

我前面提到過，伴侶最容易朝合作目標一起努力，但合作也能擴及一對伴侶和其子女，或者擴展到三、四、五人以上的團體。不論人數多寡，參與者都必須尊重上面提到的五項協議。雖說伴侶之間出現掙扎時，雙方往往會比其他種類的團體更加投入積極，更能以一致的態度解決困境，但多人團體仍能試著合作，而且大家都會從中獲益。當然，隨著人數增加，合作過程也會出現更多麻煩，因此一般說來都會以兩人情境為起點。我認為，遠離競爭、走向互助合作，告別單槍匹馬、迎向團體行動的漸進過程中，都必須以兩人的合作情境為第一步，因為這是最容易磨合、解決難題的情境，接著再擴展到更多人的團體。

第 26 章　培養兒童的自主性

我們看人生劇本矩陣時，可以把自己放在子女、也可以放在父母的位置。溝通劇本分析主要處理的是人們身為子女所遭遇的困境，但是，「在瞭解這些概念後，身為父母的我該如何盡可能以最好的方式養育我的孩子？」是人生劇本分析不可能避免的問題。

我們該教育孩子哪些事？該約束他們到何種程度？又該放任到何種程度？該告訴他們什麼，不該告訴他們什麼？

「禁令」一詞聽起來會傷害嚴重，但父母必須禁止孩子做出傷害性或不利於己的行為，不是嗎？我們該怎麼確定自己教育孩子時，沒有在無心之間迫使他們依循程式而活，讓他們失去判斷力？我們該如何盡全力培養孩子的自主性，既不疏忽他們，也不會讓他們失去自制力、目標、價值觀和理想？我們該如何培養自由思想主義者，而不是放蕩主義者？

再一次，我們以對人性的信念為基礎，解決這些難題；我們堅信，所有的世人都很好，孩童也是如此；只要有機會，他們都會好好發展。

因此只要按邏輯思考，我們就會知道養育子女的重點是：讓他們發掘自己的渴望，不干涉他們的自發性、覺察力與親密力。

只要孩子擁有選擇的自由，而且可以在毫無任何物理或心理壓力的情況下自由決定，那麼孩子會做他們覺得對的事。我們不需要以權力爭奪、敦促或幫助他們做對自己有益的事；他們會自行判斷並按此行動。

以八歲的瑪麗為例；瑪麗想在週間熬夜看電視。父母知道兒童需要十小時的睡眠才能正常生活，因此大部分的父母都會設定晚上的睡覺時間，要求孩子遵守。讓我們假設一下，早上七點起床的瑪麗，到了晚上不想九點就上床睡覺。她的父母會怎麼做？他們該堅持九點上床睡覺的規矩，堅守原則，使用收回撫慰、命令、吼叫、關電視、打小孩這些施展權力的手段嗎？若有必要，甚至強制小孩換上睡衣，把她趕上床？大部分的小孩都不會死命反抗九點上床的規矩，讓父母非得強迫他們回房睡覺不可。

但我們猜想，不想九點就睡覺的瑪麗多少會試圖抵抗，在這樣的情況下，父母必須迎戰的是自己對人性的信念。如果我們假設瑪麗是具備思考能力的人類，能夠在與自身相關的事物上做出合理的決定，那麼身為父母的我會希望她運用自己的判斷力，相信她會做出好的選擇。就我而言，我認為瑪麗有權決定要多晚睡，也有權決定自己睡眠時間的長短，即使她隔天一整天都因此煩躁易怒，也是她的選擇。

你也許會問：「萬一瑪麗睡過頭，錯過學校公車，我們就得開車送她上學或讓她坐計程車，甚至乾脆不上學，一整天都待在家裡，這又該怎麼辦？」

瑪麗前一晚的自私，的確可能會讓她隔天早上錯過上學時間，或者帶給父母一連串的麻煩。

這是個好問題；答案就是，自主性不代表我們就可以隨意製造別人的困擾或痛苦。只要一個行為只會影響當事人，那麼根據培養自主性、建立互助合作的教養原則，我們認為當事人擁有選擇權，應讓他自行決定。如果當事人的決定帶給其他人傷害或麻煩時，這些人就有權要求當事人別再做出同樣的選擇。如果瑪麗晚睡結果隔天睡過頭，錯過學校公車，必須讓父母送她上學，這時——唯有此時——父母才可以對於她的上床時間提出一些要求。

假設瑪麗有一次晚睡，結果隔天睡過了頭。今晚，她又想晚點上床，父母注意到了這件事，要求瑪麗上床睡覺。

「瑪麗，已經九點多了，我希望妳上床睡覺。」

「但是我想看完這個節目，它十一點才播完。」

「我不認為這是個好主意，瑪麗。上次妳晚睡，結果第二天起不來，我只好送妳去學校。」

「這次我絕對不會睡過頭，我會調鬧鐘。」

這時，媽媽可以與瑪麗來場權力爭奪戰，強迫瑪麗上床睡覺；或者，她可以再給瑪麗一個選擇，但這回的選擇包括一些雙方都同意的合理條件。

「好吧，瑪麗。我不認為這是個好主意，我認為妳明天會起不來，但我也認為妳該做覺得對自己最好的選擇。不過，明天早上我不會早起叫妳起床或送妳上學；如果妳睡過頭，我希望妳用自己的零用錢付計程車費，不然就走路上學，不管會遲到多久。妳同意嗎？」

「好的，媽媽。我可以用洗碗來付計程車資嗎？」

「可以。好好看妳的電視吧。」

隔天，瑪麗很有可能會準時起床上學。如果她又睡過頭了，只能走路上學，下一回她可能會選擇不看電視，免得隔天早上又起不來。

由上述例子看來，父母的確可以讓瑪麗選擇她想做的事，讓她體會自己的選擇造成的後果，同時不讓她影響其他人的生活。只要從瑪麗有能力選擇開始，就讓她擁有一系列可以自由選擇的情境，她就會習於發揮自己的判斷力，做出適宜的決定。她也會判斷自己對他人的責任。習於順從、遵從命令的孩子，習慣做別人要他們做的事，卻不瞭解為什麼該這麼做，也無法發展自主性。奇怪的是，大人用這種方式教育孩子，卻期待他們一旦獲得自由，就會突然明白該如何做選擇、自己決定大小事。事實上，大多數孩子在成長過程中都沒有選擇的權利，同時也沒有機會體驗自己決定造成的後果，當然也就沒有機會主動做出互助合作、尊重他人權利的選擇。

不過，萬一瑪麗想要晚睡的真正原因，是她不太想上學呢？讓我們假設一下，瑪麗寧可看電視，而不是好好準備隔天上學；也許，她甚至暗暗期盼自己因晚睡而起不來，這樣一來就不用去學校了。那麼父母該怎麼辦呢？畢竟這時瑪麗不只希望睡過頭，還希望錯過學校公車，甚至希望爸媽別送她去學校？這個情況複雜多了，有些孩子就是不喜歡上學，想盡辦法逃避學校，那父母該怎麼辦？

關於這個問題，我想用另一個問題來回答：**你**比較重視自由，還是學校出席率？你希望你的孩子做那些不喜歡又可能對自己毫無益處的事嗎？你希望養大的是這樣的孩子嗎？如果孩子不喜歡上學，很有可能是因為對他們而言，學校不是個好地方。再一次，我們對人性懷抱信念，因此我們相信如果學習是有趣的事，孩子就會喜歡上學；如果學校是對孩子有益的地方，那麼他們都會想上學。然而，如果學校是殘酷、充滿壓力、重視競爭的地方，滿是社會與種族鬥爭，專制威權，而且把違反自發、覺察與親密的禁令加諸於孩子身上，那麼他們就可能會想遠離學校，但法律規定孩子都得上學，那麼爸媽該怎麼辦呢？

顯然，一個問題演變成一連串的問題；如果父母渴望養育自由自在的孩子，不受壓迫與充滿挫折的人生劇本束縛，那麼父母就得做更多的事，不只在家裡遵循幾項單純的合作公式就夠了。不論家庭多麼講求互助合作，如果父母強迫孩子上床只是為了讓他隔天可以乖乖去環境惡劣的學校，並無法幫助孩子發展自主性。因此，父母可能有幾個選擇：不送孩子上學（也就是說，找個更好但可能負擔不起的學校，或者乾脆不讓他們上學），或要求學校改善，發起相關行動，代表孩子參與社會運動，好讓學校成為一個更好的地方，讓孩子樂於上學。

處於壓迫環境下，人就得不到個人自由與自主性，孩子也無法享有不受人生劇本束縛的人生。如果我們不為孩子建立一個他們可以自由決定的社會環境，就培養不出不被劇本設限的孩子。

當父母必須拚命超時工作，或因為資源匱乏，而無法為孩子提供適宜環境，當一家人必須在孤立且彼此競爭的空間中生活，每個人都得為了生存而捍衛自己，想盡辦法獲得足夠的食物與睡眠，一天活過一天，就沒有發展覺察力、自發性與親密能力的空間。

但讓我們設想一下：一個生活小康的家庭，父母都沒有受到超時工作、薪資過低的壓榨，學校環境也算健全，每個人都有足夠的空間、食物與閒暇，那麼父母就可以試著營造互助合作的環境，培養自主的孩子。在這種情況下，爸媽可以和子女互助合作，讓孩子在幾乎沒有禁令與屬性的環境中長大。也就是說，爸媽不會禁止孩子做他們想做的事，也不會誘導孩子去做他們不想做的事。他們會按照自身需求和滿足他人的合作欲望，調整自己的行為。這樣一來，如果他們想做某件事，但他們所愛的人不希望他們這麼做，他們可能會自願放棄。孩子會做大部分父母希望他們做的事，這是因為他們愛父母，所以渴望與父母合作，不是為了避免受罰或獲得獎賞。他們不會完全遵從父母的期望，有時候，他們不考慮父母的渴望，全憑自己想不想而行動；但爸媽會接受子女的決定，也能理解若要確保孩子擁有自信與自主性，這是合理的代價，不然孩子會變得依賴被動又無能。

不論如何，有件事非常清楚：在這種情況下，孩童絕不會做讓他們痛苦、厭煩且感覺不到任何益處的事。在這種情況下，孩子會拒絕去不好的學校，拒絕遵守壓迫性的規矩，當他們說話時會要求人們聆聽，隨時隨地表達自己的渴望，請求自己的願望和家中大人的願望受到同等的重視。

聽起來，這些孩子似乎變得很難纏，但父母會得到幾種報償；首先，和他們同住一個屋簷下的不會是一名受害者，因此他們不用時不時就得拯救孩子，他們的生活夥伴會是另一名全心參與大小事的個體。他們會看到孩子徹底發揮自己的能力，展現與生俱來的合作欲望，這就是父母培養孩子自主能力的成果。

當孩子長大後，他們會成為真的自給自足、享有自主性的大人，有更高的機會懂得如何捍衛自己，並付諸實行；他們不會忍受不公不義、壓迫、謊言與剝削。最後，選擇用這種途徑養育子女的父母，會知道只要享有選擇的自由，和能幫助他們做出明智決定的工具，孩子就會把命運握在手中，遵循「我很好」的積極態度過人生。這樣養大的孩子從未長期扮演受害者，沒有陷入漫長的拯救與迫害，因此長大後也極有可能成為尊重父母、感謝父母為自己付出的一切的大人，不會在犧牲奉獻數年之後，突然與父母反目成仇，控訴父母在某方面傷害了自己。我的兩個孩子米米與艾瑞克，如今分別是十三歲和十歲，我的親身經驗進一步加強了我的信念，因此我可以滿懷信心地這麼說。

養育自主性子女的計畫，如果沒有更大社群的理解與支持，就無法實現。當身邊的環境與社區都充滿了競爭、個人主義、漠視、拯救與迫害，身處其中的家庭就很難採取截然不同的模式運作。因此當務之急是世人組成團體，教育彼此互助合作的原則，有必要的話，為孩子建立變通學校，支持彼此奮鬥，一同建立美好的人生。當身邊的每個人都受到壓迫、感到挫敗時，我們不可能獨享上面提到的好處。在競爭環境中，一個人只能爬得比別人高幾吋；為了讓一個人獲得全然的自由，身邊的每個人都得走在同一條道路上，一起達成目標並共享成果。

培養自主性的子女：十項原則

一：如果你難以與伴侶維持長達十八年的關懷與保護關係，不要與這個人生孩子。一旦有了孩子，就得讓孩子盡快獲得自主能力，好縮短上述年限。

二：培養子女自主性的首要目標，是讓孩子享有徹底發揮親密、覺察、自發三種能力的自由。沒有任何其他目標（紀律、禮節、自制等等）比自主能力**更**重要，雖然父母也可能希望達成或追求其他目標，但絕不能違反首要目標，也就是自主性。

三：撫慰經濟學破壞建立親密關係的能力。不要阻止孩子坦誠且徹底地表達愛或對愛的缺乏。鼓勵孩子付出、請求、接受和拒絕撫慰，同時鼓勵他們自我稱讚。

四：漠視會破壞覺察力。不要漠視孩子的理智、感受和直覺。教孩子如何正視自己的感受，當孩子請你正視他們的想法、感受與直覺時，父母必須做出回應。

五：永遠都別對孩子說謊，不管是藉由忽略部分事實說謊還是真的編織謊言，如果你選擇對孩子隱瞞事實，那麼坦承地告訴他們，同時也告訴他們原因。

六：加諸於身體的專制規範破壞自發性。不要限制孩子的移動、觀看、聆聽、撫摸、嗅聞與品嚐，除非這會影響到你自身的健康，或他們會因此曝露於明確危險之中，那麼你可以告誡他們，但別忘了謹守互助合作的原則。幾乎在每個情況下，孩子的身體都比父母更清楚自身安危，別忘了這一點。別太認真看待「專家」（教育人士或醫師）的建議；他們都犯過錯，而且還會再一次出錯。**絕不**打壓孩子的身體尊嚴，對他們做出任何肢體上的突襲、攻擊或侵犯。如果你這麼做，必須立刻誠懇道歉；但不要因內疚而拯救，這只是錯上加錯。父母必須為自己的行為負責，不能做自己也不認同的行為。

七：不要拯救後再迫害你的孩子。不要為孩子做你不甘願做的事。如果你這麼做了，接下來不要迫害他們，錯上加錯。在你出手「幫助」前，先給孩子一個機會捍衛自己。

八：不要教孩子競爭。孩子從電視與報紙就會學到競爭概念了。請教他們別的事，比如互助合作。

九：別讓孩子壓迫你。你有權享有獨立於他們之外的時間、空間與愛情生活。請他們考慮你的需求，因為他們愛你，他們會願意給予你需要的事物。

十：信賴人性，信任你的孩子。他們長大後會因為你信任他們而愛你，這就是最美好的回報。

第 27 章　解放男性與女性

強調男女差異是一種壓迫，會讓世人掉進維克夫在本書第13章描述的平庸性別角色劇本，而婦女解放運動[1]則從各種戰線攻擊這種壓迫。被媒體簡稱為「婦解」的解放運動令美國女性害怕。在此運動早期，媒體脈絡地描述某些激進成員的行動，把整個運動塑造為全國笑柄。但愈來愈多的女性加入婦女解放運動（而不是媒體口中的婦解），現在其中有一半的人支持「有計畫地改善婦女地位」。[2] 就我個人經驗而言，當婦女解放團體以日常生活、柴米油鹽醬醋茶、性教育與性別角色劇本等面向解釋此運動的目標，很少會有女性反對解放運動。

我個人全力支持女性主義，努力為解放婦女奮鬥（最重要的就是，不干擾女性和她們的工作）。我逐漸見識到男性享有許多超越女性的特權，也看到他們如何利用這些特權佔上風，讓女性居於下位。但只要更深入探索，我也發現絕大部分的男性在利用

---

1. Women's Liberation Movement：西方世界從一九六〇年代晚起發起並延續到八〇年代的政治行動，在女性的政治、知識、文化地位上都帶來顯著影響。
2. 原注：Staines, Graham; Jayaratne, Toby Epstein; Tavris, Carol. "The Queen Bee Syndrome." *Psychology Today* 7,8 (1974): 55-60.

特權獲益的過程中都受了傷。男人需要女人的陪伴、友誼、撫慰與愛，也需要她們當男人的合作夥伴；但位居下位、被動、受到奴役或憤怒的女性，不可能滿足這些需求。在主奴關係中，扮演主人的人也得付出代價，那就是隨之而來的感覺僵化、缺愛和內疚。婦女解放運動大力為婦女發聲，句句鏗鏘有力，毋需我多費唇舌，因此我在本章主要想談的是解放男人，也就是為我所有的兄弟們發聲，他們往往擔心自己一旦加入女性，為她們的自由奮鬥，就會失去身為男性特權，因此不知所措。

對男性來說，他們沒有明確抵抗性別歧視的動機。婦女解放運動目的顯然是突破女性低人一等的地位，不論就理智或直覺而言，都合乎清晰的邏輯；但男性顯然沒那麼清楚自己為什麼要反抗性別歧視。我們男人要是參與運動幫助女性找到自由，甚至更糟地賦予她們自由，那麼我們只是居高臨下地對待女性，女性會叫我們管好自己的事，而她們這麼說也的確有理。如果我們變成婦女運動中低人一等的附加物，那麼我們只是轉換成受羞辱的角色，無法帶來實質效果。我們就算花好幾個小時尋思這個主題，也搞不懂這對我們有何好處，很難感到自己**需要**起身對抗性別歧視。我們知道我們希望女性自由，大部分是因為當女性獲得自由時，她們就不會那麼依賴我們，在性事方面也比較願意承擔責任。但當女性自由後，她們會雙眼直視我們，說：「兄弟，滾一邊去，長大後再來找我！」或者當我們發現女性寧願和彼此相處，把我們趕到一旁受折磨，這就讓我們不太開心。

那麼，我們男人為什麼也該對抗性別歧視？我們為何得放棄從女人身上得到自己渴望的事物、滿足自己的需求？女人老是對我們懷抱敵意，不再欣賞我們的男性氣概，那為什麼我們應該讓出高於女人一等的地位？

我認為我們可以把男性分成幾個種類，幫助我們瞭解；有些是沙豬男，有些是沙文男。有的沙豬男粗魯而直接，有的難以看出。粗魯的沙豬男自認是男性優越主義者並以此為傲，他們雖然頑固但倒很誠實，作家諾曼·梅勒[3]是他們的國王，鮑比·里格斯[4]則是他們的弄臣。

隱性的沙豬男通常會在口頭上讚揚婦女解放運動，比如，當他們不是資方的時候會特別嘉許女性對薪資平等的奮鬥。但他們偶爾也會刻意用「妹子」稱呼女性，而且老是會露出詭譎的笑意，引誘女性和他們爭辯，讓他們藉機嘲弄「婦解」。他們掩飾自己的沙文主義，因此他們比那些粗魯的同伴更具壓迫力。不管是直白或隱性的沙豬男，他們都對男性特權緊抓不放，只要有利可圖就盡量利用自己的優勢。男人若想擺脫沙豬立場，只要關心自己和其他男性對女性的壓迫並承認這項事實，下定決心努力抵抗即可。

自出生那天開始，我們之中的每一個人徹底受到男性優越的培訓，可說沒人能真正完全逃脫或解除這種教育，就連最積極的女權鬥士也不例外。大部分男人（超過一半以上）的問題，並非他們全是根深柢固的沙豬，因為只要知道該如何做，他們就會發自真心地抵抗自身的沙文主義，放棄男性特權。其實絕大多數的

---

3. Norman Mailer（1923-2007）是美國知名小說家，作品風格以暴力和情慾著稱。
4. Bobby Riggs（1918-1995）是美國知名網球球員，曾在1939年溫布頓錦標賽一舉拿下男子單打、雙打、混雙的冠軍。1973年，他55歲時，與當時的女單冠軍29歲的比莉·珍·金進行一場一較男女高下的友誼賽，史稱性別大賽，在美國與世界各地都吸引數千萬觀眾，後來在2017年被拍為電影《勝負反手拍》。

男人都沒意識到自己懷抱沙文主義，沒察覺它的影響力，也不知道擺脫沙文主義會帶給自己多少益處。

我認為，我們男人沒看出這場抵抗性別角色的戰爭，也是爭取男性自由的戰爭。我們就算知道自己受到壓迫，卻沒有受迫的感覺。我們不只被剝奪了自由，也失去了覺察力，無法發覺自己遭到剝削，只看到我們從中獲利的假象；而那些無關緊要、隨壓迫他人而來的特權（掌握決定權，坐在餐桌的主位）加強了這種假象。我們不知道推翻沙文主義能為我們的身心帶來哪些益處，與此同時，我們卻很清楚自己得放棄多少特權：位居首位、最難放棄的特權，就是我們高於女性一點的地位。

所以，抵抗性別角色會為我們帶來什麼好處？該如何向盲人解釋友好的眼神？該如何向聾人解釋做愛的聲音？我們期望用言語解釋一切；我們期望文字會提醒男人那些早被遺忘的童年回憶和偶爾且意外的自由時刻，提醒男人解放的意義，瞭解找回所有潛能代表的意思，不管那些回憶多麼含糊不清。

你是否渴望自由地愛，不用擔心被囚禁？如果可以不用再賣命工作、耗損壽命，你是否會眼睛一亮？再也不用感到羞恥，透澈的察覺愛、恨、恐懼與喜悅等感受，這是否令你心動？與一名女性建立互助合作的感情，雙方是彼此平起平坐的夥伴，你所付出的一切都能得到相應的回報，這是否令你興奮？你是否希望**不用**負責解決每個浮現的難題？你喜不喜歡笑到流淚，笑到肚子都顫抖起來的感覺？若你可以減清肩上的重擔，你開不開心？你是否渴望在憤怒時盡情發洩怒氣，不用擔心自己傷到人或致人於死地？你是否想在不壓迫任何人的情況下，自由施展自己全部的力量？兄弟，你喜歡這些事嗎？

此刻我呼籲的對象，並不是那些深陷沙文主義的粗俗男子，他們仍舊深信女人**天生**就無法像男人般循邏輯思考，或者認為女性生來就比男人情緒化，因此比男人不穩定，或者比男人更容易從家事得到滿足感，只有依賴男人、順從男人、養育子女、「建立家庭」才會快樂。真正的問題是隱性的沙文主義。懷抱隱性沙文主義的通常是男人，但有些女人表面上相信兩性平等，但卻默默遵循迫害女人的體制生活。懷抱隱性沙文主義的男人通常相信我們應該解放女性。與這種男人建立感情的女人往往會感到困惑，因為他嘴巴上說著要解放女性，經常讚揚婦女運動，但又光說不練，最終他還是處於高她一等的位置，而不是與她平起平坐以及尊重她。為什麼會發生這種事？這種情況怎麼出現的？

性別角色迫害

沒人能選擇徹底的發展自我，而性別角色訓練和人生劇本嚴重削弱了男性原有的數項人類能力。它們也奪走了女性的幾項人類能力，只是女性被奪走的項目與男性不同，數量也少一些。

自出生開始，人類就被分成兩種，一種人被灌輸的教育是：「妳會長成一個女孩。」一個好女人必須具備關懷與支持他人的特質；每當家人需要某個東西，她就得想辦法提供。為了讓她擅長這一點，她必須當個直覺敏銳、懂得讀心的人，當她身邊的人需要某樣事物，最理想的狀況是，對方不用開口她就會明白，特別是面對男人時。「妳的主要任務是關心照顧他人，因此不用當個很理性的人；妳不需要理智幫助，就當個樂於支持、照顧他人的人；事實上，理智反倒會干擾關懷他人的特質。有些事還是別明白比較好。」

相反的，男生學到的是：「當你長大，你會成為男人。」好男人應該辛勤工作，創造生產力。他必須思路清晰，講求邏輯，瞭解自然法則，因為男人的主要任務就是解決麻煩，特別是與權力和權力累積有關的麻煩。另一方面，「你不該感知或明白自己和他人的感受，因為你一這麼做就難以按邏輯思考。如果你察覺對方的感受，就難以增加自己的權力；你也不用發展關懷的能力，這對你毫無用處，因為男人與強權的世界不容人們考量需求與感受。把感情與敏感留給女人；她們在這方面比你們強多了。」

這些平庸劇本的禁令與屬性，確保女性把精力用來關懷照料男人，而男人會把精力用於迎戰外在現實，並一步步增加權力。社會用「適宜」的陽剛與陰柔特質包裝各種性別禁令，合理化對男男女女的壓迫，讓每個人都脫離了身為人所擁有的無窮潛能。正如維克夫在第13章所說，男人背負的人生劇本讓他們無法發揮溫柔特質，阻止他們以合理平等的方式交換撫慰，長期下來就會讓女人處於缺乏撫慰的狀態。但在另一方面，男性受到利用權力的訓練，讓他們比女人容易得到自己想要的事物，同時也比較容易從女人身上獲取他們想要的事物，反之女人則比較難這麼做。

我們可從男女關係中發現，上述兩種不平等以隱約但強而有力的方式侵蝕感情，最終會摧毀異性戀感情中**至少**一半的努力。

性別歧視的劇本扭曲了兩性關係，為了矯正，男人必須做兩方面的努力：

一、男人必須學會關愛。發展直覺與關懷能力可達成這一點。

二、男人必須學會善用權力，而不是濫用權力。學習互助合作，放棄競爭意識與個人主義可達成這一點。

男人必須經歷艱鉅的過程，投入大量精力與努力，才能重獲長年因備受壓迫而失去的人類潛能。這個過程就像教小強尼學會識字一樣。只要不干預孩童，讓他們盡情徜徉在文字世界，他們自然而然就能輕鬆學會閱讀。力圖找回人類潛能的男人也得走過類似的旅程。

愛仰賴的是關懷與直覺的能力，而關懷與直覺密不可分。就本質而言，直覺是人類認識他人，特別是察覺對方情緒感受狀態的能力。一個人必須調頻到感知他人情感的狀態，不用仰賴對方詳細解釋，才能提供最適宜的關懷。關懷力仰賴的是感知他人感受的能力。要重獲關懷能力就得找回直覺力才行，兩者缺一不可。

男性的信賴圈

八名男子圍成一個圓圈。傑克走到中央，閉上雙眼，朝圈外走去，他渾身僵硬，露出勇敢的微笑，直到身體撞上周圍某個人。接著他退一步，轉過身，試圖走到圓的另一邊。當他走到中央時，弗萊德說：「你看起來很害怕……是這樣嗎？」

傑克很快回答：「我不怕！」

沉默降臨。傑克問：「我怕嗎？我有種奇怪的感覺。」

「你看起來很害怕。」約翰說。

「也許我真的怕。」

「你怕什麼？」

「我怕有人會絆倒我。我知道這種念頭很蠢。」

艾德說：「在這裡，沒人會絆倒你。我向你保證。別擔心。」

傑克繼續走，撞上了艾德。

艾德擁抱他。「兄弟，別擔心……」

對男人來說，**信賴圈**是個很好的練習。傑克學到承認自己的恐懼、羞愧、猜疑，把它們表達出來。艾德、約翰和弗萊德學會感知傑克的心情；他們學到發揮直覺感受傑克的感覺，同時支持他、關懷他。關懷幫助傑克建立對他人的信任，相信他們會保護他的安全，他可以坦誠表達自己的感受。

學習直覺的過程稱為「**回感**」（feelback），這是類似生理回饋療法的過程，也就是透過一種監測生理狀態的回饋機制，讓當事人能夠感知非自主、無意識的身體狀態，並加以控制。雖然這個練習沒有提供監測儀器，但其他人會扮演確認或否認直覺的角色，給予當事人回饋。顯而易見，參與這個練習的每個人都必須保持開放的心胸，願意對他人展露她或他的真實感受，才能得到別人的回饋。傑克必須願意坦白，其他人則必須向他灌注足夠的信賴，好讓他感到坦白是安全的。

男人最大的詛咒：責任與罪惡感

男性不只欠缺讀人心的技巧，而且面對他人（特別是女性）的情緒狀態，往往會出現愧疚感。這是因為他們的人生劇本強烈要求他們要具備強烈的責任感，覺得自己得為他人負責，於是男人拯救身邊的人，不讓他們照顧自己。

實例：一名男人與一名女人在公園相遇，他們內心深處懷抱著非常類似的期盼。他們都想握住彼此的手，在草原上盡情奔跑，撫摸彼此的髮絲，碰觸彼此的肌膚，告訴對方自己的事。如果他們可以按自由意志行事的話，他們就會這麼做，直到其中一人決定停下來為止，接下來兩人的關係可能改變，也可能就此結束。然而，世事往往朝截然不同的方向發展。對佔了優勢的男人來說，他會立即壓制內心渴望的單純動作，包括望著女子的雙眼，握起她的手，輕撫她的頭髮等等行為，並且湧上罪惡感。面對如此肉欲、宛如動物般的欲望，一般男性都會感到罪惡。他告訴自己，在碰觸女子之前，他應該先多認識她才對，他應該帶她去看電影、吃晚餐，給她某些東西，接下來她才會給他（他內心渴望的）肢體撫慰。或者，他會認為自己突然渴望撫摸女子，想要與她肌膚之親，都是性別歧視的思維，他應該擺脫這種想法；這根本是把女性當作性目標，一心想進行肉體歡愛。因此他抑制原本自由自在的**官能**反應，取而代之的是「更被世人接受」的反應，藉此減輕罪惡感。如果女子真的很喜歡他，表達愛意、溫柔、期望或失望，他往往會變得驚慌失措。他突然就深陷責任之中。他也**必須**愛她，或者滿足她所有的需求。如果他辦不到，就會愧疚不已。他極有可能會屈服於這種情況之下，最後變得深陷**愧疚又找不到出路**。[5]

男人一感到愧疚，就會對那些引發愧疚的感受與情緒退縮，進入被動的尋思狀態，轉而發揮他們發展得最完善的理智力。因愧疚而壓抑真實感受的男人，往往會掉入左思右想的腦內迴圈，

5. 原注：DeGolia, Rick. "Thoughts on Men's Oppression." *Issues in Radical Therapy* 1,3 (1973): 14.

思索自己應該渴望什麼才對。他可能會認為，自己應該欣賞女性的心智，而不是她的肉體。或者，他可能會覺得自己應該想娶她才對。或者，他覺得自己應該敏銳些；他應該「抵抗」內心的沙文主義。他繼續在腦中思索這一切，談論這一切，做一些他認為能擺脫義務的事，好逃離罪惡感的折磨。

這往往會引發災難性的後果。雙方都否決自然的感官反應，可惜的是，這本有機會讓雙方都得到真正渴望的事物。女性通常希望一段帶來滿足感的深刻感情，希望對方不只欣賞自己最表面的優點，她會在感情中漸漸揭露外表之下層層疊疊的個性，而她希望對方也欣賞自己些特質。男人想要的則是一段他可以自由行動，不用擔心受困的感情。然而，男人做了他認為**應該做**但不是他真心想做的事，這麼一來就引發了怨恨，常會促成一連串的謊言，進一步加重內心的愧疚。於是，兩人的感情發展遭到種種干擾與破壞，還含苞待放時就被摧毀。男人做的不是內心真正想做的事，而是他不想做的事，但又感到自己有責任繼續這麼做，怨懟就在心中擴散；女人則感到失望，愈來愈困惑。男人繼續服從性別劇本的主宰，忽視自己真正的渴望，內心的真實感受則引發愈來愈沉重的罪惡感 。結果就是，他過了一陣子就突如其然地逃離這段感情，逃避這個空虛且難以忍受的情境。

但這樣的發展並不是沒有原因，女性也有與男性相呼應的一系列反應，不但會引發男人的罪惡感，還會一直維持下去。在許多情況下，女人就像男人一樣，認為兩人一開始的身體吸引力是不應該的，的確該感到愧疚。女人常常需要「他要的不只是性」，「他會娶我」或「他會照顧我」等等保障。如今愈來愈多女性不再懷抱這種期待，但卻氣極敗壞地發現，就算她們願意也渴望握住男性的手一起在草地上打滾，甚至願意說出來，但男人卻仍緊抓著內心罪惡感，不願「靠過來」。

父母為了壓迫孩子而灌輸子女罪惡感。罪惡感讓孩子不敢為自己想要、但父母不希望他們擁有的事物奮鬥。當男孩長成男人，人們期待他結婚成家。我們的社會之所以欣欣向榮，都是奠基於辛勤工作的男性，社會剝削他們的勞動力。男性必須好好被囚禁在家庭關係中，與太太和兩人共創的小孩住在獨棟房子或公寓裡。在這種設定下，男人會每天為雇主賣命整整八個小時。下班後他得花另外八個小時才終於放鬆下來，安穩地睡八個小時後再去上班。為了成功剝削男人並達到最高效益，男人必須和一個女人生活，她會在男人下班後的八個小時內補充他的精力。他一整天都在組裝汽車，當他回到家，妻子則會為他充電，給他充足的撫慰與關懷，接著他們一起入睡（最好別耗費任何體力在性事上）。這樣一來，比起單身的寂寞男人，已婚男人才是效率最高的勞動力。因此男人被灌注滿滿的責任感，讓自己困在與一個女人的感情中，好讓雇主剝削他的勞動力。當男人試圖打破這種模式，拒絕結婚生子時，就會受到深深的罪惡感折磨。

男人試圖擺脫性別歧視時，通常會遵循某個模式。男人一下定決心抵抗沙文主義，第一個表現就是深感愧疚。接下來男人通常會變得被動，收起所有的精力與權力，試圖降低自己的壓迫力。男人一對沙文主義感到愧疚，往往會進入被動狀態，與「**大男人**」的主動壓迫比起來，被動狀態已是一種進步，但這只是起步而已。處於被動階段的男人，把自己的能量徹底壓制在心中，不知道該拿這些能量如何是好。他們變得害怕，時時防衛，保持警覺，失去自發性；但他們不一定會放棄高人一等的立場，轉而透過隱而不顯（而不是粗魯）的權力爭奪戰維持現狀。處於被動階段的男人，經常使出小男孩的心理遊戲「只要全部，不然就什麼都不要」，當他堅持強調智識的假像，在腦中思前想後，深信自己已控制內心的沙文主義，此時的他看起來消沉憔悴，失去活力，但他只是剛踏出漫漫解放長路的第一步而已。

人們常誤把能力視為男子氣概。這讓許多男人誤把自己的體力、精力和能力視為男子氣概的展現。男子氣概其實是用身體能量壓迫女性和其他人類。但能量或力量不一定會壓迫人，只要善加利用，它們都是美好的人類特質。女人也渴望擁有能量和力量。面對女性的攻擊，陷入掙扎的男人們不該退縮為被動狀態，而是學習如何善用自身力量，不把力量用在壓迫他人身上。

男人必須先經歷收回力量的階段，接下來再踏入力量再生的階段，不進行任何粗糙或細膩的權力爭奪，也不受任何刻板男性角色所侷限：在徹底發揮所有人類官能（關懷、理智、直覺和自發性）的前提下，盡情揮灑自己的力量。唯有互助合作才能對抗權力濫用；學習互助合作、放下競爭的過程中，男人得以再次享受盡情發揮活力與魄力的滋味，只是這一次，他們不會再受愧疚所苦。

自由的感情關係與生活方式

男人與女人可以成為自主、合作、平等的個體，可以攜手共度人生，也可以各自生活。女人追求事業時毋須變成排擠其他女性競爭者的「女王蜂」，也可以成為一大群人的母親，一起住在一棟大房子裡，有許多房間和滿是櫥櫃的大廚房，但不用變成過胖的**哈伯德老奶奶**。男人可以當個單身漢，和數名女性同時建立溫暖、關愛、彼此照顧的穩定感情，但不用變成**花花公子**；或者，他們也可以和一個彼此支持的對象結婚，擁有許多孩子，但不用當高人一等、宛如暴君的**大老爹**。男人可以活到九十九歲，女人也可以永遠美麗。女人可以成為運動員和外科醫生，男人可以當護理師或家庭主夫。男人的人生摯愛可以是另一個男人，女人的人生摯愛也可以是另一個女人，不需要再躲在暗處，擔心被人發現。

人們可以獨自生活，也可以與一個心愛的人生活（請見維克夫的「自由感情的法則」[6]），或者與一群人組成互助合作的社群；人們可以是同性戀、雙性戀或異性戀。人類可以透過各種途徑滿足自己的需求，不用陷入社會預設、強加於我們身上的幾種平庸人生模式。我們也許必須經歷一番掙扎才能實現這個目標，但美好人生值得我們奮鬥。

我在本書中提倡數種不同於平庸受迫的理想健全生活方式，現在就容我統整如下：

平等（我好，你也好）。

自主性（自由選擇，而非遵循人生劇本）。

真實（沒有謊言、祕密和心理遊戲）。

互助合作（沒有競爭與權力爭奪）。

愛（充足的撫慰，不受撫慰經濟學的控制）。

6. 原注：Wyckoff, Hogie. "Between Women and Men." *Issues in Radical Therapy* 1,2 (1973): 11-15.

第 28 章　克服人生劇本之後呢？

在漫長的歲月中，每個剛出生的純真嬰兒都滿心期待地向他那文明的父母微笑。人類經歷一代又一代，每一代都握有實現自我的全新機會。人類可能得花上好一段時間才能真的實現自我，但那一天**終會**到來。新生兒具備優越的適應力，即使身處虐待傾向嚴重的人類所創造的鬼屋，也能生存下來。

人類具備強悍的適應力，也具備同樣無窮無盡的潛能。每一代的為人父母者都有機會選擇，看是要以古老的詛咒壓迫子女，還是保護子女的自發性，鼓勵他們發揮覺察力，回應他們的親密需求，好讓孩童得以發揮全部的潛能。只要向深處探尋，就會發現世人的本性宛如歷久彌新、未受污染的湧泉，隨時準備用甘甜的泉水滋養生命。

親密能力、覺察力與自發性都是人類與生俱來的特質，即使受到壓抑，也會在未來的一代又一代再次湧現。

寬容的自然之母透過這種方式，確保人類擁有一次又一次的希望；若整個人類都失去希望，身處其中的每個人也終將絕望。

參考書目

Aldebaron, Mayer. "Fat Liberation." *Issues in Radical Therapy* 1, 3 (1973): 3–6.

Allen, Brian. "Liberating the Manchild." *Transactional Analysis Journal* 11, 2 (1972): 68–71.

American Psychiatric Association. *Diagnostic and Statistical Manual, Mental Disorders*, 2d ed. American Psychiatric Association Mental Hospital Service, 1968.

Aristotle. *Poetics*. New York: The Modern Library, 1954.

Berne, Eric. "Away from the Impact of Interpersonal Interaction or Non-Verbal Participation." *Transactional Analysis Journal* 1, 1 (1971): 6–13.

———. *Games People Play*. New York: Grove Press, 1964.

———. "Intuition v. the Ego Image." *Psychiatric Quarterly* 31 (1957): 611–27.

———. *Sex in Human Loving*. New York: Simon and Schuster, 1971.

———. "Staff-Patient Staff Conferences." *American Journal of Psychiatry* 125 (1968): 286–93.

———. *Transactional Analysis in Psychotherapy*. New York: Grove Press, 1961.

———. *What Do You Say After You Say Hello?* New York: Grove Press, 1972.

Bernstein, E. Lennard (Berne, Eric). "Who Was Condom?" *Human Fertility* 5, 6 (1940): 72–76.

Cameron, Norman. "Paranoid Conditions and Paranoia." In *American Handbook of Psychiatry*, edited by Silvano Arieti. New York: Basic Books, 1959.

Capers, Hedges, and Holland, Glen. "Stroke Survival Quotient." *Transactional Analysis Journal* 1, 3 (1971): 40.

Comfort, Alex, ed. *The Joy of Sex*. New York: Crown Publishers, 1972.

Crossman, Patricia. "Permission and Protection." *Transactional Analysis Bulletin* 5, 19 (1966): 152–53.

DeGolia, Rick. "Thoughts on Men's Oppression." *Issues in Radical Therapy* 1, 3 (1973): 14.

Dusay, John M. "Ego Games and the Constancy Hypothesis." *Transactional Analysis Journal* 11, 3 (1972): 37–41.

———. "Eric Berne's Studies in Intuition." *Transactional Analysis Journal* 1, 1 (1971): 34–45.

Ellis, Albert. *Reason and Emotion in Psychotherapy*. New York: Lyle Stuart, 1962.

English, Fanita. "Episcript and the 'Hot Potato' Game." *Transactional Analysis Bulletin* 8 (1969): 77–82.

———. "Sleepy, Spunky and Spooky." *Transactional Analysis Journal* 11, 2 (1972): 64–67.

———. "Strokes in the Credit Bank for David Kupfer." *Transactional Analysis Journal* 1, 3 (1971): 27–29.

Erikson, Erik H. *Identity: Youth and Crisis*. New York: W.W. Norton, 1968.

Frank, Jerome D. "The Role of Hope in Psychotherapy." *International Journal of Psychiatry* 5 (1968): 383–95.

Freud, Sigmund. *The Interpretation of Dreams*. In *The Basic Writings*. New York: The Modern Library, 1938.

———. *New Introductory Lectures on Psychoanalysis*. New York: W.W. Norton, 1933.

Frumker, Sanford C. "Hamartia: Aristotle's Meaning of the Word & Its Relation to Tragic Scripts." *Transactional Analysis Journal III*, 1 (1973): 29–30.

Goldstein, Arnold P. *Therapist-Patient Expectations in Psychotherapy*. New York: Pergamon Press, 1962.

Greenspoon, Joel. "Verbal Conditioning and Clinical Psychology." In *Experimental Foundations of Clinical Psychology*, edited by A.J. Bachrach. New York: Basic Books, 1962.

Harris, Thomas A. *I'm OK—You're OK*. New York: Harper & Row, 1969.

Hartmann, Heinz. "Ego Psychology and the Problem of Adaptation." In *Organization and Pathology of Thought*, edited by D. Rapaport. New York: Columbia University Press, 1951.

Karpman, Stephen B. "Fingograms." *Transactional Analysis Journal III*, 4 (1973):30–33.

———. "Script Drama Analysis." *Transactional Analysis Bulletin* 7, 26 (1968): 39–43.

Kerr, Carmen. "Teaching Psychology to High School Misfits." *Issues in Radical Therapy* 1, 3 (1973): 24–25.

Laing, Ronald D. *The Divided Self*. New York: Pantheon, 1969.

———. *Knots*. New York: Vintage Books, 1970.

———. *The Politics of the Family and Other Essays*. New York: Pantheon Books, 1971.

Lucas, F.L. *Tragedy, Serious Drama in Relation to Aristotle's Poetics*. London: Hogarth Press, 1971.

Marcus, Joy. "Intimacy." *Issues in Radical Therapy* 1, 3 (1973): 18–19.

Marcuse, Herbert. *Eros and Civilization*. New York: Vintage Books, 1962.

Mariner, Allen S. "A Critical Look at Professional Education in the Mental Health Field." *American Psychologist* 22: 4 (1967): 271–80.

Menninger, Karl. *Theory of Psychoanalytic Technique*. New York: Basic Books, 1958.

Merton, Robert K., *Social Theory and Social Structure*. Glencoe, Illinois: The Free

Press, 1957.

Nelson, Linden L., and Kagan, Spencer. "Competition: The Star-Spangled Scramble." *Psychology Today* 6, 4 (1972): 53–57.

Perls, Fritz S. *Gestalt Therapy Verbatim*. Lafayette, California: Real People Press, 1969.

Piaget, Jean. *Logic and Psychology*. New York: Basic Books, 1957.

Reich, Wilhelm. *The Function of the Orgasm*. New York: Farrar Straus and Giroux, 1961.

———. *The Sexual Revolution*. New York: Noonday Press, 1962.

Samuels, Solon D. "Stroke Strategy: I. The Basis of Therapy." *Transactional Analysis Journal* 1, 3 (1971): 23–24.

Schiff, Aaron Wolfe, and Schiff, Jacqui Lee. "Passivity." *Transactional Analysis Journal* 1, 1 (1971): 71–78.

Sophocles. *The Oedipus Cycle*. New York: Harcourt Brace and World, 1949.

Spitz, Rene. "Hospitalism, Genesis of Psychiatric Conditions in Early Childhood." *Psychoanalytic Study of the Child* 1 (1945): 53–74.

Staines, Graham; Jayaratne, Toby Epstein; and Tavris, Carol. "The Queen Bee Syndrome." *Psychology Today* 7, 8 (1974): 55–60.

Stedman, Thomas L. *Stedman's Medical Dictionary*, 20th ed. Baltimore: Williams and Wilkins, 1962.

Steiner, Claude M. *Games Alcoholics Play*. New York: Grove Press, 1971.

———. "Inside TA." *Issues in Radical Therapy* 1, 2 (1973): 3–4.

———. "Radical Psychiatry." In *Going Crazy*, edited by Hendrik M. Ruitenbeek, New York: Bantam Books, 1972.

———. "Radical Psychiatry: Principles." *The Radical Therapist* 2, 3 (1971): 3. Reprinted in *Readings in Radical Psychotherapy*, edited by Joy Marcus, Claude Steiner, and Hogie Wyckoff. New York: Grove Press, 1974.

———. "A Script Checklist." *Transactional Analysis Bulletin* 6, 22 (1964): 38–39.

———. *TA Made Simple*. Berkeley, California: TA/Simple, 1973.

———. and Steiner, Ursula. "Permission Classes." *Transactional Analysis Bulletin* 7, 28 (1968): 89.

Szasz, Thomas S. *The Myth of Mental Illness: Foundations of a Theory of Personal Conduct*. New York: Hoeber-Harper, 1961.

Vance, Dot. "Reclaiming Our Birthright." *The Radical Therapist* 2, 3 (1971): 21.

White, Jerome D., and White, Terri. *Self Fulfilling Prophecies in the Inner City*. Chicago: Illinois Institute of Applied Psychology, 1970.

Wise, David. *The Politics of Lying: Government, Deception, Secrecy and Power*. New York: Random House, 1973.

Wyckoff, Hogie. "Amazon Power Workshop." *Issues in Radical Therapy* 1, 4 (1973):

14–15.
———. "Between Women and Men." *Issues in Radical Therapy* 1, 2 (1973): 11–15.
———. "Permission." *The Radical Therapist* 2, 3 (1971): 8–10. Reprinted in *Readings in Radical Psychotherapy*, edited by Joy Marcus, Claude Steiner, and Hogie Wyckoff. New York: Grove Press, 1974.
———. "Problem-Solving Groups for Women." *Issues in Radical Therapy* 1, 1 (1973) : 6–12.
———. "The Stroke Economy in Women's Scripts," *Transactional Analysis Journal* 1, 3 (1971): 16–20.
Zechnich, Robert. "Social Rapo—Description and Cure." *Transactional Analysis Journal III*, 4 (1973): 18–21.

國家圖書館出版品預行編目資料

人生劇本：心理學大師的人際溝通分析學/克勞德．史坦納（Claude Steiner）著；洪夏天譯. -- 一版. -- 臺北市：商周出版：英屬蓋曼群島商家庭傳媒股份有限公司城邦分公司發行, 2022.02
面；公分 (ViewPoint ; 107)
譯自：Scripts people live: transactional analysis of life scripts
ISBN 978-626-318-142-7（平裝）

1.CST: 溝通分析 2.CST: 人際傳播

177.1 111000199

線上問卷回函

View Point 107

人生劇本：心理學大師的人際溝通分析學

Scripts People Live: Transactional Analysis of Life Scripts

作　　者／克勞德．史坦納（Claude Steiner）
翻　　譯／洪夏天
企劃選書／羅珮芳
責任編輯／彭子宸

版　　權／黃淑敏、吳亭儀
行銷業務／周佑潔、黃崇華、張媖茜
總 編 輯／黃靖卉
總 經 理／彭之琬
事業群總經理／黃淑貞
發 行 人／何飛鵬
法律顧問／元禾法律事務所 王子文律師
出　　版／商周出版
臺北市 104 民生東路二段 141 號 9 樓
電話：(02) 25007008 傳眞：(02)25007759
E-mail：bwp.service@cite.com.tw
Blog：http://bwp25007008.pixnet.net/blog
發　　行／英屬蓋曼群島商家庭傳媒股份有限公司城邦分公司
臺北市中山區民生東路二段 141 號 2 樓
書虫客服服務專線：(02)25007718；(02)25007719
服務時間：週一至週五上午09:30-12:00；下午13:30-17:00
24小時傳眞專線：(02)25001990；(02)25001991
劃撥帳號：19863813；戶名：書虫股份有限公司
讀者服務信箱：service@readingclub.com.tw
城邦讀書花園：www.cite.com.tw
香港發行所／城邦（香港）出版集團有限公司
香港灣仔駱克道 193 號東超商業中心 1 樓
E-mail：hkcite@biznetvigator.com
電話：(852) 25086231 傳眞：(852) 25789337
馬新發行所／城邦（馬新）出版集團【Cite (M) Sdn. Bhd.】
41, Jalan Radin Anum, Bandar Baru Sri Petaling,
57000 Kuala Lumpur, Malaysia.
Tel: (603) 90578822 Fax: (603) 90576622
Email: cite@cite.com.my

封面設計／李東記
排　　版／邵麗如
印　　刷／韋懋印刷事業有限公司
經 銷 商／聯合發行股份有限公司
地址：新北市 231 新店區寶橋路 235 巷 6 弄 6 號 2 樓
電話：(02) 2917-8022 Fax: (02) 2911-0053

■ 2022 年 02 月 17 日一版一刷
ISBN 978-626-318-142-7 eISBN9786263181496 (EPUB)
Printed in Taiwan
定價 550 元

城邦讀書花園
www.cite.com.tw